이어령의 강의

이어령의 강의

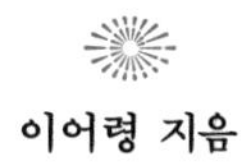

이어령 지음

열림원

모든 창조는 눈물 끝에서 나오는 것입니다

차례

1

마스크 한 장

— 2021 서울대학교 후기 학위수여식 축사

1백 년 가까운 서울대 역사 가운데
오늘 같은 졸업식을 치른 사람이 과연 얼마나 되겠습니까.

나와 무관하다고 생각한 사람의 기침 하나가

내 일상을 뒤집어놓는 상황도 겪었습니다.

1백 년 만의 첫 졸업식

영광스러운 졸업식에 축사를 하려고 나왔지만 제 눈앞에서는 검은 카메라 렌즈만이 절 지켜보고 있습니다. 여러분의 자랑스러운 얼굴은 말할 것도 없고 축하의 꽃다발도, 축하객들의 모습도 보이지 않습니다.

1백 년 가까운 서울대 역사 가운데 오늘 같은 졸업식을 치른 사람이 과연 얼마나 되겠습니까. 좋든 궂든 여러분은 비대면 강의를 듣고 학위를 취득한 최초의 그룹에 속한 졸업생이 된 것입니다. 역설적으로 디지털 세계가 얼마나 중요한 것인지를 앞당겨 학습하게 되었고, 동시에 살결 냄새 나는 오프라인의 아날로그 세상이 얼마나 소중한지도 깨달았을 것입니다. 강의 듣는 수업만이 아니라 잔디밭 교정을 거닐며 사사로이 친구들과 잡담을 나누는 것 역시 대학을 구성하는 중요한 요소라는 사실 말입니다.

그래서 여러분은 디지털 공간의 '접속'과 아날로그 현실의 '접촉'이 대립하는 관계가 아니라 그것들이 하나로 '융합'하는 디지로그Digilog = Digital × Analog 시대를 살아갈 주역이 된 것입니다. 또한 코로나 팬데믹을 통해 나와 무관하다고 생각한 사람의 기침 하나가 내 일상을 뒤집어놓는 상황도 겪었습니다. 그 영향으로 어떤 물질적 가치보다 생명의 내재적 가치가 우선한다는 사실을 발견하게 되고, 그 순간 물질 자본이 생명 자본으로 전환하는 현장도 목격했을 것입니다.

이러한 코로나 팬데믹의 학습 효과로 인해 누구나 쓰고 다니는 똑같은 마스크 한 장에서도 새로운 의미를 찾아낼 수 있는 시각과 생각을 얻게 되었으리라 믿습니다. 그래서 만약 누군가 여러분에게 마스크를 쓰고 다니는 이유를 물으면 "나와 남의 생명을 지키기 위해서"라고 답변할 것입니다. 간단한 대답 같지만 우리는 지금까지 그렇게 답변하지 않았습니다. "나를 위해 쓴다"라는 사적·이기적 답변이 아니면 "남들을 위해서 쓴다"의 공적·이타적 답변밖에는 할 줄 몰랐던 것입니다.

이것이 나의 축하 메시지입니다

오늘날 같은 경쟁 사회에서는 나自에게 득得이 되는 것은 남他에게는 실失이 되고 남에게 득이 되는 것은 나에게는 해가 되는 대립 관계가 형성되어 있었습니다. 이것 아니면 저것의 이분법적인 배제의 논리가 지배해왔기 때문입니다.

하지만 신기하게도 코로나 팬데믹으로 인해 우리는 마스크의 본질과 기능이 그 어느 한쪽이 아닌 양면을 모두 통합한 것이라는 사실을 발견하게 된 것입니다. "나를 위해 쓰는 마스크는 곧 남을 위해 쓰는 마스크"라는 공생 관계는 지금까지 생명의 진화를 '먹고 먹히는 포식 관계, 남을 착취하는 기생 관계'로 해석해왔던 편견에서 벗어날 수 있게 한 것입니다.

똑같이 마스크를 쓴 얼굴이지만 그것을 쓰고 있는 마음에 따라서 포스트 코로나의 앞날이 결정될 것입니다. 상상해보십시오. 70억 명의 세계인을 향해 당신은 왜 마스크를 쓰고 있는지 물어보면 어떤 대답이 돌아올까요. "나와 남을 위해서"라고 말할 사람은 거의 없을 것입니다. 많은 사람이 정부에서 쓰라고 하니까 쓴다고 대답할지 모릅니다. 오랫동안 획일주의와 전체주의

밑에서 길들은 사람들이 많은 까닭입니다.

여러분은 자타自他와 공사公私의 담을 넘은 포스트 코로나 시대를 만들어가는 주역입니다. 지금 여러분의 손 안에 있는 학위수여증은 우리의 미래를 담보하는 보증서인 것입니다. 이것이 비대면으로 치러진 졸업생 여러분에게 보내는 저의 축하 메시지입니다.

2

‘뜨다’에서
‘날다’로

— 2008 서울대학교 입학식 축사

나는 것만으로는 부족합니다.

공식이 존재하지 않는 삶의 고차방정식과
맞서게 된 여러분은

차가운 하숙방에서 그 난제에 도전한
갈루아와도 같기 때문입니다.

떴다 떴다 비행기 – 이카로스의 꿈

오늘 나는 여러분의 입학을 축하하기 위해서, 그리고 4년 동안의 보람 있는 대학 생활을 응원하기 위해서 이 자리에 나왔습니다. 그러나 내가 들려줄 말은 슬기로운 선현들의 이야기도 아니며 노벨상 수상 작가의 감동적인 글도 아닙니다. 더더구나 무슨 미래학자의 충격적인 예언 같은 것도 아닙니다.

그것은 여러분이 어렸을 때 불렀던 너무나도 평범한 노래 〈떴다 떴다 비행기〉라는 동요입니다. 아마 모두 웃을 겁니다. 하지만 이 하찮은 노래 하나가 비참한 전란 속에서 대학 생활을 한

나에게 큰 위안과 용기를 주었던 것은 사실입니다. 제트 비행기를 처음 보았을 때 나는 충격 속에서 이렇게 외쳤었지요. "왜 우리에게는 초 날개를 달고 하늘을 난 이카로스의 신화가 없는가." "어째서 한국의 역사책에는 비행을 시도하다 떨어져 죽었다는 한 사람의 기록도 보이지 않는가." 비행기를 설계한 레오나르도 다빈치는 바라지 않더라도 비행의 꿈을 안고 높은 탑 위에서 떨어져 죽은 저 미치광이들—875년 안달루시아의 학식 있는 무어인 압바스 이븐 피르나스Abbas Ibn Firnas, 11세기 영국 맘즈버리의 수도사 에일머Eilmer, 1498년 이탈리아의 조반니 바티스타 단티Giovanni Battista Danti—그 많은 사람의 이름이 우리에게도 있었으면 싶었던 것이지요.

그때 문득 들려온 것이 바로 "떴다 떴다 비행기 날아라 날아라 높이높이 날아라 우리 비행기"의 노랫소리였습니다. 비록 비행기를 만들지는 못했지만 비행의 꿈은 분명히 아이들 가슴속에 존재하고 있었던 것이지요. 그런데 놀라운 것은 그 비행기는 뜨기는 했지만 아직 날고 있는 상태는 아니라는 점입니다. 왜냐하면 응원을 하듯 "날아라 날아라"라고 외치고 있기 때문이지요. 애틋한 이 비행의 희원 속에는 '뜨는 것'과 '나는 것'이 구분되어 있고, 또 그냥 '나는 것'과 '높이높이 나는 것'이 다르다는 것을 보여줍니다. '갈매기 조나단'의 비행 이야기를 읽고 있는 느낌입니다.

떠 있는 것과 나는 것의 의미

그렇지요. 뜨는 것과 나는 것은 분명히 다릅니다. 그 차이는 아주 큽니다. 구름이나 풍선은 날고 있는 것이 아니라 그냥 공중에 떠 있는 상태입니다. 그리고 거품도 부평초도 물 위에 떠 있습니다. 대기든 물 위든 떠 있는 것들은 모두 타율의 힘에 의해서만 움직입니다. 떠 있는 것은 바람 부는 대로 물결치는 대로 밀려다닐 수밖에 없습니다. 제 의지와 욕망으로 움직이고 있는 것이 아닙니다.

하지만 독수리는 폭풍이 불어도 태양을 향해 날아오르고 잉어는 급류와 폭포수의 물결을 거슬러 용문龍門에 이릅니다. 동물학자들의 말대로 새와 물고기는 본능적으로 유체流體에 거스르는 행동을 합니다. 죽은 고기만이 물 위에 떠서 물결을 따라 흘러갑니다.

그런데 웬일인지 우리는 '뜬다'는 말을 잘 씁니다. 배우나 정치인들이 인기를 얻고 유명해지는 것을 뜬다고 합니다. 그냥 '뜨는 것'이 아니라 '띄워준다'라고도 하고 '띄워달라'고까지 합니다. 그런데 뜨기만 하고 날지를 못하여 물거품처럼 꺼지거나 풍

선처럼 추락하고 맙니다. 인기인이 그렇고 잘나가던 기업이 그렇고 사회와 나라 전체가 그렇게 됩니다. 한국과 한국인은 확실히 지구 공간에 떴습니다. 한강의 기적으로 경제가 떴고 IT로 인터넷이 떴고 드라마와 영화로 한류가 떴습니다.

그런데 모든 것이 뜨기만 하고 아직 날지를 못하고 있는 것 같습니다. 난다고 해도 갈매기 떼에 지나지 않습니다. 먹이에만 사로잡혀 있는 갈매기들은 언제나 낮은 비행밖에는 할 줄 모릅니다.

"높이 높이 날아라 우리 비행기"라고 고래고래 외쳐대던 아이들의 목소리가 심상찮게 들립니다. "우리 비행기"의 대목에 와서는 콧날이 찡해지기까지 합니다. 어째서 그런지 비행기라는 말 대신 자신의 이름과 학교와 나라 이름을 써보세요. "우리 비행기"를 '우리 학교' '우리나라'로 바꾸면 마치 교가나 애국가처럼 될 것입니다. 그래서 "떴다"에서는 박수 소리를, "날아라"에서는 응원의 소리를, "높이높이"에서는 애틋한 기도의 목소리를 들을 수 있게 될 것입니다.

대학이여 높이 날아라

나는 것만으로는 부족합니다. 여러분 앞에 닥쳐올 새 시대의 상황은 수학 문제로 치면 고차방정식과 같은 것이기 때문입니다. 인류는 바빌로니아 시대부터 수천 년 동안 일차에서 사차방정식에 이르는 난문제들에 도전하여 그것을 푸는 공식을 만들었습니다. 하지만 오차방정식부터는 어떤 공식도 일반 대수학에서는 존재하지 않는다는 것입니다. 그 한계를 발견하고 수리적으로 증명한 것이 여러분과 비슷한 나이에 결투로 숨진 프랑스의 천재 수학자 에바리스트 갈루아Évariste Galois*입니다. 여러분이 그냥 날아서는 안 되는 이유가 거기에 있습니다. 공식이 존재하지 않는 삶의 고차방정식과 맞서게 된 여러분은 차가운 하숙방에서 그 난제에 도전한 갈루아와도 같기 때문입니다.

인류가 지금까지 해온 공식으로는 풀리지 않은 문제들이 여러분을 기다리고 있는 것입니다. 인간 문명의 한계를 증명하고 그것을 넘어서려는 높은 정신과 초월적인 상상력을 가져야 합니다. 다만 먹이를 찾기 위해 낮은 바다 위를 날아다니는 갈매기 떼가 되어서는 안 됩니다. 『갈매기의 꿈』의 조나단처럼 혼자서라도 높이높이 나는 비행법을 연습하고 실현해야 할 것입니다. 그래서 대학을 고공비행의 연습장이며 동시에 공식이 존재하지

* 프랑스의 수학자. 오차 이상의 고차방정식에는 사칙연산, 거듭제곱을 이용한 근의 공식이 없다는 것을 증명했다. 1811년에 태어나 1832년 21세의 나이로 사망했다.

않는 삶의 고차방정식을 푸는 창조적 지성의 집합체로 만들어 가야 할 것입니다. 무엇 때문이 아닙니다. 높이 날려는 의지와 욕망은 그 자체가 의미와 충족이 되는 오토텔릭autotelic*의 산물인 것입니다.

어렵게 생각하지 마십시오. 칸트는 인간성을 단순한 수단으로 여기는 시민사회를 '수단의 왕국'이라고 비판했습니다. 만약 오늘날의 대학이 취업이나 권력이나 명리를 얻기 위한 '수단의 왕국'이 되어버린다면 대학의 특권인 다양성, 개방성, 그리고 무엇보다도 그 자율성은 쓸모없는 것이 되고 맙니다. 여러분의 대학생활을 보면 바로 20년 후의 한국의 사회와 나라가 어떤 것일지 미리 그 모습을 알 수 있게 됩니다.

시장 원리에 따라 행동 양식도 바뀌게 됩니다. 교육의 유용성이 유의성을 압도하고 있는 거지요. 교육자-피교육자 간의 관계도 공급자-소비자의 관계로 바뀌어가고 도구 학문 이외의 것은 인기가 높지 않습니다. 취업률이 낮은 인문학의 황폐와 3D 직종처럼 고된 엔지니어 과목은 이공계라도 불모지입니다. 그가 이상으로 삼았던 사회는 그와 반대되는 자율적인 자유를 지닌 '목

* 주로 심리학에서 '스스로 의미와 목적을 지닌'을 뜻함.

적의 나라'였습니다. 인격을 목적으로 하여 인간들이 서로 존중하며 살아가는 사회입니다. 모든 나라가 그렇게 자율적인 목적의 나라가 되어야만 세계는 영구 평화를 누릴 수 있다고 생각했던 것입니다. 의무교육이 아니라 자신을 위한 교육(self-education, autodidacticism), 가르침보다는 배우는 자 중심으로 만들어진 교육기관들도 생겨나게 됩니다.

빙being 아니라 비커밍becoming

오늘 입학식장에 모인 신입생들에게 축하의 말보다는 위로의 말을 보내고 싶습니다. 오늘 이 자리에 서기까지 얼마나 오래 밤잠을 자지 못했는지, 얼마나 많은 친구들과 비정의 경쟁을 벌여야 했는지, 그리고 부모님과 사랑하는 사람들에게 얼마나 큰 부담감을 주었는지 그동안의 여러분 고통을 너무나도 잘 알고 있기 때문입니다.

앞으로 당면한 여러분의 대학 생활이 어떤 것인지 그 의미를 탐색하기 위해서 나는 여러분과 비슷한 나이인 스물한 살에, 결투 끝에 죽은 프랑스의 천재 수학자 갈루아를 기억해주기를 바랍니다. 대수의 일차, 이차방정식은 이미 몇천 년 전 바빌로니아 시대에 풀렸고 삼차와 사차방정식도 18세기에 오면 모두 풀리게 됩니다. 그런데 오차방정식부터는 누구도 풀 수가 없는 난제로 남아 있었지요. 그때 갈루아는 차가운 하숙방에서 묵묵히 연구를 한 끝에 오차방정식을 푸는 공식은 존재할 수 없다는 것을 증명해 보인 것입니다.

인문학이든 자연과학이든 대학이 직면하고 있는 중요 과제는 종래의 공식으로는 풀 수 없는 고차방정식에 도전하는 것과 같은 상황에 놓여 있다고 봅니다. 기존의 공식으로 풀 수 없다는 것을 밝히고 종래의 패러다임을 바꿔 새 고차방정식의 미지수를 푸는 해법을 창조해야만 합니다. 말하자면 수리학과 해석학이라는 서로 다른 수학의 두 계통을 하나로 융합하는 패러다임 시프트shift를 하지 않고서는 그 난제들을 풀 수 없는 것이지요.

그것을 스물한 살의 청년이 해치웠던 것입니다. 갈루아는 동료와의 결투에서 부상을 입고 죽어갈 때, 그에게 달려온 아이에게 이렇게 말했지요.

"스물한 살의 나이에 죽는다는 것은 많은 용기가 필요하단다."

흔한 말인 것 같지만 "대학생이 되었다"는 말속에는 이렇게 무한한 가능성이 잉태되고 있는 것이지요. 우리는 사람을 평가할 때에도 "사람이 됐다, 못 됐다"라고 합니다. 인간의 존재를 끝없이 변화하고 생성하는 것으로 보고 있기 때문입니다. '빙being'이 아니라 '비커밍becoming'이지요. 그런데 '되다'라는 한국말은 '다

외다'와 같은 것으로 '-답다'와 뜻이 같다고 합니다. 즉 "대학생이 되었다"라는 것은 "대학생답다"라는 말과 같은 것이지요. 어떻게 해야만 대학생다운 것인가.

학교라고 하면 여러분의 머리에 떠오르는 것은 〈학교종이 땡땡땡〉이라는 그 동요일 것입니다. 모든 것이 정해진 시간에 움직이고 "어서 모이자"라는 말처럼 우리에게 겁을 주고 재촉하는 타율과 집단의 명령어였습니다. 제복 속에서 매몰되고 길들고, 개인은 항상 이 타율에 길듭니다. 유치원 때의 자유분방하던 시간들이 초등학교에만 들어와도 하나둘씩 깨어집니다.

스티브 잡스는 회사가 명령으로 돌아가는 것이 아니라 질문으로 움직이는 것이라는 말을 합니다. 타율적인 것이 아니라 자율적인 것이지요. 회사는 명령이 아니라 질문에 의해서 움직인다, 학교 역시 마찬가지입니다. 타율의 명령, 선생님의 가르침에 따르는 것은, 전체의 집단에 끼어 움직이는 것이지요. 종소리와 어서 모이라는 채찍과 집단은 타율의 소리요 타율의 말이었지요. 그 자리에서 선생님이 우리를 기다리고 있었던 것입니다.

오늘도 멋있게 사세요

대학을 '광산의 카나리아'라고 부르는 사람들도 있습니다. 카나리아는 공기에 민감해서 갱내가 오염되면 먼저 죽게 되고 광부들은 그 경보를 통해서 위험을 알기 때문이지요. 학교는 칸트가 『영구 평화론』에서 밝힌 국가의 도덕적 발전 단계와 흡사한 것입니다. 처음 유치원에 들어갔을 때는 기율이 없는 상태고 그 다음의 초-중-고는 '타율'의 단계입니다. 세 번째 단계인 대학에 들어와서야 비로소 '자율'의 환경과 만나게 됩니다. 이렇게 여러분은 무기율과 타율의 단계를 거쳐서 '자율'의 3단계에 오르게 된 것이지요.

칸트가 그의 『영구 평화론』에서 말한 국가 도덕률의 단계처럼 여러분이 다니던 학교 역시 유치원의 '무기율' 단계에서 초-중-고의 타율 단계를 거쳐 오늘 비로소 대학생이 되면서 '자율의 단계'로 들어오게 된 것입니다. 어렸을 때 "학교종이 땡땡땡"이라고 부르던 등교 시간, "어서 모이라"는 강박관념, 우리를 기다리며 지켜보는 선생님의 시선, 그 모든 타율의 시간과 공간과는 다릅니다. 한마디로 자율성입니다. 주어진 것이 아니라 스스로 선택하는 폭이 넓어진 것입니다.

남아프리카의 영양, 스프링복springbok은 이름이 암시하고 있는 것처럼 수 미터씩 뛰어오르는 뛰어난 점프력을 가진 것으로 유명합니다. 그런데 어쩌다가 나무 열매 떨어지는 소리에 놀라 한 마리가 뛰기 시작하면 그 옆의 스프링복도 놀라 덩달아 뛰기 시작한답니다. 그러다보면 한 마리가 다섯 마리가 되고, 이어 열 마리, 백 마리, 수백 마리로 그 수가 계속 늘어간다고 합니다.

그렇게 계속 뛰다가 벼랑이나 호수에 다다라도, 앞에서 뛰던 친구는 서고 싶지만 뒤에서 밀어붙이니까 설 수가 없어 그냥 벼랑이나 호수로 떨어진다고 합니다. 어떤 때는 수십 마리에서 수백 마리까지 죽는다고 합니다. 아무것도 모르고 오직 놀라거나 옆에서 뛰니까 그냥 뒤따르다가 생기는 재난을 극명하게 보여주는 거죠. 이러한 재난은 스프링복에게만 일어나는 것이 아니라 우리들에게 일어나는 일이라고도 할 수 있습니다. 바로 비전 vision 없이 어디로 가는지 모르고 남을 따라가는 삶입니다.

우리는 삶의 비전을 가지고 멋있는 삶을 살아낼 멋진 사람들입니다. 오늘도 멋있게 사세요.

3

여기,
즐거운 대학이
탄생한다

— 2007 이화여자대학교 이화학술원 설립 기념강연

오늘 우리는 배울 학學 자의 기본적인 의미에 대해서
다시 한번 눈여겨봐야 할 것 같습니다.

“『논어』의 첫 장에 배우는 것이 등장한다는 것은,

사람은 반드시 배워야 할 존재임을 나타내는 것"이라고 할 수 있습니다.

지知의 바다에서 헤엄치기

여기 이 자리는 바로 제가 대학을 은퇴할 때 고별강연을 했던 곳입니다. 그러니까 내가 이 자리에 서서 대학에 대해 말하게 되리라는 것은 꿈에도 생각지 않던 일입니다. 오늘 열게 될 학술원은 한 개인에도 이화학당에도 그리고 나라 전체에도 큰 변화를 가져올 티핑 포인트가 될 것이라고 믿습니다.

무엇보다도 인문학을 비롯해 학술이라는 말이 시장 용어와 정보 용어에 밀려 날로 빛을 잃어가고 있는 이때, 이화학술원의 탄생은 탁류를 거슬러 올라가는 유쾌하고 장엄한 지적 유영遊泳의 시작으로 보이기 때문입니다.

하지만 오늘 우리는 이 뜻깊은 자리에서 '학술원'이라는 말속에 들어 있는 배울 학學 자의 기본적인 의미에 대해서 다시 한번 눈여겨봐야 할 것 같습니다. 왜냐하면 '학'이란 글자는 학문學問이니 대학大學이니 할 때 늘 써오던 글자로 새삼스러울 것이 없지만 그것이 교육敎育의 그 가르칠 교敎와 맞서게 되면 만만찮은 문제들이 생겨나기 때문입니다.

배우는 것learning과 가르치는 것teaching은 손등과 손바닥처럼 불가분의 관계를 이루고 있지만 그것이 때로는 대립적이며 선택적인 양상을 띠는 경우도 많습니다. 아주 쉬운 이야기로 학교는 가르치는 곳인가 배우는 곳인가 이자택일을 해야 할 때 과연 우리는 어느 편에 서야 하는가 하는 물음입니다.

가령 학교學校란 말은 『맹자孟子』에서 유래된 것으로 '배우고 가르친다校=敎'의 양면을 모두 포함하고 있지만, 오늘날의 어떤 사전 풀이를 봐도 "일정한 목적·설비·제도 및 규칙에 의거하여 교사가 계속적으로 피교육자에게 교육을 실시하는 기관"이라고 되어 있어 가르치는 쪽의 의미만이 부각되어 있습니다. 뿐만 아니라 학생들이 '교실'에 들어가 '교과서'로 공부를 한다고 할 경우 교실敎室도 교과서敎科書도 모두 가르칠 교 자가 붙어 있습니다. 학생 입장에서 보면 분명 교실은 학실學室이어야 하고 교과서는 학습서學習書라고 해야 마땅할 것입니다.

개화기 때만 해도 학교를 배움의 집이라는 뜻으로 학당學堂이라고 불렀습니다. 이화학당이라는 말이 바로 그렇습니다. 교육을 뜻하는 영어의 education이나 프랑스의 éducation에도 배우는 쪽에 의미의 중량을 싣고 있습니다. '끌어내다to draw out'의 뜻을 지닌 라틴어의 ducere에서 나온 말이기 때문입니다. 교육은 밖에서 지식을 불어넣어주는 것이 아니라 배우는 사람 속에 잠재된 능력과 성품을 바깥으로 끄집어내는 역할이라고 생각했던 것이죠.

『성서』에는 "누가 생선을 달라는 아이에게 뱀을 주며 떡을 달라는 아이에게 돌을 주겠는가"라고 말했지만, 일방적으로 국가사회의 이데올로기를 주입하는 획일주의 교육에서는 아이들이 달라는 것과 정반대의 뱀과 돌을 주는 일이 많았다는 것을 우리 자신의 체험을 통해서 알 수 있습니다. 그래서 미셸 푸코Michel Foucault의 눈에는 학교가 병원이나 군대 그리고 감옥과 같은 국가의 거대한 감금 장치로 보였던 것입니다.

공자는 제자의 성품이나 능력에 따라서 가르치는 내용이 다 달랐던 것 같습니다. 자로子路가 "의로운 일을 들으면 즉시 행해야 합니까?"라고 물었을 때 공자는 "그렇지 않다. 어른에게 물어 가르침을 받은 연후에 실행하는 것이 옳다"라고 대답했지만, 염유冉有가 똑같은 질문을 했을 때에는 "더 이상 주저할 것이 없다. 그 자리에서 즉시 행하라"라고 정반대의 대답을 해줍니다. 옆에서 본 공서화公西華가 어째서 같은 말을 물었는데 대답이 다르냐고 묻자 "자로는 너무 덤벼 신중을 기하도록 하기 위함이고 염유는 너무 머뭇거리는 버릇이 있어 결단력을 기르도록 도와준 것이다"라고 말했던 것입니다. 자로에게는 '퇴退'를, 염유에게는 '진進'을 가르친 맞춤식 교육이었다고 할 수 있습니다.

옛날 한국의 서당에서 『천자문』을 뗀 학생들에게 나눠준 성적표도 그랬다고 합니다. "재치가 넘치고 매사에 과민한 아이에게는 어리석을 '우愚' 자를, 남에 대한 배려가 적고 독선적이면 어질 '인仁' 자를, 효심이 부족한 경우에는 반포反哺한다는 까마귀 '오烏' 자를, 그리고 매사를 서둘러 일을 그르치면 천천히 걷는 '소牛' 자를 써주었다"고 합니다.

지금 저는 제 전공도 아닌 교육학 문제에 무슨 토를 달려고 하는 게 아닙니다. 학교는 배우는 곳인가, 가르치는 곳인가? 단순한 것 같지만 오늘날 우리 교육과 학교들이 러닝 프로세스와 티칭 프로세스, 그 어느 쪽에 중점을 두고 있는지를 따지지 않고서는 우리가 앞으로 만들어가야 할 이화학술원의 목표와 그 꿈을 설정하기 힘들 것이라는 생각 때문인 것입니다. 단지 또 하나의 교육기관을 만드는 것이 아니라 지금까지 우리가 근대주의를 추구하면서 놓쳤거나 잃어버린 것들이 무엇인지를 물어보지 않고서는 새로운 교육이나 학문의 새로운 버전을 구축할 수 없을 것이기 때문입니다.

학문의 원점으로 돌아가라

길을 잃었을 때에는 길을 잃은 원점으로 다시 돌아가라는 말이 있습니다. 서양의 음악가들이 음악 문제가 복잡해지면 바흐Bach로 돌아가라고 말했듯이 우리는 교육 문제가 풀리지 않을 경우 공자로 돌아가라고 말할 사람이 많을 것입니다. 다른 것은 몰라도 오늘날의 우리 교육열과 학문의 의미가 원천적으로 유학과 선비정신에 깊이 관련되어 있다는 것은 부정하기 힘들 것입니다.

『성서』는 하나님이 우주를 창조하신 「창세기」부터 시작하지만 『논어論語』의 첫머리에 등장하는 것은 '배움'에 관한 「학이學而편」입니다. 당나라의 유덕명劉德明도 『경전석문』에서 밝혔던 것처럼 "『논어』의 첫 장에 배우는 것이 등장한다는 것은, 사람은 반드시 배워야 할 존재임을 나타내는 것"이라고 할 수 있습니다. 인간을 '교육의 동물homo educandus'로 본 요한 아모스 코메니우스Jan Amos Komenský의 출현보다도 천 년이나 앞서 공자는 배움의 중요성을 이렇게 적고 있습니다.

배우고 때때로 그것을 익힌다면 그 어찌 기쁘지 않겠는가? 學而時習之, 不亦說乎?

내 뜻을 아는 벗이 먼 곳에서 찾아온다면 그 역시 즐겁지 않겠는가? 有朋自遠方來, 不亦樂乎?

남들이 알아주지 않는다 해도 섭섭해하지 않는다면 그 어찌 군자라 하지 않겠는가? 人不知而不慍, 不亦君子乎?

『논어』의 이 첫 대목에서 우리는 가르치는 쪽보다는 배우는 쪽에 그리고 학문의 가치를 유용성보다는 기쁨과 즐거움을 주는 유의성에 두고 있다는 것을 쉽게 파악할 수가 있습니다. 그리고 교육이나 학문의 궁극적인 가치는 인간을 완성하는 군자에 두고 있다는 것도 쉽게 이해할 수가 있습니다.

그러나 『논어』를 모르는 사람들도 친구를 맞을 때 인사말로 사용하고 있는 유명한 글귀인데도 막상 자세히 읽어보면 웬일인지 앞뒤가 잘 맞질 않습니다. 왜 배우는 기쁨을 이야기하다 말고 먼 데서 친구가 찾아오는 이야기를 하고, 다시 또 그것이 갑자기 군자의 언급으로 비약하고 있는지 갈피를 잡기 어렵습니다.

그러나 공자의 교육과 인간관을 고도로 압축시킨 이 파일을 풀기 위해서는 공자의 생애에 터닝 포인트가 된 공곡유란空谷幽蘭의 전기적傳記的 코드가 필요할 것 같습니다. 학문의 첫 단계는 배우는 기쁨이고 두 번째 단계는 그 배움으로 얻은 덕이 사방에 소문이 나서 자신과 뜻을 같이하고 배우러 오는 제자들(붕우)이 아주 먼 데서부터 찾아오는 경지, 즉 가르치는 단계라고 할 것입니다.

그런데 마지막으로 가장 중요한 것은 배우는 것도, 사람들을 교화하는 것도 아닌 스스로 자신의 인격을 완성하는 군자가 되는 최종 단계입니다. 아시다시피 공자는 20년 가까이 천하를 주유하면서 72명의 제후들을 만나 왕도 정치의 이념을 설파합니다. 하지만 패도 정치覇道政治의 하드 파워가 지배하던 전국시대에 문덕文德으로 다스리는 문인 정치의 소프트 파워에 귀를 기울일 사람은 아무도 없었던 것이지요.

요즘 말로 하면 군주들의 파워 폴리틱스(권력정치)를 모럴 폴리틱스(도덕 정치)로 그 패러다임을 바꾸는 데 실패한 것이지요. 공자는 노나라로 향하던 중 빈 골짜기에서 그윽한 향기를 내뿜고 있는 난초와 만나게 됩니다. 아무도 보아줄 사람이 없는 공곡空谷에 홀로 핀 유란幽蘭의 애처로움에서 자신의 모습을 본 공자는 깊이 탄식을 합니다. 하지만 공자는 시를 읊고 거문고를 타면서 빈 골짜기의 난초(공곡유란)처럼 살아가겠다는 결심을 〈의난조

倚蘭操〉의 금곡琴曲으로 남기게 됩니다. 그 뜻대로 공자는 더 이상 도성으로 제후들을 찾아다니지 않고 향리에 정착하여 학문에 힘씁니다. 남이 알아주지 않아도 스스로 학문을 즐기고 문향을 내뿜게 되면 먼 데서 현자들이 그 맑은 향기를 맡고 모여들기 마련입니다.

그것이 바로 『논어』 첫머리에 나오는 학이시습의 기쁨이며 먼 데서 자신을 찾아오는 선비들을 맞이하는 즐거움이며 남이 자신을 알아주지 않아도 스스로 자족할 줄 아는 군자의 마음인 것입니다.

지-호-락의 삶과 DIKW 모델

배움에서 기쁨이 사라지고 학문에서 즐거움이 사라진 오늘의 교육 풍토와 학교생활, 그리고 빈 골짜기는 있어도 난초의 향기는 없는 은퇴한 노교수의 쓸쓸한 생활이 반사적으로 떠오르지 않습니까. 다시 한번 자세히 보십시오. 『논어』의 첫머리는 분명 오늘날의 학교교육과는 달리 가르치는 자가 아니라 배우는 자의 쪽에서 그려지고 있습니다. 그리고 교육의 효과를 유용성이 아니라 기쁨과 즐거움을 주는 유의성에 두고 있습니다. 그 목표 역시 남들이 자신을 인지하고 평가해주는 매슬로의 네 단계 욕망이 아니라 자기실현에서 만족을 구하는, 피라미드 최정상의 군자의 마음에 두고 있습니다. 영문 번역으로 보면 그 텍스트의 구조가 훨씬 더 명확하게 드러나 있습니다.

"To learn something and regularly practice it–is it not a joy?

To have schoolfellows come from distant states–is it not a pleasure?

Not to blame when men do not accept you–is it not like a gentleman?"

야콥슨이 지적한 것처럼 이 세 문장은 중국 특유의 언술 양식인 병렬법으로 구성되어 있으며 그 종결은 모두가 다 의문형 감탄문의 형식을 취하고 있습니다. 그래서 서생의 기쁨joy과 선비의 즐거움pleasure 그리고 군자gentleman의 마음이 강조되면서 업그레이드 되는 지의 과정이 선명하게 나타나게 됩니다.

그리고 그것을 『논어』의 「옹야雍也편」에 나오는 "아는 자는 좋아하는 자만 못하고知之者, 不如好之者 좋아하는 자는 즐기는 자만 못하니라好之者, 不如樂之者"와 연결지어 생각할 수 있습니다. 우리는 '지知' '호好' '락樂'의 이 모델로 오늘의 교육 풍토와 학교의 운영을 조명할 수 있을 것이며, 더 나아가면 T. S. 엘리엇의 시

「바위The Rock」의 합창과 운을 맞춰 정보 문명 시대의 지적 궤적을 그려볼 수도 있을 것입니다.

Where is the life we have lost in living?

Where is the wisdom we have lost in knowledge?

Where is the knowledge we have lost in information?

생활 속에서 잃어버린 생명은 어디로 갔느뇨.

지식 속에서 잃어버린 지혜는 어디로 갔느뇨.

정보 속에서 잃어버린 지식은 어디로 갔느뇨.

공자의 지, 호, 락보다 엘리엇의 시에서는 그 지의 피라미드 구조가 훨씬 더 세분되어 정보information, 지식knowledge, 지혜wisdom, 생활living, 생명life의 5단계로 구분되어 있습니다. 하지만 정보와 지식을 지지자로, 지혜와 생활은 호지자로, 그리고 인생life은 낙지자로 대응시키거나 더 단순하게 정보, 지식, 지혜를 곧바로 지, 호, 락에 매치하면 소위 DIKW The Data Information Knowledge and Wisdom Hierarchy 모델을 얻을 수 있게 될 것입니다.

지지자知之者를 생산하는 공장

하물며 그냥 지도 아닌 텔레비전 퀴즈나 대학 입시용 지식에서 무슨 감동과 기쁨을 찾을 수 있겠습니까. 배우는 수요자(피교육자)가 아니라 가르치는 공급자 위주의 근대 교육 시스템은 개개인이 지니고 있는 잠재력을 억압하고 획일적으로 만드는 일이 적잖습니다. 토플러의 말대로 근대의 각급 학교들은 다량 생산 체재의 산업주의 공장을 모델로 한 것이기 때문입니다. 학생들은 컨베이어 벨트의 공정 속에서 초-중-고와 대학의 단계적 과정을 밟아서 하나의 제품으로 포장돼 사회 시장으로 출시됩니다. 다만 학교가 공장과 다른 점이 있다면 불량품이 나와도 리콜 제도가 없다는 정도일 것입니다.

"학교종이 땡땡땡 어서 모이자"라는 아이들 노래를 들어봐도 학교가 지식 공장이라는 사실을 부인하기 힘듭니다. 공장에서 가장 중요한 것은 같은 시간에 같은 장소에 모여 작업을 하는 '동시성'이라는 작업 특성입니다.

그렇기 때문에 학교가 맨 먼저 가르치는 것은 일정한 등교 시간의 종소리에 맞춰 함께 모이는 훈련입니다. "어서"란 말, "기다린다"는 말, 그 모두가 시간을 독촉하는 강박의 언어들인 것이지요. "모이자"라는 명령어도 집단성과 획일성의 행동 원리로 개체는 징발됩니다. 그러한 상황에서는 선생님 역시 공장 생산 라인의 감독관으로 비칠 수밖에 없습니다.

정보 속에서 지식을 잃고 지식 속에서 지혜를 잃고 지혜 속에서 생활과 생명(라이프)력을 잃어가는 문명의 진화 과정이 그대로 초-중-고와 대학의 진학 과정에서도 작용하고 있습니다. 생각을 포장하여 일정한 박스에 담아 시장에 내놓는 학교 제도는 대개가 다 좌뇌 지향적인 머리에서 나오게 됩니다. 그렇기 때문에 공감하고 꿈꾸는 우뇌 지향적인 학생들, 이를테면 "얼음이 녹으면 물이 된다"가 아니라 "얼음이 녹으면 봄이 온다"는 상상의 답안지는 휴지통에 폐기되지요. 하던 짓도 멍석을 펴놓으면 하지 않는 한국인의 기질이 강한 학생일수록 학교란 재미없는 곳, 즐겁지 않은 사막의 불모지입니다.

공자와 엘리엇의 시에서는 최하위를 차지하고 있는 정보와 지知가 근대 학교교육의 시스템에서는 피라미드의 가장 높은 꼭지를 차지하게 됩니다. 정보와 지식이 국가나 사회의 공동체를 만들어가는 데 불가결한 인프라라는 것을 부정하지 않습니다. 교육의 방법과 수단이 강제성을 띠게 된다는 현실의 메커니즘을 부정하지도 않습니다. 그래서 그것이 오늘의 세계 시스템을 구축하고 부국강병의 경쟁력을 만들어내는 화수분단지의 역할을 한다는 것도 모르지 않습니다.

다만 개개인의 실제 생명과 존재를 채워주는, 그러니까 엘리엇이 의미하는 '라이프life'—우리말로는 구별이 잘 안 되지만 먹고 자고 입는 리빙living과는 한 차원이 다른 것. 기쁨과 즐거움과 감동을 주는 호好와 낙樂의 생명 가치에서 본다면 그것은 모래알처럼, 시멘트 가루처럼 무미건조한 것일 수밖에 없습니다.

신체의 지身體知와 생명 정보

태아들은 10개월이 지나면 누가 가르쳐주지 않아도 자기가 태어날 때를 알고 스스로 산도를 찾아 출생의 작은 여행을 떠납니다. 놀라운 것은 자신이 살아온 환경을 깨끗하고 안전하게 남겨두기 위해서 아이들은 엄지손을 꼭 움켜쥔 채 태어난다는 사실입니다. 만약 손가락을 펴고 태어나면 날카롭게 자란 손톱이 자궁벽과 산도를 모두 찢어 손상을 입혔을 것입니다. 오히려 학교에서 많은 것을 배운 어른들이 그 지식으로 다음 세대가 살아갈 지구의 환경을 파괴하고 손상을 입히는 것과는 얼마나 대조적인지 모를 일입니다.

학교에 가기 전 아이들은 누구나 호기심이 가득 찬 눈으로 세상을 바라보고 끝없이 질문을 던집니다. 새가 나는 것에 대해, 해가 뜨고 꽃이 피고 비가 내리는 것에 대해 묻습니다. 그러나 학교 문턱에만 가면 더 이상 아이들은 아무것도 물으려 하지 않습니다.

원자구조를 찾는 기술을 개발한 1930년대의 유명한 물리학자 이지도어 아이작 라비Isidor Isaac Rabi는 자신의 성공 비결을 묻는 기자에게 이렇게 답합니다. "내가 어렸을 때 학교에서 돌아올 때마다 어머니는 '얘야, 오늘은 선생님에게 무슨 질문을 했니?'라고 물으셨어요. 그것이 바로 오늘의 나를 있게 만든 비결이지요."

학교의 티칭 프로세스에서는 이와 같은 생명 정보를 가르쳐주지도 않거니와 아예 그러한 능력을 거세해버리고 맙니다. 엘리엇의 한탄처럼 지혜는 지식 속에서, 지식은 정보 속에서 죽는 그 과정처럼 말입니다.

질문 기능만이 아니라 예술적 감성이나 능력도 죽입니다. 동화 같은 카드를 만드는 홀마크사 매킨지의 말을 들어봅시다. 어느 나라에서나 아이들이 유치원에 들어가서 맨 먼저 배우는 것이 그림을 그리고 노래를 부르고 춤을 추는 것이지요. 그래서 "이다음에 커서 그림 그리는 사람, 노래 부르는 음악가가 될 사람?"이라고 물으면 반 전원이 손을 든다는 것입니다. 그런데 초등학교에 들어가 한두 해만 되어도 똑같은 물음에 손을 드는 아이들은 4분의 3 정도에 지나지 않는다는 겁니다. 그러다가 졸업할 무렵이 되면 누구도 손을 들지 않게 된다고 합니다.

예술 감성은 덮어두더라도 지식의 콘텐츠 자체가 달라집니다. 퇴계 선생의 조카들은 퇴계에게서 배우려 하지 않고 다른 서당으로 갑니다. 과거를 보는 데는 퇴계 선생의 가르침이 별로 도움이 되지 않았기 때문입니다. 대학 입시에 필요한 선생은 학교 선생이나 훌륭한 학자가 아니라 입시학원의 선생들인 것과 마찬가지입니다.

일단 학생들은 대학에 들어오게 되면 리처드 스탠리 피터스 Richard Stanley Peters가 말하는 "교육을 받은 자"라는 말에 어울리는 내재적인 의미의 탐구를 시작하게 됩니다. 의무교육에서 자유교육으로, 자유교육에서 전문교육으로 그 문지방을 건너는 과정이지요. 그래서 형식적이나마 삶의 가치가 있다고 생각되는 것들을 전달받게 됩니다. 삶을 바라보는 시야와 방식이 달라지고, 강의도 국정교과서가 아닙니다. 가르치는 자와 배우는 자의 상호작용과 배우는 자의 선택폭도 한결 넓어지지요.

그래도 여전히 대학은 초-중-고와 같은 공장 시스템에서 벗어나기 힘듭니다. 대학 입시의 선택 과정에서부터가 종래의 교육 시스템의 연장입니다. 오히려 대학에 들어온 뒤에는 지-호-락의 업그레이드가 아니라 시장 원리에 따라 행동 양식이 바뀌게 됩니다. 교육의 유용성이 유의성을 압도하고 있는 거지요. 교육자와 피교육자 간의 관계도 공급자-소비자의 관계로 바뀌어가고 도구 학문 이외의 것은 인기가 높지 않습니다. 취업률이 낮은 인문학의 황폐와 3D처럼 직종이 고된 엔지니어 과목은 이공계라도 불모지입니다.

호지자의 교육과 학문

그래도 극히 소수이기는 하지만 그러한 환경 속에서도 지적 호기심을 갖고 공부에 재미를 들인 학생들이 있고, 대학을 졸업하고 난 뒤에도 취업보다 학업이나 연구 생활에 뜻을 두는 사람들이 있습니다. 지금까지 외발적 이유로 지식을 습득하던 지지자들과는 달리 학문을 좋아하고 지식을 사랑하는 내발적인 동기에 의해서 배우고 연구하는 호지자들의 세계입니다.

의무교육이 아니라 자신을 위한 교육(self-education, autodidacticism), 가르침보다는 배우는 자 중심으로 만들어진 교육기관들도 생겨나게 됩니다. 구체적인 예로는 인문학과 순수과학의 분야에서 석박사의 과정을 밟고 있는 대학원과 그 학생들을 꼽을 수 있을 것입니다. 그 밖에 연구소라든가 성인 교육기관 같은 데서도 이에 해당하는 호지자들을 발견할 수 있을 것입니다. 티칭 프로세스는 러닝 프로세스로, 러닝 프로세스는 씽킹 프로세스thinking process로 패러다임이 바뀌게 됩니다. 그리고 대학원생 중에는 호지자들이 많을수록 직업훈련소나 정해진 산학 협력 연구소와는 구별되는 것입니다. 호지자는 학문의 프로가 아니라 아마추어들이기 때문입니다. 아마추어라고 하면 프로보다 기량이나 수준이 떨어지는 '서툰 사람'으로 알고 있는 사람들이 많아서 부정적인 뜻을 지니고 있습니다.

그러나 진정한 아마추어와 프로는 기량의 문제가 아니라 태도의 문제입니다. 스포츠의 경우를 두고 생각해보면 됩니다. 바비 존스Bobby Jones는 골프의 천재로, 당시 그랜드슬램을 달성한 그의 기록은 아직도 깬 사람이 없을 정도입니다. 그러면서도 그는 은퇴하는 날까지 아마추어 골퍼로 활동했습니다. 큰돈을 벌 수 있는데 왜 프로로 전향하지 않으냐는 기자 질문에 그는 골프를 사랑하기 때문이라고 합니다. 그리고 아마추어란 말은 라틴어의 아마르amare에서 나온 것으로 '사랑하는 사람'이라는 뜻이라고 설명합니다. 골프를 너무나 사랑하기 때문에 만약 그것이 돈을 버는 직업이 된다면 더 이상 골프를 사랑할 수 없게 될 것이라고 말합니다.

그것은 아직 스포츠계에서 아마추어 정신이 존경받던 1920년대의 옛날이야기라고 비웃을지 모릅니다. 물론 시대가 변해서 모든 가치가 금전으로 환산되는 시대의 흐름을 거역할 수는 없습니다. 그러나 어떻습니까. 아마도 누구나 사랑만은 프로와 하고 싶지 않을 것입니다. 사랑의 프로란 무엇이겠습니까. 돈을 받고 직업적으로 사랑을 나누는 사람이 아닙니까.

한 가지 분명한 것은 사랑처럼 학문이 직업이 되어 돈을 버는 수단이 되는 그런 프로페셔널에서는 절대로 가치 있는 결과가 나올 수 없다는 것입니다. 역시 배움의 희열, 학문의 즐거움은 그것을 좋아하고 즐기는 열정에서 나옵니다. 그런 면에서 나는 학문이 직업이 되어버린 프로 학자들을 믿지 않습니다.

『논어』의 호지자를 영문으로 번역한 것을 보면 "those who love it"이라고 되어 있는데 그것을 독립된 명사로 옮기면 바로 아마추어란 말이 될 것입니다. 그러므로 호지자의 배움과 학문은 어디까지나 아마추어여야만 한다는 것이 나의 주장입니다. 이 말을 교수님들이 학문을 사랑한다면 월급도 연구비도 필요 없을 것이라는 말로 오해하지 마십시오. 순수한 연인들은 밥을 굶거나 비가 새도 된다는 말과 같지요. 순수한 사랑일수록 그것을 방해하는 가난이나 물질적 결핍이 있어서는 안 되지요. 제가 말하는 호지자의 학문이란 지금 학계에서 논문 표절 사건이 빈번한 현상이 무엇을 의미하는지를 풀이하는 데 도움을 줄 것입니다. 그것은 학문의 윤리 문제가 아니라 실은 학문에 대한 애정 문제인 것입니다.

그보다도 주석과 참고문헌을 잔뜩 늘어놓은 논문 편 수로 교수를 평가하는 관료주의 잣대가 문제입니다. 그리고 그러한 평가 제도나 학술 논문의 획일적인 양식 자체가 학술을 재미없는 것, 사랑할 수 없는 것으로 만들어냅니다. 영화 〈뷰티풀 마인드〉로도 소개된 적이 있는 존 내쉬John Nash의 균형 이론은 몇 개의 수식으로 된 메모였지만 노벨상을 탔습니다. 물리학의 패러다임을 바꾼 아인슈타인의 논문에는 각주가 전연 달려 있지 않은 것들이 있습니다.

가르치는 사람이나 배우는 사람이나 호지자의 학문은 은빛 비늘을 번쩍이며 상류로 올라가는 잉어 떼를 닮았습니다. 그래서 석·박사의 학위를 얻기 위해서 등용문의 폭포수를 올라가야 합니다. 송사리 떼 같은 지지자와는 달리 호지자는 용꿈을 꾸는 잉어들이지요.

등용문을 넘어서 용으로 승천할 때 비로소 호지자는 낙지자로 변하고 그들의 지식 정보는 아주 옛날에 잃었던 '생명'의 기쁨, 엘리엇이 말하는 그 라이프를 찾게 될 것입니다.

낙지자의 학교

한나라 고조高祖는 "말 위에서는 나라를 얻을 수는 있어도 백성을 다스릴 수는 없다"라고 선언했습니다. 그리고 전쟁의 영웅과 지략가들을 버리고 그 자리에 학문하는 선비들을 앉혔습니다. 한나라의 문화주의가 탄생하는 그 시대의 드라마를 기억해 보십시오.

그때처럼 난세의 무력武力이 평화의 문력文力으로 바뀌어가고 있는 현상을 조지프 나이Joseph Nye Jr.는 소프트 파워란 말로 설명하고 있습니다. 외교, 정치만이 아니라 세계는 지금 도처에서 하드 파워와 소프트 파워의 경계가 무너지고 논리적 시스템에서 공감의 네트워크로 패러다임을 바꿔가는 징후군들이 일고 있는 것입니다.

『논어』의 첫 장에 "불역열호아不亦說乎兒, 불역낙호아不亦樂乎兒"라고 외치던 감탄 의문문이 우리 눈앞에 새로운 텍스트로 다가오고 있는 것입니다. 미래학자의 예언이 아닙니다. 이미 고전이 되어버린 매슬로Maslow의 인간 욕구 5단계설에서 이미 예고되었던 일이지요. 욕망의 피라미드의 저변에는 등 따습고 배부른 것을 추구하는 동물의 '생리적 욕구physiological needs'가 있습니다. 그것이 어느 정도 해결되면 그때부터는 위험이나 위협에서 벗어나 다리 뻗고 편하게 살아가는 '안전의 욕구safety needs'를 찾게 됩니다. 웰빙 단계지요. 그러나 그것에 익숙해지면 외로움을 느끼게 되고 가정이나 직장 그리고 어떤 커뮤니티(집단)에 귀속하려는 '사회적 소속 욕구belonging needs'가 생겨나고, 그것이 더 발달하면 남들 틈에 끼기보다는 자기를 알아주고 인정해주는 '평가의 욕구esteem needs'가 생기게 되는 것이지요. 쉽게 말해서 스타나 멘토가 되고 싶은 꿈입니다.

하지만 그 모든 욕구가 다 충족된다 해도 여전히 허전하고 채워지지 않는 욕구가 남아 있습니다. 그것은 지금까지의 것과는 달리 외부가 아니라 자신의 내부에서 일어나고 있는 욕망의 소리입니다. 생명의 근원적인 욕망, 소유가 아니라 존재의 결핍을 채우려는 '자기실현의 욕구self-actualization needs'인 것입니다.

물론 인간의 욕구가 층계를 오르는 엘리베이터처럼 상승해가는 것은 아닐 것입니다. 기초적인 생리의 욕구도 해결하지 못한 가난 속에서도 일시에 5단계로 진입, 자기실현에 도전하는 예술가나 학자, 성자와 군자들이 얼마든지 많습니다. 그리고 사회적인 존경을 받아온 지도자들 가운데서도 1단계의 동물적 욕구에 사로잡혀 부패의 구덩이에 빠지는 경우도 많습니다.

하지만 개인이나 사회가 저차원의 물질적 결핍deficit에서 점차 고차원의 존재being 문제로 향하게 되는 것은 부정할 수 없는 현상일 것입니다. "말 타면 경마 잡히고 싶다"라는 한국 속담에도 그러한 의미가 잘 드러나 있습니다. 개인만이 아니라 인류 문명의 진화 과정 역시 매슬로의 단계로 업그레이드되었다고 볼 수 있습니다.

자기실현과 창조의 활동

그런데 지금 우리가 논해야 할 핵심은 바로 이 마지막 단계인 '자기실현'에 있습니다. 네 번째 단계만 해도 남들이 자신의 존재를 인지하고 존경해주기를 원하는 타인 지향적인 욕망이었지만, 마지막 단계인 '자기실현'의 욕망은 이미 『논어』 첫 장에서 읽은 대로 "사람들이 나를 알아주지 않는다 해도 섭섭하게 여기지 않는다"라는 군자의 경지, 아무도 보아주지 않은 빈 골짜기의 잡초들 틈에 섞여 혼자서 고결한 향내를 내뿜는 난초의 모습과도 같은 내면 지향적인 자족의 경지인 것입니다.

이때의 군자란 말이 시대감각에서 너무 고립되어 있다면 지-호-락의 모델을 이용하여 그냥 낙지자樂之者라고 불러도 좋습니다. 낙지자는 지지자, 호지자와 어떻게 다른 것인지를 현대적인 입장에서 풀어보기 위해 속된 비유를 들어보기로 하겠습니다.

술에 대해서 많이 알고 있는 사람을 우리는 술의 지지자知之者라고 부를 수 있습니다. 그는 술병을 앞에 놓고 그것이 몇 년산 무슨 포도주이고 값이 얼마며 술의 유통 과정이나 세액이 얼마나 되는지를 계산하고 감정평가 하는 사람입니다. 이런 술의 지지자는 장사하는 데는 필요할지 모르지만 함께 술을 마시는 데는 적합한 사람이라고 할 수 없습니다. 역시 술좌석에서 술맛 나게 하는 사람은 술을 아는 것보다는 술을 잘 마시는 사람, 술을 정말 좋아하는 애주가요 주당들입니다. 술의 호지자이지요.

그런데 술의 호지자도 술의 지지자의 경우처럼 함께 술을 마시는 데 있어서는 약간의 고통과 부담이 따를 수 있습니다. 왜냐하면 술을 너무 좋아하여 그것에 빠져버릴 경우 호지자는 바로 술주정뱅이나 알코올중독자가 될 수도 있기 때문입니다.

하지만 술에 대해서 알거나 좋아하는 것이 아니라 술을 즐기는 낙지자가 있는 것입니다. 술의 낙지자들은 주도酒道에서 벗어나는 일 없이 술맛과 그 멋을 즐길 줄 압니다. 사람이 술을 마시는 것도 술이 사람을 마시는 것이 아니라 이태백처럼 달과 나와 술이 혼연일치하여 주선酒仙이 되는 것입니다.

지지자나 호지자는 단지 술을 소비하지만 낙지자는 술과 내가 하나가 되어 기쁨과 즐거움을 창조합니다. 이것 역시 한국말로 표현하기 힘든 말 가운데 하나지만, 최후 만찬 때의 예수님과 포도주가 하나로 합쳐지는 임파테이션impartation의 상태라 할 것입니다.

이때의 술을 자신의 삶이나 배움, 그리고 학문으로 바꿔놓고 생각해보면 지-호-락의 경우에 따라 어떤 양상이 생겨날 것인지 아주 쉽게 유추할 수 있다고 믿습니다. 자기실현이란 자기의 삶을 창조해내는 것이고 그 창조에는 반드시 기쁨과 즐거움이 따릅니다. 지지자나 호지자가 따라오지 못하는 그 즐거움 말입니다.

그것은 마치 하나님이 혼돈 속에서 세상을 창조하시고 그것을 돌아다보며 심히 기뻐하셨다고 「창세기」 1장에 기록된 것처럼 창조 활동에서 오는 순수한 기쁨이요 즐거움일 것입니다. 자기실현, 창조 활동의 기쁨, 즐거움, 남이 알아주지 않아도 섭섭해하지 않는 군자의 자족, 이 모든 것이 낙지자의 속성이라 하겠습니다. 그래서 낙지자를 군자라고 부르든, 성인이라고 부르든, 창조자라고 하든 그 공통점으로 반드시 '자기목적적autotelic'인 행동을 갖습니다. 그것은 희랍어로 자기를 뜻하는 아우토auto와 목적을 의미하는 텔로스telos에서 나온 것으로, 그 자체로 의미를 갖거나 충족되는 활동을 일컫는 말입니다. 보행은 보행 자체에 목적이 있는 것이 아니라 목적지에 가려는 행위지요. 그러나 춤은 어디로 가기 위한 것이 아니라 춤을 추는 그 자체에 목적이 있습니다. 그래서 목적지에 이르면 보행은 멈추지만 춤은 음악이 끝나야 혹은 지칠 때가 되어야 끝날 것입니다. 때문에 걷는 것은 유용하지만 지루하고, 춤은 유용하지는 않으나 즐겁습니다.

우리는 지금 행복한가

우리는 매슬로의 5단계 욕구설을 인류 문명사에 확대시켜 그대로 적용할 수도 있습니다. 21세기의 글로벌 문명, 디지털 미디어와 네트워크 사회는 점차 후기 지식 정보의 생명 시대—저는 그것을 디지로그라고 명명했습니다마는—를 향해서 진화해가고 있습니다.

말하자면 농업사회는 생리적 욕구, 산업사회는 안전 욕구라고 한다면 정보사회는 남과 소통하는 소속과 평가의 욕구입니다. 그러므로 농경사회와 산업사회 그리고 정보사회는 그 욕망을 풀기 위해서 노동labor과 작업work을 수행했습니다. 그런데 앞으로 생명life의 시대에는 자기실현의 욕구를 위해서 즐겁게 일하는 자기 목적적인 창조 활동activity을 하게 될 것입니다.

옛날에는 시인, 화가, 음악가 같은 극히 일부의 예술가들, 혹은 철학자나 순수과학자들 그리고 성인군자들이 실천했던 자기실현을, 이제는 대중 전체가 추구하고 있습니다. 돈이 생기지 않는 일인데도 오늘의 젊은이들은 인터넷에 블로그를 띄우고, '위키피디아'에 자기 지식을 올립니다. 유튜브에 동영상을 올리는 유저들은 텔레비전의 시청자가 아니라 자신의 TV 방송을 송출하는 기자이면서 동시에 사장인 것입니다. 돈을 벌기 위한 것이라고 해도 실리콘밸리의 벤처리스트들은 스톡옵션보다도 그 일 자체가 즐거워 허름한 차고에서 일을 합니다. 요즘 유행하는 UCC라는 말은 유저들이 만든 컨텐츠User Created Contents라는 뜻입니다.

돈 받고 파는 프로그램을 리누스 토발즈Linus Torvalds의 경우처럼 소스를 공개하여 아무나 무료로 쓸 수 있게 하는 오픈소스들이 점점 증대하고 있습니다. 돈이 생겨서가 아니라 자기실현을 위해서 개방하고 공유하고 참여하는 웹 2.0의 시대가 도래하고 있는 것이지요.

21세기에 들어오자 기쁘고 즐겁기 때문에 자기실현의 활동을 하는 인구가 늘면서 매슬로의 피라미드는 날로 역피라미드 형태가 되어가고 있는 상황입니다.

선진국 사람들은 지금 생존에 필요한 에너지의 4백 배의 양을 소비하면서 살아가고 있다고 합니다. 19세기에 비해서 1천 배 이상 생산성이 높아졌다고 합니다. 개인마다 컴퓨터와 휴대전화를 갖고 있고, 자신의 ID를 입력하면 거의 무료로 인터넷과 접속할 수 있습니다. 그래서 행복해졌느냐고 물으면 아무도 그렇다고 말하는 사람이 없습니다. 지금 절실하게 필요한 것은 바로 그 해답을 주기 위해서 웹 2.0의 인터넷 같은 사이버공간이 오프라인의 지상에서, 학교에서 실현되어야 한다는 것입니다.

학술원은 낙지자의 요람이다

아직은 가는 로프에 매달려 있지만, 낙지자의 교육과 학문은 마지막 피라미드의 정상을 향한 암벽 타기를 시작했습니다. 개화기 때 그랬던 것처럼 그 제일 주자가 바로 우리 이화학당입니다. 그것이 오늘 열리는 학술원이요, 오늘 이 자리에 동석하고 있는 학술원의 석좌교수들을 비롯한 여러분입니다.

덕담이 아닙니다. 기뻐서 소리친다는 아이스크림I scream의 교육, 즐거워서 손뼉 치는 학문이 현실이 되려고 합니다. 머리에 그냥 떠오르는 대로 적어보면 미하이 칙센트미하이Mihály Csíkszentmihályi의 플로우flow 이론이 그것을 뒷받침하고 있고, 리처드 플로리다Richard Florida의 '크리에이티브 클래스(창조 계급)'가 그 등장을 예언하고 있습니다. 지금은 그저 IT 관계자나 경영자들이 읽는 화제작처럼 보이지만 토머스 프리드먼Thomas Friedman의 『세계는 평평하다』와 맬컴 글래드웰Malcolm Gladwell의 『티핑 포인트』, 그리고 논리가 아니라 공감이요 물질이 아니라 보람이라는 대니얼 핑크Daniel Pink의 『새로운 미래가 온다A Whole New Mind』, 그 어느 책갈피를 펴보아도 낙지자들이 몰려오고 있는 소리를 확인할 수 있을 것입니다.

개인의 소감이 아니라 이러한 예견자들의 말을 종합해보면 이화대학 학술원의 위상과 미래의 비전이 어떻게 설정되어야 할 것인지 짐작이 갑니다.

첫째는 창조적 활동을 위한 개방체제를 지향해야 한다는 점입니다. 대학의 마지막 단계는 앞에서 지적했듯이 자기 목적적인 창조 활동을 통해 자기실현의 욕망을 충족시키는 낙지자의 요람이 되어야 한다는 것입니다. 배우고 가르치는 단계에서 모두가 자기완성을 하고 그 꿈을 실현하는 창조의 공간이지요. 그러기 위해서는 생리적 욕구와 안전의 욕구, 소속과 평가의 그 모든 외발적 욕구를 기준으로 했던 지금까지의 교육 틀에서 과감하게 벗어나야 할 것입니다.

교육 관료주의의 벽을 부수는 프리즌 브레이크의 드라마가 일어나야 한다는 것이지요. 마치 인터넷상에서 프로그램의 소스를 공개한 리눅스 모델이나 자유 소프트웨어의 카피레프트 운동을 벌이고 있는 GNU의 방식을 본받아 모든 강의 내용을 전 세계를 향해 무한 개방하자는 것입니다. 학과나 대학 간의 벽을 넘어 성별, 학력, 연령, 국적에 관계없이 접근할 수 있는 기회를 열어 줘야 한다는 것입니다.

여자대학이지만 새로 만드는 이 학술원만은 남자들도 마음대로 드나들 수 있게 하고, 대학이지만 평생 교육원처럼 나이 많은 사람들도 참여할 수 있도록 강의실의 문턱을 낮춰야 할 것입니다. 굳이 그 모델을 찾자면 콜레주드프랑스와 같은 성격에 가까운 것일 수 있습니다.

둘째는 스몰그룹의 효과를 충분히 살리는 전략을 짜야 한다는 것입니다. 학술원은 절대로 규모가 커서는 안 된다는 점입니다. 학술원의 개방은 양산을 목표로 한 것이 아니라 스몰그룹을 대상으로 한 크리에이티브 클래스의 코어를 만들어내는 데 있기 때문입니다. 강의 방식도 푸시push에서 풀pull로 바꾸어야 할 것입니다. 멍석부터 깔아놓는 티칭 프로세스가 아니라 스스로 멍석을 까는 러닝 프로세스로, 그리고 그 위에 다양한 씽킹 프로세스를 올려놓고 크리에이티브 프로세스의 동선을 보여줘야 하는 것입니다. 벤처리스트들이 실리콘밸리에 모여든 것처럼 이 3단계의 도약이 이루어질 때 크리에이티브 그룹들은 이화 밸리로 모여들 것입니다.

셋째, 전문성보다는 희귀성 혹은 유일성을 키워야 할 것입니다. 베스트가 아니라 온리원의 독창성에 미래를 걸어야 합니다. 구체적인 예를 들자면 물리학자 수브라마니안 찬드라세카르Subrahmanyan Chandrasekhar는 인도에서 미국으로 이민을 가 시카고대학에 겨우 교수직을 얻기는 했으나 당시에는 아무도 관심 갖지 않았던 별들의 진화 모델이라는 기발한 연구 주제 때문에 수강생이 둘밖에 없었다고 합니다. 으레 학교 당국에서는 강의를 포기할 줄 알았지만 그는 캠퍼스에서 80마일이나 떨어진 곳에서 주 2회 자동차를 몰고 와 강연을 계속했던 것입니다. 그 결과로 그 학생 두 사람이 모두 노벨 물리학상을 받고 뒤에는 찬드라세카르 자신도 노벨상을 받게 됩니다.

아무도 생각지 못한 기발한 아이디어는 언제나 소수 그룹에서 나와 값진 성과를 거두게 된다는 사례는 아인슈타인도 의심했던 양자론의 창시자 닐스 보어Niels Bohr, 초전도체 이론을 연구한 카를 알렉산더 뮐러Karl Alexander Muller 등 예거하기 힘듭니다. 그들은 단지 그 기발한 아이디어가 즐겁고 재미있었기 때문에 아무도 알아주지 않은 일을 맥줏집에 모여서 혹은 문을 닫아건 연구실의 한구석에서 창조해낼 수 있었던 것입니다. 뜻은 다르지만 이대의 학술원은 아흔아홉 마리의 양을 버려두고 한 마리 양을 구하는 그 정신으로 낙지자의 메카가 되어야 한다는 것입니다.

넷째, 회통會通 정신을 살리는 기구가 되어야 할 것입니다. 학술원은 편협한 이데올로기나 학문적인 독선에 빠져서는 안 된다는 것입니다. either-or가 아니라 both-and로 학제 간의 회통이 이루어져야 합니다. 에드워드 윌슨Edward Wilson의 통섭consilience 이론은 과학적 지성과 문화적 지성의 통합을 의미합니다. 한국처럼 문과와 이과가 고등학교 시절부터 극명하게 구별되어 담을 쌓아가는 풍토에서는 참으로 반가운 이론이 아닐 수 없지요.

하지만 "진화생물학을 가지고서 문화 현상까지 설명하려는 것은 과학 제국주의"라고 비판하는 사람들도 있습니다. 윌슨 자신이 만든 통섭이라는 용어는 '함께 뛴다jumping together'의 뜻을 가지고 있지만 지금까지 이항 대립 체계로 생각해온 서구의 학문사로 볼 때 혼자 뛰는 결과를 초래한 것이 많습니다.

그래서 우리는 종교 간의 벽을 허물고 삼교 통합을 해왔던 '회통 정신'을 모델로 하는 것이 더 좋은 결과를 가져올 것이라고 기대합니다. 진화생물학의 입장과 환원주의적 입장에서 벗어나 한층 더 열린 입장으로 나아가기 위해서는 지금까지 부정적으로 바라보던 한국 문화의 원형을 재평가해야 할 것입니다. 이질적인 것을 한데 융합시키는 비빔밥 문화와 '엇비슷'이라는 같고도 다르다는 이상한 말을 낳은 한국인의 문화적 원형이 지금 하이브리드나 컨버전스 상품이 쏟아져 나오는 시장의 트렌드에서도 느끼듯, 수면 위로 떠오르고 있기 때문입니다. 그리고 리처드 플로리다가 크리에이티브 클래스를 만들어가는 3T의 하나로 제시한 관용torelence 역시 화이부동和而不同의 동양적인 개념으로 바꿔놓으면 더 실현성이 있게 될 것입니다.

다섯째, 리얼리즘과 실용주의의 극복입니다. 오스카 와일드의 말처럼 허구의 정신을 상실하면서부터 문학이든 철학이든 모든 것이 재미가 없어지고 말았습니다. 실증주의라는 이름 밑에서 우리는 모두가 발가벗은 임금님이 되어버린 것입니다. 원래 언어 텍스트는 보이지 않는 상상의 실로 짜여 있는, 실제의 직물이 아닙니다. 세미오시스(semiosis, 상징 기호계)는 피시스(physis, 자연 물질계)나 노모스(nomos, 규범 법계) 사이에 존재하는 것으로, 실증적으로 증명하기 힘든 그레이존 안에 존재합니다. 리얼리스트들은 철없는 아이처럼 언어의 텍스트가 허구라는 것을 밝힘으로써 임금님의 추악한 나체를 드러내고 만 것이지요. 생각해보십시오. 결과는 임금님도 백성도 그리고 그 아이까지도 살기 힘들어지는 상황에 처했을 것입니다. 새로운 사기꾼들이 나타나 보이지 않는 옷감을 만들어낼 때까지 말입니다. 안데르센의 리얼리즘은 동화 자체를 죽인 것이나 다름없습니다. 동화야말로 허구의 실로 짜인 환상의 옷이었으니 말입니다.

시인이 가장 많은 나라가 아이슬란드라고 합니다. 가혹한 자연환경을 이겨내기 위해서는 실제의 불꽃만으로는 부족합니다. 상상의 화롯불이 필요했던 것이지요. 어설픈 과학이 되어버린 인문학은 다시 허구와 상상력의 생명의 불꽃을 되찾아와야 합니다. 과학적인 분석을 통해 보면 뒝벌bumblebee은 절대로 날 수가 없다는 것입니다. 통통한 몸집에 비해서 날개가 너무 작기 때문입니다. 그런데 수탉은 어디로 보나 날 수 있는 조건을 모두 갖추고 있습니다. 그런데 실제로는 정반대로 뒝벌은 날아다니며 꿀을 따오는데 수탉은 땅속의 벌레를 파먹으며 삽니다. 학술원이 범블비가 되지 않고서는 도저히 시장 원리에 지배되고 있는 학문이나 대학을 구하기 힘들 것입니다.

마지막으로 우리의, 아니 모든 대학의 최종적 단계가 되는 학술원은 인간이 마지막 공부工夫하는 행복한 공간이 되어야 한다는 것이지요. 공부라고 하면 우리가 어렸을 때부터 지겹게 들어온 말로, 초등학교 아이들이 엄마한테 꾸지람 들으면서 숙제하는 모습을 떠올리기 쉽습니다. 그렇지만 본래 공부의 한자에는 우리가 모르는 아주 심오한 상징성이 담겨 있다는 것을 잊어서는 안 됩니다. 한자어로 공부工夫라고 하면 중국에서는 시간의 여유와 틈을 뜻하는 말이 되고 일본에서는 무엇을 궁리하고 생각한다는 뜻이 됩니다. 그래서 삼국이 각기 다르게 쓰는 공부의 뜻을 전부 모으면 우리가 꿈꾸는 '공부'하는 학술원의 입체적인 개념이 만들어지게 됩니다. 사람들은 시간의 여유가 있어야 공부를 할 수 있고 공부를 해야만 생각을 할 수 있게 됩니다. 또 생각을 기르기 위해서는 공부를 해야 하고 공부하기 위해서는 한가로운 시간의 틈이 있어야 합니다. 그 인과관계가 둥그런 원처럼 돕니다.

학교를 뜻하는 스쿨이란 말이 중국어의 공부와 같이 희랍어의 시간적인 틈, 여가를 의미하는 말에서 나왔다는 것은 참으로 놀라운 동서의 일치라고 할 수밖에 없습니다. 제도에는 정년이란 것이 있어도 학문에는 정년이란 것이 없습니다. 그래서 많은 교수들은 자신의 학문 연구를 끝내지 못하고 학교를 떠나는 일이 많습니다. 웅장한 교향곡의 세 악장만 남기고 떠나는 훌륭한 교수님들에게 최종악장을 발표하고 연주할 수 있는 시간(공부)을 주어야 합니다. 그렇지 않으면 베토벤의 나인 심포니 최종악장에서 울리는 웅장하고 아름다운 환희의 합창곡을 영영 듣지 못하는 것과도 같은 결과를 가져오게 될 것입니다. 불행하게도 은퇴한 노교수들은 살던 집과 남은 돈은 남겨두고 가지만, 머릿속에 있는 그리고 가슴속에 든 삶의 지혜와 지식은 죽음과 함께 땅속에 묻히고 맙니다. 인의 손실이요 학계와 나라의 손실이라고 할 것입니다. 그렇기 때문에 은퇴한 교수 학자들(반드시 교수가 아니라도 좋습니다), 연구를 계속할 만한 충분한 가치를 지닌 학자들을 국내외에서 찾아내 '공부(짬)'할 수 있는 기회를 주고, 마지막 강의들을 녹취하여 출판해 후학들이 '공부(아이디어)'하는 씨앗이 되게 해야 할 것입니다.

공학이라고 할 때의 그 공 자에 지아비 부 자를 쓴 工夫를 한 자 뜻 그대로 풀이하면 과학도나 엔지니어의 뜻으로도 풀이됩니다. 코펜하겐의 몇몇 물리학자들이 모여서 담론한 작은 연구소에서 닐스 보어의 양자론이 만들어진 것처럼, 이화여대의 학술원은 인문학만이 아니라 놀라운 미래 과학을 낳는 즐거운 장소가 될 수도 있을 것입니다.

인내심 있게 경청해주신 여러분에게 감사드립니다.

4

학문의
수원지가
마르고 있다

— 2006 인문주간 학술제 개회식 기조강연

우리가 이 자리에 모여 인문학의 위기에 대해서
담론의 장을 펼치게 된 것은,

수돗물은 수도꼭지에서 나오는 것이 아니라

벽 뒤에, 그리고 땅속에 묻혀 있는 수도관을 통해서
나온다는 사실을 밝혀주기 위해서입니다.

STEP이냐 PEST냐

우리는 그동안 남들이 알아듣지 못하는 어려운 말을 하다가 인문학의 고립과 위기를 자초하게 되었는지도 모릅니다. 그래서 오늘 저는 아주 쉬운 이야기부터 시작하겠습니다. 중국의 본토를 잃고 국부군이 대만으로 진입했을 때 군인들은 수도에서 물이 나오는 것을 보고 놀랐습니다. 그래서 그들은 철물점에 가서 수도꼭지를 사다가 벽에 박고 틀어봤지만 물이 나올 리가 없습니다. 군인들은 상인들에게 속은 줄 알고 가게에 쳐들어가 총을 쏘는 웃지 못할 사태가 벌어지게 되었다는 것입니다.

오늘날 우리가 이 자리에 모여 인문학의 위기에 대해서 담론의 장을 펼치게 된 것은, 수돗물은 수도꼭지에서 나오는 것이 아니라 벽 뒤에, 그리고 땅속에 묻혀 있는 수도관을 통해서 나온다는 사실을 밝혀주기 위해서입니다. 그렇지 않다면 인문학의 위기를 외치는 인문학자들은 머리띠를 두르고 거리에 나온 각종 이익집단의 목소리와 다를 것이 없을 것입니다.

인문학이란 모든 학문 그리고 'STEP'이라고 말하는 사회Society, 기술Technology, 경제Economy, 정치Politics 분야의 수원지라고 정의할 수 있습니다. 이 수원지가 마르면, 그리고 수도관이 터지거나 녹이 슬면, 문명의 발판인 '스텝'은 중세와 같은 페스트PEST로 변하게 됩니다. 말장난이 아닙니다. 똑같은 글자라도 그 우선순위를 바꿔놓으면 STEP이 PEST로 변하는 것처럼, 학문의 첫 글자였던 인문학의 우선순위가 바뀌게 되면 나라 전체가 역병에 감염되는 사태가 벌어지게 될 것입니다.

변하는 세계 대학

지금 세계의 대학들은 시대의 변화와 함께 무서운 속도로 변하고 있습니다. 미국의 경영대학들은 엔론Enron의 부정 문제가 터지고 난 뒤부터 경영학을 불신하고 MBA 출신들을 더 이상 우대하지 않으려는 기업 풍토의 영향으로 지망생들이 30퍼센트나 감소되는 위기를 겪었습니다. 그 결과 경영대학들은 윤리 경영 등 수도꼭지에서 수원지로 눈을 돌리는 개혁으로 작년부터는 차츰 회복세로 들어서게 되었습니다.

의료사고가 교통사고 건수를 웃도는 증가세를 보이자 의과대학에서는 "차트가 아니라 환자의 얼굴을 보라"라는 목소리가 높아졌고 '환자와의 소통'이라는 새로운 교과목이 태어나고 있습니다. IT 버블로 신新경제가 붕괴된 뒤 실리콘밸리에서는 유저 중심의 개방과 참여의 WEB 2.0이라는 새로운 변화가 일고 있습니다. 검색 한 분야만을 예로 들더라도 지금까지 활용되던 수목형 계층 분류법인 택소노미와는 다른 유저 체험을 토대로 한 폭소노미(민간 분류법)가 등장하기 시작한 것입니다.

젊은이들의 과학기술 분야 기피 현상은 한국만의 현상이 아닙니다. IBM 같은 기업은 MOTManagement of Technology 과정을 설치한 대학을 지원하고 있으며, 몇몇 기업들은 초등학교 학생들을 대상으로 한 재미있는 과학기술 프로그램을 만들어 기술이 가진 비인간화의 부정적 이미지를 씻으려 하고 있습니다.

유럽에서는 초국가 형태의 EU 환경에 적응하기 위해 현재 14만 명이 넘는 대학생들이 에라스무스 프로그램에 참가하고 있습니다. 이 프로그램을 통해 학생들은 유럽 전역에 있는 가맹 대학 2200군데 중 한 곳에서 학점을 땁니다. 가까운 일본만 해도 토지 버블로 잃어버린 10년의 불황을 맞는 동안 토지 자본을 지식 자본으로 전향하기 위한 대대적인 대학 개혁을 감행했습니다. 전국의 인문학 연구소를 하나의 네트워크로 통합하는 법인화가 이루어졌으며, 관료의 온상, 망국대학이라고 불리던 동경대학은 교육 서비스 분야에서 트리플 A의 평가를 받는 새 대학으로 거듭나게 되었습니다.

변화의 원천에 인문학이 있다

이러한 변화의 핵심을 찾아가면 인문학이라는 수원지에 도달하게 됩니다. 쉽게 말해서 인문학이란 문사철文史哲의 분야에서 볼 수 있듯이 인간이란 무엇이며 어디에서 와서 어디로 가고 있는지를 밝히고 깨닫게 하는 학문이라 할 수 있습니다. 그래서 인문학은 단순히 등 따습고 배부르면 그만인 실용적인 도구 학문과는 궤를 달리하는 것입니다. 그래서 학문과 과학을 통틀어 가리키는 '사이언스'라는 말 혹은 논리적인 시스템을 뜻하는 '로지-logy'가 아니라 상상력과 창조력을 의미하는 시학poetics이란 말을 붙여야 한다고 주장하는 사람들도 있습니다. 즉 경제학, 공학이 아니라 경제 시학, 기술 시학이라고 불러야 사회가 똑바로 서고 역사가 제자리를 찾아 미래로 향한다는 뜻입니다.

그럼에도 불구하고 일본이나 우리처럼 문과와 이과의 캐즘(chasm, 구렁)이 고등학교 때부터 이렇게 깊고 넓게 파져 있는 나라도 드물 것입니다. 뉴턴이 만유인력을 발견한 것은 서로를 끌어당기는 사랑의 친화력이라는 당대의 인문학적 화두에서 힌트를 얻은 것이라고 하며, 양자역학의 쿼크quark라는 물질은 제임스 조이스의 소설 주인공 이름에서 따온 것이라고 들었습니다.

물론 인문학에 대한 무지를 키운 것은 바로 인문학 자체일 수도 있습니다. 오래전에 이미 세르반테스가 『돈키호테』의 서문에서 비꼰 것처럼 공허한 내용과 재미없는 글에 참고문헌과 주석만 나열하면 권위 있는 논문이 되는 줄 아는 사람들이 인문학자 행세를 하고 있는 경우도 적지 않을 것입니다. 혼도 가슴도 없는 인문학은 결국 상상력과 창조력을 사회에 공급할 힘을 잃게 되고, 그 결과로 경상계 학생들은 80~90퍼센트의 취직을 하는데 인문계 출신들은 그 반에도 이르지 못한다는 자탄에 빠지게 됩니다.

인간의 뇌는 시스템과 공감이라는 서로 다른 두 개의 인식 기능으로 되어 있어서, 공감하는 능력을 잃으면 시스템 사고의 과잉으로 자폐 현상에 이른다는 사실을 여러 실험을 통해 밝혀준 코엔 같은 학자들도 있습니다. 단순하게 말해서 휴머니티스라는 말 그대로 인문학의 힘은 시스템을 중시하는 다른 학문과 달리 기계가 할 수 없는 '공감'의 능력을 길러주는 데 오늘의 큰 역할이 있습니다. 다른 말로 하자면 '공감empathy'은 타자에 대한 '열림과 소통'의 기능을 가져다주는 힘으로, 오늘과 같이 글로벌화하는 세계 환경 속에서는 절대에 가까운 힘을 지니고 있습니다. 9·11 테러 이튿날 밤 예일대의 유대계 미국인 학생들은 무슬림 외국인 유학생들과 함께 철야 기도를 했습니다. 타인에 대한 관용과 다른 문화에 대한 이해, 그것이 바로 인문학의 토대 위에서 있는 대학의 힘이요 인간의 문명을 움직이는 힘이라고 할 수 있습니다.

상품 가치와 생명 가치

시장경제 원리가 인문학을 해친다는 말도 들려옵니다. 존 러스킨John Ruskin은 마치 백 년 후 오늘의 우리를 알고나 있었던 것처럼 참으로 놀라운 주장을 펴고 있습니다. 이 세상에는 노동 가치와 효용 가치 이외에 고유 가치intrinsic value라는 것이 있다는 것입니다. 노동 가치는 얼마나 노동력을 들였는가 하는 것으로 측정되고 효용 가치는 그것을 소비하는 주관적인 만족도가 얼마나 큰지에 의해서 결정되는 가치입니다. 그러나 같은 노동력을 들여서 만든 의료 기계와 병기는 노동 가치는 같지만 고유 가치는 다르다는 것입니다. 고유 가치는 노동이나 효용에 따르는 것이 아니라 인간의 삶을 지탱하는 절대적인 힘으로 평가되는 가치라는 것이지요.

그러기 때문에 아무리 이윤을 추구하는 시장이라고 해도, 그리고 노동 가치와 효용 가치가 아무리 높다고 해도 아편을 만들어 사고파는 것에 가치를 부여할 수는 없다는 이야기입니다.

한나 아렌트의 말을 빌리면 노동이나 효용 가치는 노동에서 나오는 것이지만 고유 가치는 비바 액티바viva activa, 즉 인간 활동에서 만들어지는 것입니다. 누구도 봉사 활동을 봉사 노동이라고 부르지 않습니다. 환자를 치료하는 일을 의료 활동이라고 하지, 의료 노동이라고는 말하지 않습니다. 심지어 돈을 목적으로 한 대중문화에서도 연예 활동이라고 하지 연예 노동이라고는 하지 않습니다.

기계 기술과 정보 기술의 혁명으로 노동생산성과 효용성은 상상할 수 없을 만큼 발전을 했지만 인간의 삶을 지탱해주는 기본적인 힘, 자기실현의 고정 가치를 기반으로 하는 인문학의 활동 분야는 시장에서의 경쟁력을 잃고 낙후하게 되었습니다.

나는 대학 교육도 시대의 흐름을 따라 변해야 하고 시장 원리에 충실해야 한다는 점에는 동의합니다. 환경에 적응하지 못하면 공룡처럼 멸종되는 것이 하늘의 뜻이요 자연의 순리인 까닭입니다. 그러나 늑대가 멸종 위기에 처한 것은 인간의 편견이 작용한 탓이라고 풀이하는 사람도 있습니다. 『이솝우화』를 비롯해 늑대는 항상 교활하고 흉포한 악역 노릇을 해왔지만 실제 늑대는 그렇지 않다는 것이지요. 한자를 보아도 알 수 있듯이 늑대의 낭狼 자는 개사슴록변에 어질다, 착하다의 뜻인 양良 자를 씁니다. 실제로 옐로스톤의 국립공원 지역에서 늑대를 구해 풀어놓은 결과, 생태계가 복원되는 놀라운 일이 벌어졌던 것입니다.

인문대학 출신을 기피하는 기업가, 인문학은 상품 가치가 없다고 생각하는 학부모들, 그리고 인문학은 어렵고 재미없다고 생각하는 학생들은 현실을 깊이 보지 않고 『이솝우화』와 같은 편견의 세계 속에 살고 있는 사람들이라고 할 것입니다. 인문학이 만약 농산품과 같은 상품이라면 그것은 비닐하우스에서 촉성재배해서 파는 야채가 아니라 6~7년은 길러야 하는 인삼밭이라는 것을 강조해두려고 합니다. 영어를 배우려는 사람은 많지만 영문학을 하려는 사람은 드물고, 프랑스어를 배워 패션 디자인을 전공하려고 하는 사람은 있지만 불문학이나 그 역사를 전공하려는 학생은 드물다면 그것은 꽃만 꺾어 화병에 꽂는 것과 같다고 할 것입니다.

인문학의 위기를 극복하기 위한 값지고 뜻있는 담론이 이제부터 열리게 될 것입니다. 우리는 수원지의 물이 오염되지 않았나부터 따져야 합니다. 진정 열림과 소통으로서의 인문학이 바로 서게 된다면 더 이상 수돗물이 수도꼭지에서 나온다는 어리석은 생각에 사로잡혀 있는 정치가, 경제인, 그리고 기술자들은 사라지게 될 것입니다.

5

대학생의 창발력,
그리고
새로운 길

— 연도미상, 한국선진화포럼 '선진화특강' 시리즈

획일성을 반대하는 다양성, 대의, 자유, 감동, 진화, 생명,
이런 키워드들로

여러분의 가슴이 떨리면 도전을 하세요.

미래는 내가 스스로 계획을 짜서 만들어나가는 것이지,
남이 만들어준 일정에 의해 저절로 굴러오는 것이 아닙니다.

신입 사원의 역할

여러분 반갑습니다. 각 대학에 교수님들이 많이 계시지만 컴퓨터는 학생들이 가르치지 교수가 가르치지 않습니다. 학생이 선생님을 가르치잖아요. 과거의 교육과 오늘날의 교육은 다릅니다. 신입 사원들이 단순히 보충병이나 졸병이 아니라, 신입 사원들이 들어오면서 회사의 주역이나 회장까지도 머리가 바뀌니까, 기업 입장에선 환기창 역할을 하는 것입니다.

과거에 신입 사원은 군대의 졸병과 마찬가지로 보충병, 소위 소모적인 것으로 취급을 받았지만 지금은 거꾸로 그 회사를 재충전해주는 역할을 합니다. 회사 자체의 새로운 비즈니스를 만들어가는 역할을 하는 겁니다.

신입 사원 면접을 볼 때 보면 중역들이 쫙 앉아서 구두 심문을 하잖아요. "어느 학교 나왔냐?" "무엇을 전공했냐?" 물었는데 지금은 거꾸로예요. 신입 사원이 중역들을 앉혀놓고 "당신 뭐 하는 사람들이냐?"

"사장이다."

"사장이면 나 월급 얼마 줄래?"

또 "당신은 뭐 하는 사람이냐?"

"인사과장이다."

"그럼 당신은 내 적성대로 나를 배치하고 있냐?"

이렇게 당당하게 "내가 회사를 보고 현실은 그렇지 않더라도 이 회사를 선택하는 거지, 당신들이 나를 선택해주는 것이 아니다. 난 당신네 회사에서 이런 일을 하고 싶다" 그것을 말하는 거예요.

이미 알고 있는 지식을 바탕으로 답을 머리에 담아서 묻는 것이 아니라 엉뚱한 질문을 한단 말이에요. 예를 들면, 신입 사원이 "사실 나는 학교 점수는 별로 좋지 않았지만, 어느 방면에선 꼭 일등을 했습니다. 다른 것은 몰라도 이 방면에서는 내가 남보다 훨씬 앞서갈 수 있습니다. 그런 입장에서 보면 내가 이 회사에서 일할 만한 부서가 없는 것 같네요"라고 말할 수 있고, 그래서 회사가 "그렇다. 우리가 저런 부서를 왜 못 만들었을까? 저 사람 얘기를 들어보니 우리가 시대에 뒤떨어졌구나"라는 생각을 하도록 해야 합니다.

또, "회사 로고를 보니까 동그랗게 만들어졌는데, 요즘은 비대칭이 다이내믹하게 받아들여지는 분위기인데 이 회사는 비대칭적인 것을 채택하지 않는 것을 보니 기업 문화가 경직된 것 같습니다. 사실 저는 이 로고가 별로 마음에 안 듭니다" 이렇게 자유롭게 얘기해서 튀는 사람들을 뽑습니다. 그래야 회사가 새로워지지요.

이 얘기는 여러분에게 그대로 해당되는 거예요. "내가 홍보대사니까 선진화포럼이 만들어준 주제를 가지고 동영상을 만들어서 선전, 홍보해준다." 이렇게 피동적으로 생각하면 여러분은 흥미도, 동기 유발도 되지 않을 겁니다. 이런 방식을 푸쉬 다운push down 방법이라고 합니다.

일류 호텔 레스토랑에 가면 메뉴가 이미 정해져서 나오기 때문에 선택의 폭이 좁습니다. 여러분이 양식당에 가서 중국 음식을 주문해서 먹을 수는 없습니다. 그런데 뷔페식당에 가면 양식도 먹고 한식도 먹고 자기가 마음에 드는 대로 골라서 먹을 수 있잖아요. 하나는 푸쉬 다운 방법으로 음식 만들어놓고 "자, 이걸 먹어라"라는 것이고, 이와 대칭적으로 풀pull 방식인 뷔페는 "여러 가지 음식이 차려져 있으니 여러분 취향에 따라 각자 골라 드시라" 하니까 메뉴를 자기 자신이 짤 수 있습니다. 그것이 여러분이 하려고 하는 UCC의 본질입니다.

세계 역사는 20대가 움직였다

과거에는 방송국이나 신문사에서 만들어진 뉴스를 가지고 "이런 뉴스가 있으니 이걸 보시오" 하고 일방적으로 공급을 했습니다. 이제 세상이 바뀌어 여러분은 뉴스를 소비하는 최종 소비자이자 뉴스를 스스로 만드는 생산자가 될 수 있게 됐습니다.

우리가 크게 잘못 인식하고 있는 것이 UCC라는 용어입니다. UCC 하면 'User Created Contents'라고 이해하여 유튜브에 동영상을 올려놓은 것만 UCC라고 인식하는데, 실상은 그런 뜻이 아닙니다. 여러분이 인터넷이라고 하는 미디어, 또는 모바일이라고 하는 휴대전화를 이용해서 소비자나 수신자의 역할만 하는 것이 아니라 발신과 수신을 동시에 하는 것을 UCC라고 합니다.

이제 학교에서 선생님들이 뭘 가르쳐주면 학생들은 수동적으로 배우던 그런 시대는 지났습니다. 마이크로소프트의 빌 게이츠가 그랬지만 지금 세상을 움직이는 기업이나 비즈니스 모델은 대부분 20~30대가 창업한 것입니다. 유튜브를 몇 살 먹은 사람이 만들었습니까? 구글의 창업자는 몇 살 때 구글을 창업했습니까? 구글은 스탠퍼드대학원 연구생이 만들었습니다. 빌 게이츠는 하버드대를 중퇴하고 같은 학교의 한 학년 선배와 의기투합하여 마이크로소프트를 만들었어요.

여러분은 자기 자신이 어리다고, 젊은이라고, 아직 사회인이 아니라고 생각하는데, 사실 인류 역사를 움직이는 창조적인 발명은 20~30대를 넘어가면 불가능해요.

여러분이 잘 아는 뉴턴은 물리학의 3대 패러다임을 바꾼 사람인데 그 3대 패러다임의 아이디어는 전부 대학 다닐 때 여름방학에 숙모님 집에서 생각해낸 거예요. 여러분이 지금 뭘 해야 할지 몰라서 방황한다면 평생을 방황할 수 있습니다.

"나는 어리니까, 나는 대학생이니까" 이런 패배주의적 생각을 버려야 합니다. 지금 여러분이 확고한 인생의 비전이나 설계가 없으면 평생을 아무 생각 없이 살 수밖에 없어요. 한국 사회의 선진화는 거창한 구호로 실천되는 것이 아니라 바로 여러분이 "나는 앞으로 이런 사회에서 살고 싶다. 우리는 이런 사회를 만들어야 한다"라고 생각하는 것의 총합이에요. 그런 것이 없다면 한국은 절대 선진국이 될 수 없습니다.

그런데 선진화포럼에 와보니 "나이 많은 사회 원로들이 하는 말이 내 마음에 와닿더라. 아, 이런 내용은 나 혼자만 알면 너무 아까우니 저 메시지를 UCC에 담아 인터넷에 올리자" "나는 평범한 소비자가 아니라 신문사 사장, 방송사 사장이야. 그런데 기존의 방송사나 신문사에선 나처럼 훌륭한 메시지를 소개해주지 않아. 그러니 이건 내가 나서서 젊은이들에게 전파를 시켜야 해" 이런 모티베이션이 없으면 선진화포럼 홍보대사로 활동할 필요가 없다는 겁니다. 그냥 식당에 나가 아르바이트로 접시 닦는 것이 더 나을지도 모릅니다.

각자 다니는 학교나 전공이 다 다르지만, 여러분의 경쟁자는 우리나라 대학에만 있는 것이 아닙니다. 미국의 대학생, 일본의 대학생, 중국의 대학생들이 다 여러분의 경쟁자예요. "나의 삶은 온 우주에 하나밖에 없는 삶이다. 따라서 내가 살아가야 할 환경은 남이 만들어주는 것이 아니라 내가 만드는 것이다. 미래는 저절로 다가오는 것이 아니라 내가 만드는 것이다" 이렇게 진취적이고 능동적으로 생각해야 합니다.

미래는 설계한 대로 만들어지는 것

내일 데이트 약속을 하면 내일의 일정은 비교적 명확해집니다. 그 시간에는 데이트를 할 수 있으니까요. 이처럼 미래는 내가 스스로 계획을 짜서 만들어나가는 것이지, 남이 만들어준 일정에 의해 저절로 굴러오는 것이 아닙니다. 미래가 불확실하다고 느끼는 사람은 아무 계획도 세우지 않은 사람입니다. 정신 차리고 스케줄만 제대로 세워놓으면 80퍼센트는 자신의 스케줄대로 될 수 있습니다.

여러분이 여자 친구 사귀는 과정에서 "10년 후 여기서 만나자"라고 하면 어지간하면 90퍼센트는 만난다는 통계가 있어요. 간혹 당사자가 사망하는 수도 있고 다른 나라로 이민 가는 수도 있지만, 10년 후 어떻게 될지 모르면서 막연히 기다리는 것과 "10년 후 나는 무엇을 어떻게 하겠다"라고 계획을 세워놓은 것은 사정이 완전히 다릅니다.

미래를 설계한 내용 중 70퍼센트만 건져도 그 사람의 미래는 절대 불확실하지 않아요. 60퍼센트만 건져도, 과하게 쳐서 30퍼센트, 40퍼센트만 넘어도 그건 필연이지 우연이 아니에요. 40퍼센트의 확률만 있어도 그것은 하나의 사실이 되는 거예요. 그것보다 많아지면 하나의 공식이 되는 거지요. 원리, 공식이 단계가 있어요. 100퍼센트가 되면 공식이 아니라 절대적인 건데 절대적인 것은 아무것도 없지요.

정리해서 말하면 우선 여러분이 UCC라는 게 뭐다, 두 번째로 젊은이들이 20대 대학생이라는 것이 뭐다, 세 번째로 선진화라는 것이 뭐다, 여기에 대한 컨센서스consensus를 공유해야 합니다.

여러분은 이미 오프라인의 한 사회적 네트워킹 서비스 속에 들어와 있어요. 이건 중요한 겁니다. 여러분이 이 자리에 모이지 않았더라면 여러분은 평생을 가도 만나기 힘들었을 겁니다. 여러분이 함께 모여 만남을 가지고 있다는 사실에 대한 공동 인지認知, 즉 함께 생각하는 것이 있어야 한다는 거예요.

예를 들어보죠. 사람들이 만나면 "굿 모닝, 좋은 아침, 아, 날이 덥네" 하면서 날씨 이야기를 화제로 꺼냅니다. 왜 이런 말을 하겠습니까? 신분이 다르고 고향이 다르고 교양이 달라도 기후는 사람에게 똑같이 적용됩니다. 처음 만난 사람은 성도 모르고 아무것도 모르는데, 더구나 외국 사람을 길에서 만났는데 뭐라고 하겠어요? 그러니까 처음 만난 사람끼리 얘기할 수 있는 것은 날씨밖에 없으니, 날씨가 공동 인지가 되는 거예요.

요즘은 "나는 생각한다. 고로 존재한다"가 아니라 "나는 존재한다. 고로 생각한다"입니다. 존재하니까 생각하지 않을 수가 없어요. 식물이나 동물은 인식은 하지만 자기가 인식한다는 그 자체를 인식하지 못해요. 컵은 자기가 무엇인지 인식하지 못합니다. 인간이 만든 거니까요. 이건 물컵인데 이것으로 누가 구두를 닦으려 해보세요. 이것은 물 담는 그릇이라는 기능이 주어졌기 때문에, 영원히 이것을 만든 의도나 쓰임 그 바깥으로 나갈 수 없어요. 이것이 '도구'라는 존재의 운명이에요.

생물 존재는 목적이 확실치가 않아요. 컵의 존재 의미는 '물을 담는 것'이라고 확실하게 정의할 수 있지만 거미의 목적이 무엇인지는 확실하지 않아요. 그래서 거미에 대해서 말해보라고 하면 누구도 자신 있게 말하지 못합니다. 이것이 생물 존재입니다. 생물 존재는 왜 사는지도 몰라요. 거미가 "내가 왜 살고 있을까. 내 삶의 목적이 무엇일까" 하고 생각하기 시작하면 자살하거나 미치거나 사람이 되겠다고 이상한 짓 할지도 몰라요.

거미는 자기가 거미라는 것을 알고, 먹기도 하고 행동은 하는데, 그것을 왜 하는지는 몰라요. 그것이 생물적 존재입니다. 자기가 살아서 움직이고 인식도 하고 감각도 하는데, 인식하는 나를, 감각하는 나를 인식하지 못해요.

공동 인지認知를 만들어라

사람은 도구적 존재도 아니고 생물 존재도 아닌 메타 존재이기 때문에 내가 나를 생각할 수 있어요. 그것이 대전제입니다. "나는 바보야" 한다면 바보인 나와, 내 하는 짓을 보고 바보라고 한심하다고 생각하는 나는 이미 내 바깥으로 나와 있잖아요. 그게 메타 인지cognition라고 하는 거예요. 일기를 써놓고 다음 날

읽어봐요. "이거 되게 유치하네, 이거 누가 보면 창피해" 이렇게 느낄 겁니다.

여러분 "사랑은 연필로 쓰세요"라고 하는 노래 아시죠? 쓰고 지우기 쉽도록 연필에 지우개가 달려 있잖아요. 이걸로 쓰기도 하고 지우기도 합니다. 이게 희한한 거예요. 머리에 고무 달린 연필처럼 여러분에게 당황스러운 것이 없어요. 정반대 기능이 한 도구 안에 있어요. 지우고 쓰고, 병 주고 약 주고…….

이 연필 하나만 봐도 참 묘한 거예요. 이 연필 속에 쓰려는 의지와 지우려는 정반대되는 의지가 한 존재로 나타나는데, 이것이 인간입니다. 쓰기도 하고 지우기도 하죠. 그렇기 때문에 여러분이 공동 인지를 해야 한다는 겁니다. 다른 데 가면 누구 아들이고 어디 가면 어떤 존재인데 이 자리에 모이면 "선진화포럼의 홍보대사다"라는 그것을 함께 느끼는 것. 이러한 공동 인지는 메타 의식이 없으면 불가능합니다. "아, 오늘 날씨 덥네요" "그래, 네가 생각하는 것과 나도 똑같이 생각해" "왜?" "더위가 너와 나에게 똑같이 주어졌으니까" 이렇게 나누는 겁니다. 이런 나눔이 중요해요.

한국 사람들이 왜 자꾸 민족문화를 따집니까? 우리는 많은 것을 나누고 있어요. 먹는 것, 입는 것, 사는 집. 이것이 많은 문화를 학습하지 않고 서로 말하지 않아도 공동 인지하는 것이지요.

내가 여러분 앞에서 말을 하는 것은 여러분이 한국 사람이니까 잘 알아들을 줄 알고 말하는 거죠. 여기 미국 사람이 있으면 내가 한국말로 얘기하지 못합니다. "한 공동체가 같은 언어를 쓰고 있다" 이것이 공동 인지입니다.

이것으로 벌써 우리는 말 안 해도 통하는 공동 인지를 갖고 있는데, 여러분은 지금 홍보대사고 선진화포럼과 관련되어 있다는 공동 인지가 별로 없다고 보여집니다. 때문에 홍보대사로서 무엇을 해야 할지도 모르고, "선진화 홍보대사가 무엇입니까?" 하고 물으면 "누가 해보라고 해서 왔습니다. 이걸 하면 아르바이트가 될까 하여 가입했습니다" 아니면 "난 블로그에 UCC 올리는 것이 재미있어서 한번 와봤습니다" 이렇게 대답할 것이 뻔합니다. 이런 식으로 공동 인지를 확보하지 않은 집단을 오합지졸이라고 부릅니다.

여러분은 어쨌든 선진화포럼에 의해 선택된 소수입니다. 선택됐다는 것은 여러분이 모이기 전에 어떤 의도가 있었던 거예요. 여러분을 선발하고자 하는 의도가 먼저 있었어요. 그 의도를 정확하게 알아야 합니다. "저 늙은이들이 우리를 왜 모아놨을까"를 이해하려고 노력하세요. 여러분이 우리 같은 세대를 보면 "저 늙은이들 아직도 살았네" 그런 생각하에 "꼰대들이 시키는 것이니 대충 흉내나 내고 활동비나 받자" 이렇게 생각하면 공동 인지가 형성될 수가 없습니다. 여러분 사이에 공동 인지가 존재하려면 선진화포럼이 무엇을 하려고 하는지 일단 공동 인지를 해야 해요. 그것이 자기 마음에 드느냐 안 드느냐는 다음 문제입니다.

"나는 바보야" 할 때 바보인 나와 "바보야"라고 말하는 나가 있는 한 나는 바보일 수가 없어요. 나를 개선할 수 있으니까요. 메타인 내가 바보인 나를 바꿀 수 있어요. 그러나 이 컵은 자기 자신을 펜으로 절대 바꿀 수 없습니다.

소재는 무궁무진하다

인간이 자유로운 존재라는 것은 내가 나를 바꿀 수 있기 때문입니다. 그것이 자유예요. 소나 돼지는 디즈니랜드의 상상 세계에서나 가능할 뿐 현실 세계에서 자기 자신을 바꾸는 것은 불가능합니다. 고양이가 제 운명을 바꾸는 것이 가능한가요? 그러니까 여러분이 여러분을 새롭게 만들 수 있다는 실존적인 결단이 중요한 거예요.

아버지, 어머니가 파트너를 구해주지는 않습니다. 여러분이 "나는 아버지, 어머니가 있지만, 내가 나의 운명을 만들 수 있어. 나는 누구의 아들이지만 나는 나야. 아버지가 주는 운명적 요소,

남자로 태어난 것, 여자로 태어난 것은 어쩔 수 없지만, 지금부터 같은 여자라도, 같은 남자라도 나의 의식이 나를 바꿀 수 있어. 그러려면 자유의지가 있어야 해. 나는 자유로운 존재야." 이렇게 결심하면 얼마든지 나를 다른 존재로 바꾸는 것이 가능합니다.

내가 대통령이 되고, 학생이 되고, 여기 회원이 되고, 선진화포럼의 동호인이 되고…… 모든 것이 비컴become이에요. 그런데 한국 사람처럼 비커밍becoming이 잘 되어 있는 나라가 없어요. '답다'라는 말은 '되다'에서 나온 거예요. 선생답다, 그게 선생이에요. 젊은이답다, 젊은이다워야 여러분은 젊은이에요. '답다'라는 말과 '되다'라는 말은 같은 뜻입니다.

여러분은 UCC 소재가 없다고 하는데, 발상만 조금 바꾸면 재미난 주제를 끝도 없이 올릴 수 있어요. "아이, 저런 하찮은 것. 하찮은 것 가지고 왜 저래"라고 말할 때 '하찮은'이 무슨 뜻인지 아십니까? '찮다'란 하지 아니하다, 관계치 아니하다는 뜻입니다. '하찮다'라는 것은 '하지 아니하다'가 줄어서 된 말이에요. 써놓고 줄여봐요. '하지 아니하다' 그러니까 하찮은 것은 안 하는 거예요. 하찮은 것을 실천하는 것은 미친놈이지요.

여러분의 행위에 하찮은 것은 하나도 없어요. 하찮은 것은 안 하는 거니까요. 하지 아니한다. 여러분 홍보대사가 되어 여기 들어왔으니 뭘 하려고 온 거 아니에요? 그런데 아무것도 안 하면 하찮은 거예요. "가보니까 하찮아" 그럼 아무것도 안 하는 거예요.

이렇게 생각을 하면 여러분이 우선 뭘 해야 하는가. 우선 선진화포럼이 무엇을 하는 곳인지 정확하게 알아야 해요. 그런데 아는 것만으로는 모자라지요. 어떤 감동의 순간이 있어야 해요. "야, 저 보수 꼴통들 얘기 들어보니 기가 막히네. 지금까지 우리가 편견을 가졌던 것 아닐까? 보수 꼴통들은 말만 하면 낡은 이데올로기를 전파하는 줄 알았더니 낡은 건 나네. 그동안 나는 엉뚱한 세뇌를 받았었나봐. 학교에서 애들이 말하는 얘기가 틀린 정보네." 그런 것이 여러분 가슴에 맺히지 않는 것은 만들 필요가 없어요.

그러기 위해서 여러분은 뭘 해야 하나요? 우선 선진화포럼의 월례 토론회, 세미나, 회의에 꼭 참석해야 합니다. 토론회가 열리면 여러분은 특별한 자리에 앉는 거예요. 각자 다들 디지털카메라, 캠코더를 가지고 있죠? 그것을 가지고 있다가, 사람들이 막 웃을 때 잘 생각해보세요. 재미있으니까 웃는 거 아니겠어요? 그런데 나는 웃기지 않다면 그 장면은 그냥 넘깁니다. 반면에 남들은 다 안 웃는데 나는 재미있어서 하하 웃었어요. 그럼 그 장면을 찰칵 찍습니다. 이렇게 생산된 것을 마이크로콘텐츠microcontents라고 해요. 이러한 마이크로콘텐츠를 기승전결로 조리 있게 연결하여 방영하는 것이 방송 프로그램입니다. 반면에 여러분이 만들고자 하는 UCC 동영상은, 특히 유튜브에 올리는 것은 우선 길이가 짧아야 합니다.

요즘 젊은이들은 선先은 이렇고 후後는 저렇다 하면서 논리적으로 설명해봐야 별로 주목을 받지 못합니다. 그러니까 앞뒤야 어떻게 됐든 재미있는 부분이 있으면 찍어서 1~2분 돌려요. 이것을 마이크로콘텐츠라고 합니다. 지금까지의 메시지 콘텐츠message contents는 너무 길었어요. 그런데 여기서 주목할 부분이 있습니다. 여러분이 일상 세계를 살아가면서 마이크로콘텐츠가 될 만한 것은 방송이나 잡지나 신문에서 다 다룹니다. 지금까지 신문, 방송 등 기존의 미디어라는 틀 속에서 만들어진 것들과 여러분이 UCC로 만들고자 하는 것은 뭔가 달라도 달라야 한다는 겁니다.

창의력을 발휘하라

예를 들어보죠. 사랑하던 어떤 커플이 한강에서 놀다가 함께 물에 빠졌는데, 자기 짝은 팽개친 채 혼자만 살겠다고 발버둥 치다가 살아났어요. 이 사건을 우연히 한 네티즌이 촬영했다고 생각합시다. 기존의 미디어는 이런 사건은 하찮은 것으로 간주하여 보도도 하지 않습니다. 오늘날의 매스컴은 거창한 타이틀을 단 연사가 나와서 대국적인 이야기 하는 것만 보도하는 것을 사명으로 생각합니다.

그런데 한번 생각해봅시다. 이것은 우리에게 중요한 뉴스예요. 왜? 내 애인이 그럴지도 모르니까요. 그래서 그 네티즌이 촬영한 동영상을 편집하여 UCC로 만든 다음 "몇 월 며칠 한강 근방에서 여자 친구와 남자 친구가 놀다가 물에 빠졌는데 저 혼자만 살겠다고 허우적거리면서 뛰어나온 사건이 있었습니다. 이 사건을 직접 보여드리겠습니다" 하고 띄워놓으면 대박을 터뜨릴 수 있을 겁니다.

왜냐? 조금 전까지만 해도 "자기야, 난 너 없으면 못 살아" 하다가 물에 빠졌는데, 혼자만 살기 위해 발버둥 치는 여자 친구를 팽개치고 저만 빠져나왔다면 이건 코미디지요. 코미디뿐만이 아니라 이 세상이 그런 거예요.

어떤 TV 프로그램에 고명하신 연사가 나와서 "여러분, 여기 오리가 있습니다. 오리는 조금 날 수 있고, 헤엄도 조금 치며, 달리기도 합니다. 이 오리처럼 이것저것 잡다하게 조금씩 할 줄 알면 이 세상 살아가기 힘듭니다. 한 분야라도 전문적인 지식을 갖춘 전문가가 되어야 합니다"라고 말했다면, 여러분은 밖으로 나가 오리 노는 모습을 찍는 거예요. 그러고 오리가 기우뚱거리며

서툴게 날갯짓하는 모습을 보여주면서 이상의 소설 한 구절 "날자, 날자, 한 번만 날아보자꾸나" 하는 자막을 넣으면 재미있는 작품이 됩니다.

그런데 이게 무슨 메시지를 함축하고 있을까요? 선진화가 되려면 내가 전문 지식이 있어야겠구나 하는 메시지를 전해줄 수 있을 겁니다. 그런데 매스컴에 어떤 교수가 나와서 "21세기는 전문화 시대가 아니라 위대한 아마추어가 되어야 한다. 조금 날아보기도 하고 산을 타보기도 하고, 송사리를 잡아먹어보기도 하고 지렁이도 잡아먹고, 이것이 멀티 컬처고 멀티미디어다"라고 하면, 또 나가서 오리들을 찍어요. 이 두 개의 메시지를 직접 비교하는 동영상을 만들어 전파하면 "전문가가 될 것인가, 멀티 다원 전문가가 될 것인가"라는 논란거리를 만들어낼 수 있습니다.

이런 기술은 학교에서는 절대 가르쳐주지 않을 뿐만 아니라, 이런 인식과 발상을 할 줄 알아야 여러분도 스티브 잡스처럼 인류를 뒤흔드는 창업자가 될 수 있는 거예요. 스티브 잡스는 가난한 대학 중퇴생이었어요. 그는 너무 가난해 빈 병 수거를 해서 모은 돈으로 아무도 거들떠보지 않았던 소위 폰트, 활자, 폰트 그래픽을 야간에 배우러 다닌 사람이에요. 그래서 오늘의 스티브 잡스가 탄생했죠. 창의력이 뛰어난 사람입니다.

여러분이 선진화포럼에 참여하는 것은 누구를 위해서 하는 것이 아니에요. 선진화포럼에는 한국을 이끌어 온 대가들이 즐비합니다. 월례 토론회의 발제자로 초청받는 분들의 면면은 사회, 경제 분야에서 한국 최고입니다. 이처럼 훌륭한 분들의 이야기를 듣는 것만으로도 여러분은 대단한 공부를 하는 겁니다.

나비 이론

어떤 주제들은 여러분이 이해하기 힘들 수도 있어요. 그중 기억이 생생하고 재미있는 부분을 여러분이 이해하여 사회에 공급하는 역할을 해야 합니다. 지난번에 어떤 일이 있었는가 하면, 이각범 씨라고 김영삼 정부 때 청와대에서 대통령 자문을 한 분이 선진화포럼의 월례 토론회에 나와서 흥미로운 이야기를 했습니다. 일부 전교조 교사들이 "학생들에게 π=3.141592 어쩌고 하면서 소수점 몇 자리 아래까지 계산하게 하는 것은 일종의 고문이나 학대와 다르지 않다. 학생들이 공부하기 쉽도록 소수점 이하는 없애버리자" 이런 주장을 했답니다.

이것은 일본 말로 유토리(여유) 교육이라는 건데, 이각범 씨가 이것을 신랄하게 비판했어요. 여러분도 알다시피 로런스나 이런 사람들의 프랙털 구조, 카오스 같은 이론은 NASA 같은 데서 소수점 한 자리만 더 내려도 기상이 80퍼센트 달라지고 소수점 한

자리만 올려도 40퍼센트 달라져요. 이것이 복잡계고, "베이징에서 나비가 날갯짓하면 남미에서 허리케인이 발생한다"라는 소위 나비 이론입니다. 나는 이각범 씨의 그 말을 들으면서 "일본의 교육계가 저런 방식으로 2세들을 유토리 교육을 시켜서 망조가 들었구나. 우리는 저런 실패를 답습하지 말아야지" 하고 생각했습니다.

여러분이 그 토론회에 참석했다면 이각범 씨가 지적한 그런 부분을 찍어서 UCC로 올릴 수 있었을 겁니다. 그런 메시지를 담은 UCC를 한 사람이라도 다운받아서 전파하면 한국이 크게 달라지고 선진화를 앞당겨 실현할 수 있어요.

나는 선진화를 앞당기려면 초등학교 학생들에게 소수점 이하 10자리 단위까지 가르쳐야 한다고 주장합니다. 기억력이 한창 비상한 시절에는 복잡한 게임의 룰도 척척 외는데, 그까짓 소수점 10자리를 못 외우겠습니까. 이런 과정을 통해 수학이란 무엇이며, 우리가 왜 수학을 하는 것이 중요한지를 가르쳐야 합니다.

인종차별을 할 때, "흑인들 중에서 유클리드기하학 문제를 풀 사람이 한 사람이라도 있으면 이들을 짐승이라고 부르지 않겠다"라는 말이 있습니다. 수학을 인간의 기본으로 생각한 거지요. 여러분도 "수학이란 그렇게 중요한 것이구나. 그런데 왜 우리가 수학을 싫어했을까. 선진화하려면 수학을 열심히 해야겠구나.

이건 나 혼자 알아선 안 돼. 이 장면을 찍어서 많은 사람에게 공유해야 해" 하고 제목도 재미있게 붙여서 올리는 거예요.

요즘 UCC에 제목 붙이기 하잖아요. 제목 그럴듯하게 붙여서 올려보세요. 여러분이 학교에서 배우는 것, 선진화포럼에서 공부하는 것 중에 감동을 주는 내용을 1분 내지 길어도 3분짜리로 만들어서 길거리에서, 선진화포럼에서, 강연에서, 학교에서, 가정에서 다 보게 하는 거예요.

예를 하나 들어보죠. 요즘 비닐 포장되어 있는 물건들이 많습니다. 아버지가 물건을 사 와서 개봉을 하려 해도 비닐이 잘 벗겨지지 않아요. 어떤 것들은 "이 부분을 개봉하시오" 하고 표시를 해놓았지만 그런 표식이 없는 것들도 많잖아요. 여기를 찢어도 안 되고 저기를 찢어도 안 되고……. 그렇게 고민하다가 어느 순간 후루룩하고 벗겨질 때가 있어요. 이런 장면을 30초 정도 촬영한 다음 "결을 모르는 사람들이 있어요"라는 자막을 넣어보세요. 물결, 마음결, 손결……. 결을 찾으면 손쉽게 찢어지거든요.

나무의 결을 목리라고 합니다. 이론이니 이과니 이치니 다 이 자 쓰잖아요. 옥돌을 결대로 깎으면 깎이는데 옥돌의 결을 거꾸로 깎으려면 절대 안 깎여요. 살결, 비단결, 눈결, 마음결……. 그런 것을 테마로 한 30초짜리 영상. 여러분이 이 정도 창의성이 있으면 편집국장을 해도 돼요. 센스 있는 캡션을 뽑을 수도 있어요. 그러니까 여러분이 그런 것이 생각이 안 난다 해도 그냥 재미난 거 1~2분 촬영해서 올리면 많은 사람을 감화시킬 수 있고 선진화시킬 수도 있습니다.

격차 없는 사회가 선진사회다

정리를 해보면 첫 번째, 선진화가 무엇인지를 배워라. 우리 사회는 후진적인 요소가 너무 많아 조화가 잘 안 되는 사회입니다. 어느 분야는 크게 발달하여 세계에서 1~2위를 다툴 정도인데 바로 옆의 분야는 꼴찌 수준이라면 선진화가 제대로 되겠습니까? 선진화는 한마디로 말하면 격차가 없는 사회예요. 정신적인 격차, 지식의 격차, 재산의 격차 등 격차가 없는 사회가 선진사회고, 격차가 많을수록 후진사회예요.

우리가 중국을 선진국이라고 하지는 않습니다. 푸둥 같은 데 가면 사람들이 다이아몬드 끼고 어마어마한 벤츠 타고 다니는데, 거기서 조금만 내륙으로 가보면 머리에 이가 득실거리는 아이들이 수두룩합니다. 일본이 왜 경제국인가 하면 전국 어디를 가나 격차가 적어요. 일본에 가서 우동 가게 아무 데나 들어가보세요. 일류 우동집이나 싸구려 우동집이나 맛과 서비스가 거의 비슷해요. 역마다 판매하는 도시락의 질도 다 비슷해요. 그런데 우리는 너무 심하게 들쭉날쭉합니다. 이런 격차가 없도록 들쭉날쭉한 부분이 평균적으로 다 발전하여 선진국 수준으로 만들어야 진정한 선진국이 되는 겁니다.

선진화란 결국 어울림이 있어야 하고 조화가 이루어져야 합니다. 그것이 없으면 선진국이 아니에요. 여러분이 선진화에 대한 여러 가지 아이디어를 나름대로 해석해서 찍어보도록 하세요. 어느 교수가 "선진화로 가는 길은 격차를 없애는 거다. 그렇다고 해서 엘리트를 없애라는 것은 아니다. 엘리트를 끌어내리는 것이 아니라 그것을 표준으로 하여 모든 분야를 엘리트 수준으로 다 업그레이드시켜야 한다" 이렇게 말했다고 하면, 나 같으면 청계천으로 나가 주변 풍경을 찍겠어요.

여러분은 어떻게 느낄지 몰라도 난 청계천 가면 구역질이 납니다. 하나하나를 뜯어보면 화려하고 선진적인데, 그 모든 요소가 전혀 조화를 이루지 못하고 있어요. 시청 앞 광장의 '스케이트장'이라고 써놓은 글씨와 루체비스타를 비교해보세요. 루체비스타는 아름다운데, 그 아래 붙어 있는 '스케이트장' 글씨는 자갈치 시장의 횟집 분위기가 느껴질 것처럼 써놨어요. 이런 모습을 촬영하여 "선진국으로 가려면 모든 것이 조화를 이루는 것이 중요하다"라고 자막을 넣는 겁니다. 롯데호텔 가보세요. 롯데호텔과 그 옆 건물이 전혀 조화를 이루지 못하고 있어요. 이런 모습들을 찍는 거예요.

김예슬이 방송영상학과니까 앞으로 화이부동(和而不同: 남과 화목하게 지내지만 자기중심과 원칙을 잃지 않는다는 뜻) 시리즈를 만든다고 하면 골동품 많이 파는 인사동 거리를 촬영해서 보여주세요. 인사동은 부조화의 극치예요. 번데기 장사 옆에 보석 장사 있는 것 등등을 찍어서 시리즈로 올리는 거예요. 우리 사회에 이런 게 있더라 하고 한 달 동안 그 주제만 찍고 다녀요.

형식이 아니라 내용이 중요하다

지금까지의 이야기를 정리해봅시다. 우선 첫째는 한 달에 한 번씩 하는 토론회에 처음부터 끝까지 다 참여하면서 각자가 제일 재미있다고 생각한 부분을 5분 정도 찍어놓고 그중에서 1~2분 편집을 하는 거예요. 거기에다 다른 세상 이야기도 집어넣어 자신이 약간의 편집을 할 수 있어요. 재미난 게 많이 나올 거예요. 또 발제자가 얘기하다 실언하는 것을 찍어서 올려요.

이런 것은 각자가 상의하지 말고 자기 것을 만들어서 유튜브에 올리든지 판도라에 올리든지 자기가 좋아하는 데다 올리는데, 이 과정에서 반드시 선진화포럼 어디 동호회 아무개, 자기의 핸들 네임을 써서 올려야 해요. 이런 것들이 선진화포럼하고 관련이 있으니 자연히 선진화포럼 홍보가 되는 거지요.

유튜브에 가든 블로그에 가든, 동영상이든 글이든 상관없어요. 형식을 자유롭게 하라는 거지요. 채팅할 때도 좋아요. 채팅 동호회에 들어가서 선진화 토론방 하나 만들어가지고 월례 토론회에서 내가 들은 것, "어떤 교수가 와서 이러한 얘기를 했더라" 그중에 하나 갖다놓고 토론방에서 채팅을 한단 말이에요.

여러분 패리스 힐턴 다 알잖아요? 최근에 할아버지가 유산 안 물려준다는 보도가 나왔지요? 할아버지가 패리스 힐턴에게 유산을 물려주지 않은 것에 대해 찬성, 반대 토론을 하면 얼마나 재미있겠어요? 인터넷 들어가보면 패리스 힐턴에 대해 영어로 된 거, 한국어로 된 거, 사이트가 쫙 깔렸어요. 패리스 힐턴은 '걸어 다니는 간판'이니까요.

그 토론의 광장에 들어가보면 재미난 얘기가 많아요.

"인생의 목표가 뭡니까?"

"매일 생일같이 지내는 것."

"필요한 거 뭐 있습니까?"

"네 가지 냉장고에는 적어도 네 가지가 들어 있어야 합니다. 애완동물도 네 종류 있어야 됩니다. 남자도 용감한 호랑이 같은 남자와 뭐든 돈을 지불해주는 남자, 마부 등등 네 명이 필요합니다."

이런 얘기를 하면서 부잣집 딸이 "나는 나로 살고 싶다. 유산

상속자로 살고 싶지 않다." 그런데 꼰대들은 "내 돈을 저런 것에게 물려주기 위해 벌었냐? 어떻게 고생하고 했는데 쟤 돈 주지마"라고 주장합니다.

미국에서는 패리스 힐턴 같은 딸을 두지 않기 위한 강습소가 생겼어요. "패리스 힐턴처럼 당신의 딸을 키우고 싶지 않다면 우리 서머 하우스로 오십시오"라고 광고를 하고 있습니다. 이런 서머스쿨을 통해 돈의 귀중함을 알고 살아가도록 하자는 것이죠. 이건 인터넷 뒤져보면 다 나와요. 이 서머스쿨에서는 뭘 가르치냐 하면 "돈이 뭐냐, 배팅은 어떻게 하는가" 등등 부잣집 자제로 살아가는 연습을 시킵니다.

그 사이트를 들어가보면 "나는 자가용이나 개인 비행기가 아니라 진짜 큰 비행기를 타고 친구들과 같이 여행하는 게 소원이다"라는 말이 나와요. 부잣집 딸이 좋은 게 아니에요. 매일 헬리콥터나 자가용으로 다니니까 자신은 친구들과 3등 칸에서 샌드위치 먹으면서 하는 진정한 여행을 해보고 싶다는 거지요.

여러분이 마음만 먹으면 UCC 주제는 무궁무진합니다. 화성론과 수성론을 예로 들어보죠. "이 세상은 불로 되어 있다. 이 세상은 물로 되어 있다." 이 둘은 달라요. 물과 불은 원소 중에 가장 대립되는 개념입니다. 하나는 위로 가고 하나는 아래로 가고, 하나는 뜨겁고 하나는 차갑고. 그런데 뭐가 다른가? 화성론은 반드시 태울 것이 있어야 합니다. 수성론은 자기가 얼마든지 독립적으로 흘러갈 수 있어요. 수성론은 어떤 것을 키웁니다. 그런데 화성론은 키워진 것을 태웁니다. 하나는 파괴적 창조고, 하나는 소실되면서 창조하는 거예요. 불은 자기를 주장하고 물은 겸손하게 숙여요.

지적知的인 작품을 만들어야

지금까지 데모하고 돌 던지는 학생운동은 화성론이었습니다. 그런데 파괴할 대상이 없어지면 꼰대들과 같이 죽는 겁니다. 수성론은 물속에 들어가서도 꽃을 피울 수 있어요. "이제 불에서 물로 가보자. 요즘 대학생들 전부 화끈하게 불을 주장하는데 나는 화성론이 아니라 수성론을 해야 되겠다. 요즘 이명박 씨가 대통령에 당선됐는데 이명박의 캐릭터는 아무리 봐도 물이다. 노무현은 화끈하고 불처럼 아무 곳이나 태우고 그렇게 나라를 이끌어왔는데 이명박은 수성론인 거 같아. 나는 이명박이야." 그렇다면 불과 물을 쫙 찍는 거예요. 소방서 하나 찍고, 소방대원 찍고…….

아버지가 P, 어머니가 N이라면 불과 물은 P와 N의 대립과 같죠. 하나는 리퀴드고 하나는 파이론이에요. 그렇기 때문에 물, 불만 가지고서도 여러분은 선진화를 말할 수 있어요. 선진화는 불로는 절대 이룩할 수 없습니다. 후진국에서 태우고 파괴하고, 이러한 저항과 부정과 파괴와 혁명이 좋은 세계를 만들었던 세대가 가고 이제 시대가 바뀌었어요. 학생운동이 물 운동으로 바뀌어야 합니다.

물 운동이 무엇인가? 프로그램이 있어야 되고, 적어도 하버드와 수준을 맞춰야 하지요. 물이란 존재는 숨어 있는 둥 없는 둥하면서 거기서 꽃을 피우고 거대한 녹지대를 만듭니다. 몇십 년 가물던 사막에 비가 한 번 올 때가 있는데, 바로 그날을 위해 씨를 뿌려놓습니다. 비가 오면 전 사막이 그 꽃으로 덮여요. 이런 사진 한 장 찍어서 "30년이나 비를 기다렸다. 불타는 사막에 아름다운 생명의 꽃들이 핀다. 탈레스냐 아리스토텔레스냐" 이런 자막을 넣은 UCC를 만들어보세요.

대학생이 만드는 UCC는 재미있어야 합니다. 개그맨들같이 패러디 만들고 남자가 여자 옷 입고 나오는 이런 수준에서 벗어나야 선진화되고 지적知的인 사람이 됩니다. 배운 사람이나 안 배운 사람이나 똑같이 행동하는 것은 정말 잘못된 겁니다. 케임브리지나 옥스퍼드 학생 만나보세요. 우리나라에서 젊은이들 중 서울대생을 식별하는 것은 어렵습니다.

노무현 대통령도 책임이 있지만 대통령은 대통령의 격에 맞는 말을 쓰고, 학생은 학생다운 말을 쓰고, 깡패는 깡패다운 말을 써야 합니다. 여러분을 보면 대학생으로 알지, 어디 야쿠자로 알겠어요? 그런데 왜 야쿠자나 쓰는 말들을 사용하나요? 이건 크게 잘못된 겁니다. 그러니까 "뽕 갔다. 쪽팔린다" 등등의 상스러운 말은 쓰지 마세요.

물론 은어를 쓸 수는 있어요. 그러나 대학생의 은어는 좀 지적이고 달라야 합니다. "저거 식충이네. 쪽팔리네" 같은 질 낮고 천박한 은어 대신 대학생답게 지적인 말을 사용하라는 거지요. UCC를 만들어도 뭔가 지적이고 창조적인 작품을 만들어보자는 겁니다.

여러분은 누가 뭐래도 창조적이어야 합니다. 세상을 움직이는 모든 창조적인 발상은 20대에 나왔습니다. 빌 게이츠, 스티브 잡스, 유튜브 사례들 보면 거의 모두 20대가 세상을 바꾼 겁니다. 여러분은 "나도 20대 대학생으로서 창조적인 일을 하여 그 누구도 흉내 내지 못하는 창조적인 세상을 열어보겠다. 비록 특허를 낼 만한 수준은 못 되더라도 동영상 하나로 세상을 움직여보자" "지금까지는 내가 받아먹기만 했는데 이제부터는 내가 발신자다. 내가 방송국, 신문사 사장으로서 막강한 KBS와 맞서는 나만의 위대한 아이디어를 내놓겠다" 이런 젊은이다운 야심이 필요하다고 생각합니다.

“힐러리는 음치”란 사실을 파헤친 사람은?

또 하나 예를 들어보도록 하죠. 선거 유세 UCC 중 최고의 히트작은 20대의 미국 대학생이 만든 작품입니다. 힐러리 클린턴이 선거 캠페인 과정에서 미국 국가를 따라 불렀는데, 그 대학생이 힐러리 앞에 바짝 다가가 동영상으로 힐러리가 미국 국가 부르는 것을 소리와 함께 찍었어요.

그 많은 미국의 방송사들이 힐러리 클린턴의 퍼스트레이디 시절을 포함하여 근접해서 국가 부르는 것을 촬영한 적은 없었습니다. 이 학생은 힐러리에게 바짝 다가가 촬영을 했는데, 집에 와서 노래하는 것을 들어보니 힐러리가 완전 음치라는 사실을 알게 됐어요. 이 UCC가 1백만, 2백만 히트를 기록했어요.

집에 가서 힐러리 클린턴과 'national anthem(국가)'를 쳐보세요. 들어가보면 유튜브에서 엄청나게 히트했고, 그 UCC를 보면 힐러리 노래 부르는 것이 가관이에요. 이런 것이 선거운동에서 기존 매스미디어는 상상도 못 하고 취재도 할 수 없는 분야입니다. 바로 여러분만이 할 수 있는 분야고, 이것이 공전의 히트를 기록하여 기존의 미디어보다 더 큰 폭발력을 발휘할 수 있는 겁니다.

여러분도 알다시피 클린턴 대통령의 섹스 스캔들은 기성 미디어에서 터진 게 아니라, 한 명의 블로그 하는 사람이 문제를 제기하고, 그것이 언론으로 새나간 겁니다. 과거에는 대중에게 미디어가 전파됐지만 지금은 대중의 뉴스가 미디어로 들어가는 세상입니다. 시장경제 용어로 표현하자면 여러분은 증여 경제를 하는 거예요. 이처럼 과거와는 패턴이 다르고 조직이 다른 세상을 우리는 살고 있습니다.

여러분이 UCC가 무엇인지, 20대 대학생이 무엇인지, 마이크로콘텐츠의 메시지가 무엇인지 감을 잡기 시작하면 선진화포럼의 홍보대사로서 재미도 있고, 다른 대학생이 체험하지 못한 것을 해볼 수 있습니다. 지금부터 여러분이 해야 할 일이 너무 많아요. 내가 선진화 홍보대사라면 대학에 나붙는 맞춤법도 틀리고 말도 안 되는 대자보를 찍은 다음 "대학도 선진화해야"라는 제목을 붙여 "인터넷 시대에 무슨 대자보냐" 하고 터뜨리겠어요.

어떤 플래카드를 보면 천이 아까울 정도입니다. 무슨 놈의 대학에 플래카드를 그렇게 많이 걸어놓았는지……. 일본의 유명대학이나 옥스퍼드, 케임브리지, 버클리 다 다녀보세요. 여러분은 창피한 줄 알아야 해요. 대학생은 차분한 이성과 머리로 생각하는 거지, 광고나 대자보, 플래카드 본다고 뭔가를 깨닫습니까? 대자보 붙이고, 벽보 써 붙여야 사람이 모인다는 발상은 우리가 후진국이라는 증명이나 다름없어요. 이런 것을 고발하는 프로그램을 만들어서 "대학도 선진화하자. 아직도 대자보?" 이렇게 문제의식을 던져보는 겁니다.

대자보나 플래카드는 과거에 언론 자유도 없고 인터넷도 없던 시절의 유산입니다. 중국도 문화대혁명 때 대자보가 등장했어요. 지금처럼 언론 자유가 보장되고 인터넷 온라인 공간이 활성화되어 있는 세상에 왜 과거의 유물인 대자보가 나붙어야 합니까. 학생운동이 한창이던 1968년도에 프랑스 라 데팡스에 파리 제10대학이 있었어요. 내가 이 대학 총장을 만나러 갔는데 그 앞에 대자보가 붙어 있더군요. 내가 총장에게 "왜 저런 대자보를 그냥 놔두는가" 하고 물었더니 "저걸 떼면 더 지독한 내용이 나붙기 때문에 그냥 놔둔다"라고 하더군요. 내가 그 말을 듣고 얼마나 웃었는지 몰라요.

늙은이들의 말을 경청하라

파리 제10대학은 해방 대학이라 하여 프랑스의 최고 좌파가 만든 대학입니다. 프랑스에서는 대학 간 학교 격차를 없앤다는 명분하에 파리 시내에 있는 대학들의 고유 이름, 즉 소르본이니 하는 이름을 다 없애고 제1대학, 제2대학, 제3대학…… 이렇게 이름을 붙였어요. 이건 시대를 역행한 겁니다. 생각해보세요. 소르본에는 소르본만의 개성이 있는데, 소르본이라는 이름을 없애고 파리 제3대학이라고 부르도록 강요한 겁니다. 이렇게 되자 "왜 선생을 선생이라고 부르는가? 너나 나나 평등한데. 그러니 선생들도 다 청바지 입고 다니자" 이렇게 해서 학교를 망친 겁니다.

이래선 안 되겠다 해서 학생운동을 이끌던 콩방디트가 콩방 개혁이라 하여 '얼굴 있는 혁명'을 했습니다. 이제는 학생과 조직이 변해야 합니다. "누가 뭐래도 학생은 데모만 하면 급진적이고 진보적이고 지적이다"라는 허위를 누가 깨뜨려야 하는가? 바로 여기 모인 여러분이 해야 된다는 거예요. 그게 바로 선진화입니다. "나는 그런 거 싫어. 후진화라도 그런 게 좋아"라고 생각한다면 지금이라도 홍보대사 그만둬야 합니다.

시대는 빠르게 변하고 있습니다. 작년 봄과 올해 봄이 다르고, 내년 봄은 또 올해 봄과 확연히 다릅니다. 여러분은 일흔 살 넘은 사람을 보수 꼴통이라고 부르지만, 내가 이제 76세인데 이 나이에 장관을 하겠습니까, 아니면 당을 만들어 현실 정치에 뛰어들겠습니까. 나는 이해관계가 없는 사람입니다. 이런 사람들이 뭔가 열정을 가지고 말한다면, 적어도 그건 자기 이익을 위해서가 아니라 우리 손자, 미래에 태어나는 세대를 위해 뭔가를 남기고 싶은 거예요.

내 머릿속에 들어 있는 지식, 죽으면 사라지는 지식이 사회를 위해 잘 쓰이게 하기 위해 여러분에게 전해주는 것이니, 이런 절박한 심정을 가진 사람들이 하는 말을 주의 깊게 들어야 합니다. 여러분이 지금까지는 젊은이들의 대변인이었다면 이제부턴 늙은이들의 얘기도 들어보고, 그것이 옳다는 신념이 있으면 밤새워 그 내용을 사회의 젊은이들에게 전파해주시기 바랍니다.

나는 학생운동이 다 잘못됐다는 것이 아니에요. 그런 젊은이들도 필요합니다. 화성론으로 가는 사람도 있고 수성론으로 가는 사람도 있는데, 지금이 어느 때입니까? 지금 하버드대에 다니는 학생들이 자기 사진 올리고 앨범 올린 것이 페이스북으로 만들어져 시가 몇조 원 되는 사업이 됐잖아요. 지금 우리가 이런 세상을 살고 있습니다.

여러분은 20대에 군대 다녀와야 하고, 얼렁뚱땅 30대가 돼서 보니 20대를 영 잘못 살았고 배운 것도 없어 30대에도 청년 실업으로 백수 신세고……. 그게 요즘 프랑스 말로 파라지트라는 겁니다. 40~50대가 돼도 부모님 밑에서 빈대 붙어 살면서 취직하지 않고 사회에 나가는 것을 두려워하는 환자가 1백만 명이 넘는다는 겁니다.

TV를 많이 본 사람이 길에서 강도를 만나자 한다는 말이 "채널 돌려" 이런다잖아요. 인터넷은 딜리트delete 하면 싹 지워지고 기분 나쁘면 싹 창을 닫고 하는데 현실은 그렇지 못합니다. 토요타 자동차는 무다스루나-낭비하지 마라, 무리스루나-억지로 하지 마라, 무라오 나쿠세-들쭉날쭉하지 말고 컨센서스가 있어야 한다는 세 가지 기업 목표를 가지고 세계를 제패했습니다. 우리는 토요타보다 더 진보된 메시지와 공동 인지가 담긴 UCC를 만들어 유튜브나 블로그에 올려서 젊은이들이 함께하는 문화를 만들어야 해요.

자유분방함의 힘

방송학과의 경우 PD나 스크립터, 편집자 등 엄청난 일류가 될 수 있습니다. 예술 하는 사람들도 자기 재능을 발휘할 수 있어야 합니다. 한국예술종합학교는 내가 처음 제안해서 만들어진 학교인데, 자기가 좋아하는 분야를 마음껏 공부하도록 해서 우리 예술인들을 세계에 진출시키자는 취지에서 설립된 겁니다. 한예종 출신의 아티스트들이 지난해 뉴욕에 가서 미국 예술계를 휩쓸었어요. 한국에서 바이올린 공부한 학생들도 해외 콘테스트에서 뒤지지 않습니다. 우리나라에서 교육받은 재능 있는 음악인들이 세계의 콘테스트를 휩쓸고 있어요. 그 학교를 만들지 않았으면 그런 우수한 재능이 살아나지 못했을 겁니다.

지금 한예종은 내가 생각한 것의 10분의 1도 실천하지 못하고 있어요. 내가 처음 제안을 할 때는 각자 자기가 좋은 선생님을 신청해서 "이 선생님께 배웠어요" 하고 비디오를 찍어 심사를 받도록 하자는 것이었습니다. 그러면 미국에 가서 배우고 와도 기본 과목만 듣고 나머지는 자유분방하게 자신이 원하는 과목을 배울 수 있는 겁니다.

언제 모차르트가 커리큘럼 정해놓고 배웠나요? 그런 자유분방한 학교를 내가 만들고 싶었던 거예요. 교육부 아래 귀속되지 않은 자유로운 대학을 만들자 해서 만든 학교인데 교과도 내가 작성한 거예요. 한예종을 만들 때 기존 대학의 반발이 심했어요. 그러나 "일반대학에서의 예술교육은 교사를 양성하는 것이고, 이 학교는 아티스트 양성소다. 아티스트는 틀에 묶어두면 안 되고 자유분방해야 한다"라고 주장했습니다.

이제 조금만 더 지나면 외국에서 한예종으로 유학을 올 겁니다. 여러분도 어떤 틀이나 제도에 갇혀 있지 말고 새로운 것을 만드는 창조력 트레이닝을 해야 합니다. 아까 말한 공동 인지를 공유해야 합니다. 학교에 가도 다른 학생들과 달라야 해요. 생각하고 느끼는 것이 캠퍼스에 같이 있는 친구들끼리의 인지가 아니라 선진화에 앞장서는 장관, 총리, 교수, 연구소장을 겸한 사람들과 공동 인지를 해야 합니다. 선진화포럼의 홍보대사니까 그 사람들과 지식을 나누는 것이죠.

이런 일에 대해 가슴이 뛰지 않는 사람은 당장 그만두세요. 획일성을 반대하는 다양성, 대의, 자유, 감동, 진화, 생명, 이런 키워드들로 여러분의 가슴이 떨리면 도전을 하세요.

대신 선입견은 절대 갖지 마세요. 선진화포럼에 어떤 색채가 있어서 여러분이 선입견 가지고 "그 사람들 주장이 마음에 들지 않지만 나는 홍보한다" 하고 나서면 그건 참다운 홍보가 아닙니다. 반대로 예스맨이 되어 여기 있는 것들을 다 미화해서 UCC로 선전한다 해도 그건 진짜 홍보가 아닙니다. 여러분이 진심으로 공감하는 것만을 골라 실어야 진짜 홍보대사가 되는 겁니다.

지금까지 한 말을 요약하면 첫째, 여러분이 하려고 하는 UCC나 블로그에 넣을 작품은 기존의 메시지와는 다른 짧은 것이어야 하고, 기성 매체가 하지 못하는 보완 매체여야 하며, 그래스루트grassroot 미디어를 지향해야 한다는 겁니다. 오늘부터 여러분들은 그래스루트 미디어의 사장이라고 생각하세요.

둘째, 우리는 오랫동안 대학 문화의 불행한 시절에 있었기 때문에 대자보 쓰고 저항하는 것이 참다운 지식인인 것처럼 얘기하고, 그런 사람들이 학생 회장이 되고 정치권에도 진출했습니다. 이제는 새로운 창조적인 정치 문제나 학내 문제나 인생 문제를 논의하고, 20대 대학생으로서 나는 뭘 해야 하고, 뭐가 새로워져야 하는지 진지하게 생각해보세요. 선진화포럼의 구성원들이 과거에 관료 생활이나 교수 생활을 한 기성세대지만 그들이 남기는 말과 그들이 선진화를 위해 던지는 화두가 무엇인가. 저들의 경험이나 지식 중에 내 젊음에 새로운 도약대가, 징검다리가 될 수 있는 것이 무엇인가.

월례 토론회는 훌륭한 공부의 장

이 세 가지 고민을 통해 추출된 메시지들을 채팅, 블로그, 홈페이지, 동호회 사이트, UCC, 유튜브 등에 올려서 성공하면 그것을 일본어, 영어로 번역해서 전 세계 사람들이 보도록 하세요. 그렇게 해서 선진화포럼뿐만 아니라 한국을 전 세계에 선전하세요. 세계의 젊은이들과 고민을 함께 나누고, 글로벌화를 체험하세요. 그렇게 되면 여러분은 진정한 선진화의 홍보대사로서 한국의 발전을 10년 정도 앞당길 수 있습니다.

내 메시지를 진지하게 듣고 각자 소화해서 자유롭게 실천하기를 권합니다. 그러나 일단 홍보대사가 됐으니 각자 작품을 만들어보되, 처음부터 걸작을 만들려 하지 말고 만드는 작품에 대해 자문을 받아보세요. "나 이런 거 만들었습니다. 어디에 올렸어요" 이렇게 연락이 오면 내가 그 작품에 대해 조언을 하고, 함께 모여 토론도 해보고 해서 1년 정도 트레이닝을 하면 여러분은 학교에서는 도저히 배울 수 없는 새로운 지식을 습득할 수 있을 겁니다.

선진화포럼의 월례 토론회 1년만 다녀도 학교에서 배우는 것의 몇 배를 얻을 수 있어요. 지난번에 내가 선진화포럼의 월례 토론회에 총평을 해주기 위해 나갔는데 너무 많은 것을 배우고 왔어요. "아, 내가 저걸 몰랐구나. 내가 저걸 오해하고 있었구나. 유토리 교육의 폐해가 저런 것이구나" 하고 말입니다.

월례 토론회의 주제 발표를 하는 분들은 대한민국 최고의 전문가들이니까 거기 가서 열심히 배워오세요. 그냥 듣지 말고 재미있는 부분을 1~2분짜리로 찍어서 편집한 다음 올리세요. 그러면 적어도 월례 토론회 하나가 끝나면 열여섯 개 내지 스무 개의 UCC가 유튜브에 뜨는 거예요. 강사가 강의를 한 시간 했는데 여러분이 1~2분짜리 영상을 만들어서 그것을 다 합쳐놓으면 20분짜리 특수한 다른 작품이 될 수 있는 거예요.

전체 강의보다 여러분의 1~2분짜리 영상이 더 인상적이고 임팩트가 있는 거예요. 그러니까 회원들도 들어와서 여러분이 해놓은 것을 보고 "어! 그 사람이 언제 이런 얘기를 했지? 그때는 재미없다고 생각했는데 다시 보니 재미있네" 이렇게 되는 거예요. 그렇게 해서 한번 만들어보고, 가끔 여러분끼리 모여서 놀기도 하고, 강원도 같은 데 같이 가서 영상을 찍기도 하고, 서로 공부한 것을 나누면서 얘기를 하다보면 여러분의 공통적인 화제와 공통치가 형성될 것입니다. 그렇게 형성된 것이 여러분이 작업할 수 있는 인프라가 됩니다. 너무 걱정하지 말고 지금부터 시작하세요. 단 한 가지, 편집할 때 저작권 문제만 조심해서 하세요.

일본만 하더라도 전에는 없었는데 일본 UCC가 영어로 다 번역되어 나오더군요. 지금 일본 사이트를 보면 미국 건데 다 일본어로 나와요. 그러니까 이미 유튜브가 세계 각국 나라말로 퍼지는 거예요. 동영상이 원래 언어 장벽이 없어서 퍼진 거예요. 그러니까 앞으로 여러분은, 특히 선진화될수록 문자 전달할 것이 꽤 많으리라고 봐요. 단순히 재미있는 동영상뿐만 아니라 기발한 얘기도 붙여서 자신이 바로 편집자가 되는 거예요. 그걸 하다보면 앞으로 사회에 나오더라도 능력을 발휘할 수 있게 될 거예요.

인터넷 세상부터 선진화시켜야

— 오늘 이어령 장관님 강의 너무 재미있게 잘 들었습니다. 고민 중의 하나가 UCC를 만드는 일을 한다고 했을 때부터 이야기가 되었던 건데, 솔직히 요즘 UCC는 자극적이고 코믹한 것이 주를 이루고 있습니다. 그리고 제 주변은 UCC를 거의 안 보고

초등학생, 중학생들이 주로 많이 보는데 과연 저희가 하려는 일을 조금 더 많은 사람들에게 알리려면 어떻게 해야 하나요?

"재 UCC는 재미있더라" 그래서 그 핸들 네임이 유명해지고 오래 하다보면 동영상이 뜨게 됩니다. 그것이 지금까지 초등학생 멤버였지만 대학생이나 노인들도 UCC는 누르면 되는 거니까 점점 퍼지는 거죠. "이렇게 하면 남이 볼 거다. 안 볼 거다"의 문제가 아니라 내가 해서 기쁜 것을 올리는 거예요.

아까 말한 클린턴 스캔들. 미국도 마찬가지 상황이지만 클린턴 문제를 던져서 뉴스 블로거로서 세계적인 스타가 된 거예요. 지금은 동영상으로 세계적인 스타가 됐어요. 그럼 그것을 어디에 올리느냐인데, 나 같으면 제일 먼저 블로그가 있으면 자기 블로그에 올리겠어요. 재미있으면 다른 사람들이 스크랩해가서 자기 블로그에 붙여요. 이렇게 해서 여러분이 어디에 올렸건 질만 좋고 재미있으면 인터넷에서 퍼지게 되어 있어요. 같은 거면 액세스를 많이 하는 다음이나 판도라같이 전문적인 곳에 올린다든지 외국 사이트에 올린다든지, 올릴 곳은 많습니다.

우선 선진화포럼 홈페이지에 올릴 것을 하나씩 만들어주세요. 그래서 선진화포럼 홈페이지에 들어왔던 사람들이 재미있으면 따서 메일로도 보내겠지요. 만들어서 올리는 것은 PDF도 좋지만 제일 많이 보는 포맷으로 하는 것이 좋은데, 때로는 지적인 것은 PDF로 해서 학교에 올려도 되고, 또는 파워포인트로 만들어도 됩니다.

반드시 동영상만 생각하지 말고 글도 쓰고 일기처럼 쓰기도 하세요. "오늘 아무개 교수 수업을 들었다. 너무 웃겼다. 왜 웃겼나? 너무 진지했다" 이런 식으로 파워포인트로 해서 올리세요. 지금 동영상 보는 초등학생들 상대로 하지 말고 업그레이드시키세요. 이 좋은 미디어를 가지고 왜 우스꽝스러운 영상만 올리나요? 그래서 대학생들이 하는 거지요. 내가 올렸으니 친한 친구한테 보라고 하고 강제로 조회 수를 올리는 거예요. 그렇게 여러분이 적어도 1년 정도 활동하면 선진화 세력이 생기겠지요.

IT 인터넷부터 선진화시키세요. 우리처럼 세계 최고의 IT 인프라를 가지고 후진적으로 하는 사람들이 어디 있어요? 애들한테 점령당해가지고……. 우리 손녀가 있는데 대학생 우습게 알아요. 여러분이 초등학생을 업그레이드시켜줘야 해요. 오빠, 형님들은 참 지적인 생각을 하는구나 하도록 말이지요. 우리가 이렇게 만난 것도 다 인연에 의한 거겠지요. 2월에 내가 특강도 하니까 그때 또 보도록 해요.

6

젊은이들의 생명 의식

— 2010 한국선진화포럼 제42차 월례 토론회

오늘 젊은이들의 생명 의식을 보면,
지금 우리와 다른 모습을 갖추고 있습니다.

'생태 교류'를 통해 교감하는 종족이 오늘의 젊은이입니다.
신체성을 가진 것, 38억 년을 살아온
생명의 노하우를 가진 지혜에 호소할 것이냐,

2백 년 내지 3백 년밖에 안 된 과학기술, 산업기술에
여러분이 의지할 거냐, 선택의 갈림길에 서 있는 상황입니다.

언덕 위의 구름

안녕하십니까. 사실 남덕우 이사장님께서 제가 말하고자 하는 요지를 아주 정확하게 말씀해주셨습니다. 사실 저는 요약하고 시간에 맞추는 일에 별로 능숙하지 못합니다. 오늘만큼은 강연 시간을 지키고, 여러분의 질문에 답하는 기회를 많이 갖겠습니다. 특히 이른 아침에 나와서 강연하는 것이 저를 비롯한 연사들에게는 굉장히 부담이 됩니다.

우선 제가 가진 의견, 생각들이 여러분이 아침에 일찍 나오실 만큼의 가치가 있는지 되돌아보게 됩니다. 둘째로, 가수들이나 연예인들은 절대 아침 프로에 출연 안 합니다. 특히 목소리 사용하는 사람들은 아침에 노래하지 않습니다. 저도 강연을 해보면 아침 강연이 성공한 예가 없습니다. 이러한 두 가지 측면을 통해 여러분과 함께 강연한다기보다는 생각하는 시간을 갖는다고 표현하겠습니다.

아까 사회자도 말씀하셨지만, G20 정상들이 한국에 모일 때는 우리가 단순히 장소 제공과 의장국 역할을 도맡는 데 한정되지 않습니다. 선진국이라고 일컫는 G7, G8의 정상들과 우리 정상이 어깨를 나란히 한다는 의미가 있는 것이고, 결국 우리도 선진국의 대열에 들어서고 있다는 은유인 것입니다. 선진국의 문턱에 섰다고 하는 우리의 현주소가 앞으로 어떻게 나아가야 할지 논하는 자리라는 점에 제 강연의 의미를 부여하고자 합니다.

우리도 '언덕 위의 구름'을 좇은 것은 아닐까.

일본어를 아시는 분들은 이미 읽어보셨으리라 생각합니다. 『언덕 위의 구름(사카노우에노쿠모)』이라는 책이 있습니다. 메이지 시대의 일본 지식인들을 그린 시바 료타로司馬遼太郎의 유명한 소설입니다. 언덕 위의 구름이라는 말은 메이지 시대 일본인들이 선진국의 문턱에 서서, 거대한 꿈을 바라보면서 열심히 그 언덕을 올랐다는 이야기입니다. 따라서 일본이라는 나라를 언덕에 비유해보면 선진국은 그 언덕 위에 솟은 구름인 셈입니다. 따라서 이 소설은, 그 시기를 견인하고 발전시켜온 리더들을 시바의 관점에서 조명한 것입니다.

그런데 최근 일본인들은 여러 가지 어려움을 겪으면서, 여태까지 그 언덕을 향해 왔고 또 구름을 잡으려고 노력했지만, 이룰 수 없다는 것을 깨닫게 됩니다. 구름이라는 것이 원래 덧없는 것입니다. 그리고 사라지기도 하는 것인데, 이 구름은 간데없고 안개가 자욱하게 껴서 길을 잃은 비극이 생겨난 것입니다. 막상 언덕 위에 올라와보니 아무것도 없더라는 허망감, 이토록 선진국을 향해 질주해왔던 일본 지식인들의 무상함이 요즘 널리 퍼져 있습니다. 과연 '언덕 위의 구름'이 우리에게 의미하는 바는 무엇일까? 어쩌면 우리에게도 해당되는 고민이 아닐지 모르겠습니다.

지금 우리가 모인 선진화포럼이라는 말 자체가 현재 선진국인 G7, G8의 대열에 우리도 들어설 것이라는 소망을 담은 말입니다. 우리가 선진국 문턱에서 턱걸이를 하고 있습니다. 들어가게 되면 행복할 것이라 믿습니다. 여태껏 그 '언덕 위의 구름'을 보고 뛰어온 것입니다. 그런데 재작년 우리는 이 '구름'이 다시 허망하게 사라지는 사건을 체험했습니다. 리먼 브라더스로 상징되는 금융자본주의, 특히 선진화의 우선 모델이었던 미국의 금융시스템에 위기가 닥치는 걸 목격한 것입니다.

금융 대통령 그린스펀이 청문회에 나와서 직접 사죄하는 것을 보셨을 겁니다. 원래 그는 말이 없는 사람으로 알려져 있죠. 어느 파티를 갔는데 서비스하는 웨이터한테 몇 마디 한 게 전부였다는 것을 제가 읽은 적이 있습니다. 그토록 말 없고 과묵하고 명석한 분입니다. 그런 배경을 깔고 있는 이 지도자는 3대째 정권 교체의 여파를 견디면서 자기 역할을 맡은 사람입니다. 그렇지만 미국 국민 앞에 겸손히 자신의 책임을 인정해야 했습니다.

어떻게 보면 우리는 지금껏 선진화를 이루면 모든 문제가 해결되리라고 보아왔던 것 같습니다. 그 선진화의 모델이 되는 유럽과 미국의 시스템, 경제, 정치, 문화 등 모든 측면에 있어 우리보다 더 큰 위기가 몰아닥친 때라는 점이 충격인 것입니다.

그동안 우리는 추격자라고 생각해왔습니다. 그런데 어느덧 선두 그룹들이 속도를 상실하고 추격자들이 가속하다보니 우리가 어느새 V자 형태의 경주 한복판에 와 있게 된 셈입니다. 참 아이러니한 일이죠. 그러니까 지금까지 모범으로 삼아온 모델이나 패러다임, 즉 선진국의 유산들을 맹종할 수 없는 때가 된 것입니다.

저는 경제 전문가도 아니고 정치에도 무지한 사람입니다. 그렇지만 그렇기 때문에 오히려 대담하게, 우리에게 앞길을 보이는 작은 불빛을 찾을 수 있을 거라고 보았습니다. 그런 점에서 이 테마를 선택하게 된 것입니다. 제 자료들은 갑작스럽게 쓴 원고에 기반한 것입니다. 그래서 숫자도 틀린 것이 있고, 정확하지 않은 표현들도 있습니다. 양해를 부탁드립니다.

스티브 잡스와 생명 자본주의

우선 간략하게 요약된 것을 중심으로 해서 이야기를 진행할까 합니다. 우리의 주제, 젊은이들의 생명 의식이라는 것은 '반문화counterculture'라는 개념을 저변에 깔고 있습니다. 흔히 미국의 히피들이나 유럽의 앵그리 영 맨angry young man이라는 표현이 그 예입니다. 특히 선진국 사회에서 볼 수 있는 반문화, 즉 경제적 부흥기 이후 기존의 패러다임과 사회체제에 반발하면서 나타난 것이라고 볼 수 있겠습니다. 어느 시대건 이런 젊은이들의 모습은 예외 없이 나타났습니다. 또, 문학에서 주로 주제로 다뤄져왔습니다.

저는 문학을 한 사람이기 때문에, 그동안 이런 현상을 문학적인 이미지, 즉 주류의 패러다임에 반항하고 저항하는 일종의 추상적인 흐름으로 다루어왔습니다. 그러나 이런 생각이 현실로 이루어진 적은 별로 없었습니다.

아시는 분도 계시겠지만 타오스Taos 같은 데 가보면 실제로 히피나 빅 제너레이션big generation이 수공업을 하고 원시인들처럼 목걸이 팔면서 살아갔던 흔적을 보실 수 있습니다. 소위 신사회

운동Neo-Community 같은 것을 벌인 것이죠. 50~60년대 전후를 풍미했던 현상입니다. 그런데 그들이 흔적도 없이 사라지고 떠들썩한 하나의 잔치로 마무리되자, 이제 한국의 젊은 세대를 비롯한 '일어나고 있는 나라'의 젊은이들에게서 새로운 의식이 싹트기 시작합니다. 소위 선진국형 사회의 젊은이들이 갖고 있는 생명 의식이 생겨난 것입니다. 아직까지 우리에게는 물질이 가장 큰 화두입니다. 그러나 디지털 네이티브digital native라는 젊은이들에게 있어 행동 의식은, 상상을 초월할 정도로 달라집니다. 이 문제를 누가 해명할 것입니까? 경제학자, 심리학자, 누구도 대답해주기 어렵습니다. 삼성 스마트폰도 하드웨어나 기능 면으로는 뒤지지 않습니다. 그런데 왜 아이폰의 경쟁력을 추월하려고 노력하고 있겠습니까.

I자 붙은 시리즈들이 요즘 흥행입니다. 아이맥, 아이팟, 아이폰, 아이패드 등이 그것입니다. 스티브 잡스의 이 시리즈가 막강한 마이크로소프트, 구글의 것과 어떤 차이와 경쟁력이 있겠습니까? 결국 '신체성'입니다. 점점 디지털화, 추상화되어가는 것에 신체감각을 부여한 것은 스티브 잡스의 발상법입니다. 예를 들어, 어떤 제품은 펜으로 터치를 눌러야 합니다. 손으로 해도 되는데 아주 불편합니다. 도구를 사용하게 되어 있는 것이죠. 반면에 아이폰은 손으로 찍습니다. 석기시대 때의 인간이 지금 내

려온다고 한다면 아이폰을 쓰겠습니까? 마이크로소프트 OS를 쓰겠습니까? 선진형으로 보이는 도구를 활용한 기술을 쓸까요? 아니면 후발 주자도 쓸 수 있는, 신체감각으로 다룰 수 있는 제품을 쓸까요? 고민해볼 일입니다.

서양 사람들은 축구를 할 때 주사위 던지듯이 동전을 던집니다. 그런데 우리는 가위바위보를 합니다. 어떻게 보면 동전 던지는 게 훨씬 늦습니다. 그런데 우리는 도구의 도움이 필요 없이 몸만 사용하면 됩니다. 예를 들어, 길을 가다 어느 방향으로 갈지 선택합니다. 그런데 우리는 동전 없이도 몸만 있으면 되는 거예요. 가위바위보를 하면 된다는 겁니다. 이런 원리를 포착해서 제가 가위바위보 문명론을 썼습니다.

일찍이 가위바위보 문명론이나 보자기 문화론을 썼을 때에 이 자리에 계신 많은 경제인들께서 관심을 기울여주셨더라면 어땠을까 생각해보았습니다. IT에 아날로그를 결합한 디지로그 전략을 일찍부터 착수했더라면 위Wii나 아이폰iPhone 같은 역작을 한국에서 만들지 않았을까 하는 아쉬움이 남습니다. 이 제품들은 맨손으로 쓰는 것이죠. 이 핸드폰은 정전기를 이용해서 하는 것입니다. 특허까지 딴 상품인데, 손으로 누르면 미세한 정전기가 통해서 자연스럽게 터치가 되는 것입니다. 소위 인터페이스의 로직입니다. 이는 기계와 나 사이에 생명으로 통하느냐의 문제로도 귀결될 수 있습니다.

스티브 잡스는 결국 생명 자본주의를 실천하고 있는 셈입니다. 생명의 원리가 담긴 자원을 투입해서 새로운 성과를 내는 것이죠. 그렇기 때문에 저는 자본주의에 대해 잘은 모르지만, 현재 애플을 비롯한 새로운 산업의 양상을 분석해보면 길이 보인다는 겁니다. 여러분께서 잘 아시지만 지금 만든 것은 플러스마이너스로 크기를 확대하는 원리를 담고 있습니다. 플러스 누르면 화상이 커지고, 마이너스 누르면 줄어듭니다. 그런데 아이폰은 이렇게(엄지와 검지로 화면에 대고 직접 넓히는 동작) 하면 화면이 커지고 이렇게(다시 오므리는 동작) 하면 화면이 작아집니다. 이게 바로 생명 자본주의의 원리지요. 스마트smart라는 것은 우리 몸으로 익힌 것이 아니라 학습으로 익힌 겁니다. '죔죔' 하면서 노는 아이들을 보셨을 겁니다. 그 아이들도 체득할 수 있는 원리죠. 신체성을 가진 것, 38억 년을 살아온 생명의 노하우를 가진 지혜에 호소할 것이냐, 2백 년 내지 3백 년밖에 안 된 과학기술, 산업 기술에 여러분이 의지할 거냐, 선택의 갈림길에 서 있는 상황입니다.

'생명감' 그리고 '몸에 체화된 지혜'

조금 더 나아가서 바퀴벌레에 대해 살펴보겠습니다. 38억 년을 살아온 생명은 그동안에 살아남는 기술을 익혔습니다. 따라서 우리 신체처럼 많이 알고, 생명 자원만큼 여지가 풍부한 것이 이 세상에 없습니다. 저널리스트 맬컴 글래드웰Malcom Gladwell이 '블링크Blink 이론'에 대해 이야기한 적이 있습니다. 이 자리에 있는 젊은 분들도 많이 읽어보셨을 겁니다. 이 책에 '2초 이론'이 나타나 있습니다. 우리가 이 세상을 살아가는 데에 합리적으로 사느냐, 아니면 직관적으로 사느냐의 여부인 것이지요. 예를 들어, 우리가 무언가를 머리로 따지면, 전두엽으로 학습된 지식으로 판단하게 됩니다. 그런데 이 경우는 사실 우리의 두뇌가 작용하는 24시간 중에 약 몇 분 정도밖에 안 됩니다. 그 외의 대부분은 기분에 따라 행동하는 것입니다. 이유는 설명하기 어렵습니다.

식당에 가면 가령 "뭐 드시겠습니까?"라고 주문을 받습니다. 곰탕과 설렁탕이 선택안이라고 합니다. 그렇다면 "너 왜 곰탕 말고 설렁탕을 시켰느냐"고 논리적으로 설명을 요구할 때, 논리적으로 대답할 사람은 별로 없습니다. 그냥 직관적인 선택인 것이죠. 따라서 글래드웰은 자신의 블링크 이론을 통해 2초 만에 비합리적인 선택을 통해 대부분이 결정된다고 주장했습니다. 남녀 학생들이 미팅할 때도 마찬가지입니다. 인터넷이나 어떤 논리를 통해 맘에 드는 게 아니고 그저 느낌, '감'으로 '체화된 것'이 마음에 들 때 결정하는 겁니다. 그렇게 20년, 40년 같이 살 사람이

2초 동안에 확정됩니다.

우리가 중요한 비즈니스를 할 때 이 사람과 할 것인가, 저 사람과 할 것인가 고민합니다. 그리고 조사를 하고 그에 따른 합당화된 논리를 만들죠. 그렇지만 글래드웰은 다른 시각에서 봅니다. "같이 비즈니스를 하기로 결정해야 할 때 좋은 방법이 있다. 그 사람과 같이 밥을 먹어봐라." 식사를 같이할 때 식욕이 돌고 기분이 좋으면 협업을 하되, 그렇지 않으면 추진하지 말라는 겁니다.

'아바타'에 나타난 생태 교류와 생명 코드

우리의 신체는 놀라운 힘을 가지고 있어서, 자신을 해치고 정직하지 못한 사람을 보면 당장 밥맛이 떨어지게 되어 있습니다. 함께 있을 때 밥맛이 돌고 뭔가 구미가 생기면 벌써 몸이 반응하는 것이죠. "재와는 코드가 맞는다. 같이 일하자"라는 직관적 판단입니다. 이것을 저는 '생태 교류'라고 말합니다. 이것을 가장 잘 포착한 케이스가 바로 영화 〈아바타Avatar〉입니다. 계속 이야기하겠지만, 〈아바타〉를 평할 때 우리 신문에서는 3D 영상, 입체 기술의 시대, 제임스 캐머런의 역작이라는 말 등을 늘어놓았습니다. 우리도 3D 영상을 하면 아바타만큼 돈을 벌 수 있다 해서

〈아바타〉 한 편이 현대가 판 자동차로 계산하면 몇 대를 팔아야 그와 같은 이익을 남기는가 하는 내용을 일일이 설파합니다.

그렇지만 〈아바타〉는 3D 영상이 아니면 표현될 수 없는 콘텐츠 혁명을 일궈낸 산물이라는 점에 주목해야 합니다. 영화 한 편을 봐도 어떻게 분석하고 그것이 나에게 무슨 영향을 주는지를 생각할 수 있는 사람이 이제는 세계를 이끌어가는 겁니다.

우리는 〈아바타〉 못 만들어도 됩니다. 〈아바타〉 영화의 뜻을 알면 되는 것이죠. 그 많은 관객이 극장에서 비싼 관람료를 주고 없는 시간을 투자해서 무엇을 봤을까? 그 근본을 고민하는 데에서 국력이 결정되고 국격이 정해지는 셈입니다. 그렇지만 우리가 〈아바타〉를 보고 와서 얻는 시사점은 매우 획일적입니다. "3D 기술이 대단하더라, 입체 영상이 정말 멋지더라." "정말 그 행성 갔다 온 거 같다." 이렇게 기술에 감탄하고 기술에 대해서만 칭찬을 하는 겁니다.

인터넷만 찾아봐도 근본 원인부터 다릅니다. 아시다시피 이 〈아바타〉는 14년 걸려서 만들어진 영화입니다. 제임스 캐머런 감독이 80페이지로 쓴 SF는 당시의 기술로는 도저히 표현을 못 하던 것입니다. 당시 카메라 영상 기술로는 CG도 없었고 3D도 제대로 구현할 수가 없었습니다. 따라서 자기가 꿈꾸는 콘텐츠를 관객들에게 보여주기 위해서는 '체험시켜야 한다'고 생각했습니다. 보여주는 것만으로는 한계가 있다는 것이죠. 적어도 그를 위해 이러한 기술이 필요하다는 구상이 탄생했고, 조그마한 스튜디오를 통해 기술자와 문화인류학자들을 섭외하고 자문을 받았습니다. '나비족'을 이야기하고 싶은데, 이러한 캐릭터를 가진 이들이라면 어떤 발음 구조를 가졌을 것이며, 어떤 언어를 구사했을까, 캘리포니아 주립대의 언어학 교수들과 계속 상담하고 거기서 소재를 차용합니다.

영화를 보셨으면 아시겠지만 초전도체가 자원으로 깔려 있는 행성이 무대입니다. 그런데 자기장의 영향으로 큰 암석들이 공중에 떠 있습니다. 이것이 거저 나온 산물이 아닙니다. 동양화를 보면 서양화와 달리 물질감보다는 자욱한 안개와 하늘에 떠 있는 느낌이 많이 살아 있습니다. 영화를 보면 중량감 있는 산이 공중에 붕 떠 있는 프리마운틴Free Mountain으로 보이지만 과학적으로 설명하면 땅에 강력한 초전도체가 있어서 마치 자기 부상 열차처럼 그 거대한 산이 뜨는 것이죠. 이런 행성이 있다면 아름다운 산수화 같은, 생명감에 가득 찬 세상이 됩니다. 캐머런 감독은 이러한 살아 있는 듯한 산의 경치에 매혹되어 동양적인 이미지를 어떤 행성에 이입시켰고, 새로운 판도라가 탄생한 겁니다. 그 모델이 된 것이 중국에 있는 황산이었고, 수십 번 동안 찍게 되었습니다.

지금 이 황산 주변의 동네가 난리가 났습니다. 할렐루야 마운틴이라는 영화에서의 이름이 있는데, 결국 황산에서 그 이름으로 바꾸게 하는 계기가 됩니다. 결국 이것이 현실 국가의 정책 문제로도 나타납니다. 지금 중국 정부는 개발 정책을 펴고 있습니다. 그런데 영화에서처럼 넓은 지역을 수용하고, 원주민을 내쫓고 댐을 짓거나 자원을 굴착한단 말이죠. 행성에 가서 나비족을 내쫓고 자원을 발굴하려는 RDA라는 영화 속 기업과 똑같은 양상입니다. 중국 정부가 이를 달갑게 볼 리 없죠. 그래서 이제는 〈아바타〉라는 영화의 홍보를 억제하려고 합니다.

인도에서도 똑같은 일이 벌어졌습니다. 영국 부동산업자와 광산업자들이 원주민을 내쫓고 자원을 개발하려고 합니다. 이것이 〈아바타〉 이후로 엄청난 화두가 되어서, 지역 주민들이 캐머런 감독에게 진정서를 내보내는 상황까지 벌어졌습니다. 중국 정부는 이 상황을 분명하게 캐치하고 억제 정책을 펴게 된 겁니다.

이게 어떻게 SF고, 3D 영화에 한정될 수 있겠습니까? 3D 영화기 때문에 한 번도 보지 못한, 죽어가고 있는 열대우림이나 한국의 금강산 같은 자연의 아름다움을 파괴하면 안 되겠다는 각성을 불러일으키는 형국입니다. '정말 개발하면 안 되겠다. 자원을 얻으려고 자연을 부수면 안 되겠다'는 생각, 〈아바타〉에서 나타난 원주민들의 생명 의식, 생태 교류의 모습을 지켜주어야겠다는 통절한 반성이 인류에게 확산되고 있습니다. 3D 영상은 그 도구였고, 기반 기술이었습니다.

있지도 않은 행성에 한 번도 구경하지 못한 그 아름다운 풍경을 나타내기 위해 2D 영화로는 부족했습니다. 정말 현장감 있고, 나비족들이 내 눈앞에 살아 있는 것 같고, 거기에 떠 있는 산, 몇 천 년 묵은 거대한 수목들이 보이고, 음악 소리와 천사들의 목소리가 들리는 생명의 숲, 그것을 3D로 현실적으로 보여주니까 불도저나 지구인보다는 나비족을 편들게 만드는 공감이 생깁니다.

'생태 교류', 그리고 '패러다임의 변화'

이것은 콘텐츠 혁명입니다. 단순한 기술혁신이 아닌 것이죠. 무엇이 콘텐츠 혁명이냐? 쉽게 예를 들어서 여러분이 본 서부활극은 무엇일까요? 아메리칸인디언들이 용감하게 백인 여자들, 어린아이들, 남자를 막론하고 싸우는 것입니다. 그때 누굴 응원합니까? 아메리칸인디언들보다는 백인을 응원합니다. 서구 영화에서는 백인들이 인디언을 죽이고 그들의 지역을 점령하는 것이 선처럼 나타납니다. 사실은 원주민을 약탈하는 것이죠.

그런데 〈솔저〉나 〈늑대와 춤을〉과 같은 영화에서는 전혀 다른 모습입니다. 원주민들은 서구인들보다 더 땅을 사랑하고, 자신의 어머니와 같은 대지를 버리지 않습니다. 늑대와 함께 춤을 추는 것처럼 자연과 함께 살아가려고 합니다. 오늘의 산업주의에 물든 이들보다 훨씬 혁명적인 사고를 갖고 있는 겁니다. 〈늑대와 춤을〉 같은 영화에서 인디언들이 어떻게 그려져 있습니까? 이런 점이 오늘날 문명의 산업주의에 물든 이들에 비하면 훨씬 혁명적이라는 이야기입니다. 〈늑대와 춤을〉에서는 백인이 전쟁을 걸어오는 백인 편이 아니라 인디언의 입장에서 원주민 여자를 사랑하고, 또 인디언들 사이에서 활약하면서 그들을 지원하는 입장이 됩니다. 따라서 이러한 자연 친화적인 사상에 대한 응원이 콘텐츠 혁명이라는 것이죠. 지금까지의 패러다임과는 완전히 다릅니다. 예술이 아니면 할 수 없는 변화입니다.

모든 혁명은 소설, 시와 같은 상상력에서 출발한다고 합니다. 그래서 항상 문학이나 시가 당시의 잠든 의식을 깨우고 패러다임을 변화시킵니다. 그런데 정치, 경제 입장에서 보면 문인들의 소설이나 영화 한 편 따위 문제가 안 된다고 여기기 쉽습니다. 그러나 길게 보면 정치, 경제체제의 붕괴 이면에는 항상 소설이나 시 한 편, 조지 오웰의 『1984』와 같은 책들이 가져다준 통찰이 있었습니다. SF 영화들도 마찬가지입니다.

그러므로 오늘 젊은이들의 생명 의식을 보면, 지금 우리와 다른 모습을 갖추고 있습니다. 그리고 생각도 달라요. '생태 교류'

를 통해 교감하는 종족이 오늘의 젊은이입니다. 〈아바타〉의 나비족은 꼬리를 갖고 교류합니다. 어떻게 보면 미개인이에요. 그들은 모두 꼬리를 갖고 있고, 키는 3미터, 피부는 초록색을 하고 있습니다. 자연 친화적인 색깔이죠. 인간보다 능력도 뛰어나고 의식 수준도 높습니다. 그런데 또 다른 특징이 있다면 도구를 쓰지 않고 마음으로 원하면 된다는 겁니다. 꼬리가 네트워킹 능력이 있어서 동식물 모두와 교감할 수 있기 때문이지요.

사랑의 마음을 갖고, 꼬리에 그 마음을 담아 전합니다. 또 자신의 꼬리를 말꼬리에 붙이면 말이 자신과 하나가 되고, 왼쪽으로 가고 싶다면 왼쪽으로, 오른쪽으로 가라면 오른쪽으로 가는 식으로 이동을 하게 합니다. 그에 비하면 요즘 젊은이들은 엄지족입니다. 한편 나비족들은 '몸'과 '몸'으로 교류를 하지요. 지금 우리와 다른 어떤 젊은이들이 태어나고 있고 그 젊은이들이 나비족이라면, 즉 생태 교류를 하고 교감을 하는데 이걸 꼬리를 가지고 한다면, 미개인이라고 생각하기 쉽습니다. 오늘날 젊은이들은 엄지로 교류를 하고 있지만 나비족들은 몸과 몸으로 페이스 투 페이스 커뮤니케이션을 하고 있는 거예요. 이렇게 따져 가보면 우리 젊은이들에게 어떤 교육을 시켜야 하며, 앞으로 이들이 산업자본주의와 금융자본주의의 편익을 버리지 않고 어떻게 더욱 진보시킬 것인지 고민해야 합니다. RDA가 갈구할 수밖에 없는 자원 문제, 없는 자원 때문에 행성에 가서 물도 구해야 하고 자원도 약탈해야 하는, 당연시된 현 문명의 프로세스를 어떻게 변화시킬 것인지 이제 다음 세대들은 반드시 묻게 될 것입니다.

제임스 캐머런은 이제 한 사람이 아닙니다. 수천, 수만의 캐머런이 나타나 자연을 파괴하고 자원을 굴착하려는 이들에 대한 거부 운동이 일어날 겁니다. 〈아바타〉에서 지구인 해병대원으로 등장하는 제이크와 같은 인물이 이와 같습니다. 언옵테늄이라는 초전도체 물질을 발굴하기 위해 행성을 개척하라는 명을 받고 가지만 결국 그 미션을 거부합니다. 그리고 원주민들과 사랑하고, 배우고, 또 자연을 깨달으면서 새로운 자신의 분신을 만들어 냅니다. 결국 그 결과로 나비족과 인간의 혼혈 DNA에 의해 만들어진 아바타가 생겨납니다. 이 분신이 자아를 일깨워서, 거꾸로 나비족 편에 서서 인간과 싸우는 모습을 보면, 배신자일 수도 있습니다. 그런데 이 배신자를 보고 관객들이 응원합니다. 인류의 경제문제를 위해 행성까지 간 개척자들에게 비난을 합니다. 이 자리에 있는 젊은이 여러분의 분신 속에 너무나 오랫동안 잃어버렸던 생명 의식, 몸 의식이 살아 있는 셈입니다. 38억 년 우리의 DNA 속에 숨어 있는 생명 의식이, 이 지구에서 38억 년 살아온 여러분의 세포가 꿈틀대게 만들어준 것입니다. 그러니까 박수가 나오는 거죠.

젊은이들의 새로운 문화 코드, '생명감'

그런데 뭔가 3백 년 동안 내려온 산업주의에 입각한 물질을 투입하면 기술이라는 과정을 통해서 제품이라는 아웃풋이 나옵니다. 이 시스템을 너무나도 당연하게 여기면서 3백 년을 내려왔고, 또 우리는 30년 동안 한 세기의 것을 마스터하느라고 얼마나 애를 썼습니까? 그래서 겨우 밥 한술 먹게 된 거예요. 요약 자료에도 있지만 우리 어렸을 때 꿈이 밥 먹는 거였어요. "세끼 밥 많이 먹으면 소원이 없겠다." 또 모든 억압하는 것으로부터의 해방을 원했죠. 와이셔츠 단추나 차림, 모자 삐딱하게 썼으니 똑바로 써라. 이런 측면에서 너무 고생했기 때문에 억압으로부터의 자유와 밥 먹는 것이 소망이었습니다. 그 산물이 오늘날 우리가 경험하는 제도의 기반에 선 산업화와 민주화라는 겁니다.

그렇지만 지금 젊은이들은 억압된 적도 없고 배고파본 적도 없기 때문에 민주화에 대한 감각이 별로 없어요. 물론 굶는 사람들이 아직까지도 있다고 합니다. 고용 문제만 해도 그렇습니다. 제도적으로, 평균적으로 봐서 외국인 노동자들이 얼마나 많은가요? 일자리가 없는 게 아니죠. 편한 일자리가 없는 겁니다. 오히려 일자리 자체는 넘쳐나는 상황입니다. 마땅히 그 일을 할 사람이 없는 것이죠. 옛날에는 폐결핵이 있었습니다. 그 병에 걸리는 줄 알면서도 열악한 데서 일을 했지만, 지금은 그렇지 않습니다.

지금 밴쿠버 동계 올림픽 기간입니다. 김연아나 쇼트트랙, 5백미터 스피드스케이팅에 환성을 지르는 감동이 딱히 우리에게 밥을 먹여주는 것은 아닙니다. 민주화 시대나 산업화 시대와는 전혀 다른 양상입니다. 김연아를 보십시오. 이제 20대에 어떤 기업보다 엄청난 이익을 창출하고 있습니다. 스케이트 타고 연기를 보여주는 것이 환금성이 있다는 걸 예전에는 몰랐습니다. 이제 무엇으로 설명할 것이냐, 결국 신체성을 통한 예술입니다. 38억 년 된 생명, 지금은 나비족들처럼 생태 교류를 통해 '나'를 기쁘게 하는 것이 화두인 셈입니다.

이것을 한자로 '감동感動'이라 합니다. 느낄 감에 움직일 동, 느껴야 움직이는 것입니다. 이것은 불교에서 출발한 용어인데, 요즘 젊은이들의 행동 패턴을 잘 보여주는 말입니다. 그들은 느끼지 않으면 움직이지 않습니다. 돈이나 정치 이슈도 그들을 흔들 수 없습니다. 자기가 느껴야 움직이는데 그게 생명감이라는 거죠. 물질감이 아닌 것입니다. 우리도 모르는 사이에 그들은 생명에 굶주려 있습니다. 살고는 있는데 사는 게 아닙니다. 10대 범죄자들의 인터뷰를 보십시오. 자기가 살아 있다는 걸 체감하기 위해 범죄를 저지르고 사람을 죽입니다. 피가 분출되는 그 상황에서 자신의 생명 존재를 느낍니다. 그들의 일상에서는 자아가 전혀 발견되지 않습니다. 이게 아날로그 결핍증이 낳은 병폐입니다.

일본의 오타쿠들을 보십시오. 모두 폐쇄된 곳에 틀어박혀 있습니다. 이들을 조금만 분석해보면, 지금까지의 산업자본주의가 왜 자연 자본주의, 생명 자본주의biocapitalism로 전환되어야 하는지 알 수 있습니다. 너무나 당연한 이야기인데 그동안 우리는 고차원적으로만 이 문제를 논의해왔기 때문에 힘들었던 것이죠. 요약문에 밝힌 자연 자본주의자들이 어떤 말들을 했는지 몇 가지 예를 들어보겠습니다.

'생명감'의 기술 사업화, 바이오미미크리의 가능성

조금 쉽게 얘기하면, 1999년 이후로 인기가 사그라들었다가 다시 주목받고 있는 바이오미미크리biommicry라는 신기술이 좋은 예입니다. 인터넷 검색어 중에서도 인기를 차지하고 있는 키워드입니다. 가령 미국 중산층 가족 네 식구가 1년간 살기 위해서는 연간 1800톤의 자연 자원을 채취하여 가공 처리해야 합니다. 그리고 제조, 공급, 연소, 소비를 하는 것이죠. 하루 양을 계산해보면 표준 인간 체중의 약 20배에 달하는 자연 자원을 소비합니다. 우선 선진국이 되려면 하루에 내 몸의 20배나 되는 자연

자원을 소비해야 합니다. 그런데 이들을 제대로 소비하면 아무런 문제가 없습니다. 다만, 막대한 물자 유통량 가운데 실제 최종재로 거듭나는 것은 겨우 7퍼센트에 불과한 것이 문제죠.

500억 톤의 지하자원을 채취하면, 산업화하여 사용하는 동안에 90퍼센트 이상이 폐기물로 전락해버립니다. 쓰레기로 바뀌는 거예요. 제품을 쓰고 나면 또 쓰레기가 되죠. 두 번 쓰레기가 되는 셈입니다. 인풋해서 아웃풋이 되는 과정에서 90퍼센트 가까운 것이 폐기되고, 만들어진 것이 또 폐기되는 것입니다. 그 가운데 내구성 제품들은 1퍼센트밖에 되지 않습니다. 그중에 재생, 재제품화되고 재유형화되는 것은 겨우 0.02퍼센트 정도입니다. 선진국들의 자원 유통의 99.98퍼센트가 폐기물로 버려집니다. 지금과 같은 산업 시스템은 아무리 아낀다 하더라도 지금 우리의 과학기술, 산업 기술을 가지고는 99.98퍼센트를 버리고 0.02퍼센트를 사는 데 쓰는, 형편없는 상황입니다.

여러분은 과학 문명이 매우 발달했다고 생각하고 합리적이라고 여기는데, 그것이 아니라는 것에서 시작해야 합니다. 여러분이 타고 온 자동차를 보세요. 얼마나 어리석은 사람들이 만든 것인지 알 수 있습니다. 자동차에 탄 사람은 거의 100킬로그램을 넘지 않습니다. 그 몸무게를 운반하기 위해서 1톤이 넘는 쇳덩어리를 움직이는 것은 정말 합리적이지 않은 선택이죠. 여기서 탁자 위의 컵을 달라고 하면, 컵을 줘야 하는데 탁자까지 같이 주는 셈입니다. 자동차의 원리가 그것이죠. 100킬로그램도 안 되는 것을 운반하기 위해서 1톤짜리 무거운 쇳덩어리를 움직여주는 시스템이 자동차입니다. 제일 합리적인 것은 도보로 걷는 것입니다. 마차든 무엇이든 일단 타게 되면 자신의 몸무게보다 큰 것을 움직여야 하니까, 에너지를 소비하는 셈입니다. 이 도식을 당연하게 여겨왔기 때문에, 이토록 어리석은 기술이 가장 발달한 기술처럼 되어버렸습니다.

그렇다면 대안은 무엇일까요? 바로 바이오미미크리입니다. 바퀴벌레를 다시 예로 들어보겠습니다. 바퀴벌레는 3억 년을 살았습니다. 인류보다 역사가 오래되었지요. 이들은 핵이 터져도 가장 오래 살아남는다고 합니다. 러시아에서 우주 실험을 했을 때 선발된 것이 바퀴벌레일 정도입니다. 우주 가운데서 기압이 아무리 낮아도 새끼를 낳는 저력을 보입니다. 5천 년 동안 왕의 시신을 봉인해둔 이집트의 피라미드에서도 바퀴벌레는 나옵니다. 이토록 생명력이 강합니다. 이것이 바로 제가 이야기하는 생체기술의 힘이며, 생명 기술만큼 압도할 만한 것은 없다고 말씀드리겠습니다.

따라서 과학기술의 패러다임이 빨리 바뀌어야 하겠습니다. 발전은 멈출 수 없습니다. 등잔불을 다시 쓴다는 것은 말이 안 됩니다. 그렇지만 조명을 LED로 바꾸면 훨씬 절약적입니다. 일본은 이것을 벌써 의무화하고 있습니다. 백열등이 끊어져서 바꾸는 돈만 해도 원래 제품 비용보다 훨씬 많이 들어갑니다. 또, 40년이나 되는 수명을 자랑하는 LED는 이제 백열등보다 더 빠른 가격 감소 속도를 자랑하고 있습니다. "녹색성장이다" "에너지가 미래다"라면서 정책화하고 있는 시국입니다. 그런데 그중에서 바이오미미크리가 어느 정도 발달했는지 살펴보면, 결국 기술 패러다임 자체가 바뀌는 것이라고 볼 수 있습니다. 재생산의 원리인 셈이지요.

구시대 자본주의 패러다임을 극복한, 새로운 자본주의

요약문에도 밝혔습니다만 금융자본주의란 무엇이냐? 간단히 말하면 이자가 붙는 것입니다. 아리스토텔레스는 일찍이 돈에 이자가 붙는 원리를 이해하지 못했습니다. 닭은 알을 낳고, 씨를 뿌리면 열매를 맺지만, 돈은 살아 있는 것인데 어떻게 '새끼'를 치는지 몰랐던 것입니다. 그런데 이 이자, 즉 자본주의란 무엇인가? 돈은 무한하다는 겁니다. 물자로는 한계가 있습니다. 이것이 오늘의 비극이지요. 실제 자원은 한계가 있는데 돈은 무한한 것입니다. 따라서 실제 우리가 사용할 수 있는 전 세계 GDP를 위해, 그리고 쓰기 위해 만들어지진 않는 돈을 위해 열 배, 스무 배나 되는 금액이 순환되는 상황입니다.

그 차이gap를 메우기 위해서 끝없이 GDP가 성장해야 되는 겁니다. GDP가 뭡니까? 암 환자가 몰리면 의료 활동 때문에 GDP가 성장합니다. 교통사고가 늘게 되면 그것을 수습하고, 다시 생산하는 와중에 성장하겠죠. 물을 사 먹게 되면 공해로 인해 GDP가 올라가게 되어 있습니다. 결국 나쁜 작용들이 경제성장률에 좋은 영향을 미친다는 아이러니가 발생합니다. 그래선 안 되겠다는 각성에서 출발한 지표가 GPI입니다. 비교를 해봅시다. 1950년대부터 1980년대까지는 GDP가 성장하면 GPI도 성장했습니다. 그러니까 GDP와 GPI의 계산법 차이가 거의 없었습니다. 그런데 1980년대부터는 GPI 계산으로는 하나도 성장한 게 없는데 GDP 숫자는 엄청나게 올라가고 있습니다. 2000년대를 보십시오. 갭이 매우 넓어졌죠? 이 말은 지금과 같은 산업 시스템이나 경제 시스템은 허구라는 이야기입니다. GDP가 성장해도 우리와는 아무 관계없는, 실질적인 성장이 아닌 것입니다. 그것이 1980년을 기점으로 일어나고 있습니다. 왜 이런 일이 벌어지느냐, 계산법이 틀립니다.

또 이것 말고 GNH라는 수치가 있습니다. 부탄의 젊은 왕이 만든 건데 물론 비교는 안 되는 겁니다만, 그 사람들보고 행복하냐고 물으면 80퍼센트가 행복하다고 합니다. 그런데 일본이나 한국에서도 행복하냐고 물으면 20~30퍼센트밖에 행복하다고 안 해요. 행복이 주관적인 거라면 부자 나라가 행복 지수가 높고 가난한 나라가 행복 지수가 낮을 거 같은데 가난한 나라가 행복하다는 사람이 80퍼센트예요. 이 점을 볼 때 결국 대안은 산업기술이나 기계 기술의 패러다임, 금융자본주의의 패러다임을 생명 시스템으로 바꾸는 것, 리빙living을 라이프life로 바꾸는 가치관의 전환입니다. 여기서 제시되는 것이 바로 바이오미미크리입니다.

앞서 인간은 자원의 98퍼센트를 내버린다고 했습니다. 옛날에는 감자를 심어서 내가 뽑아먹으니까 음식을 섭취하게 되는 거리와 리드 타임lead time이 거의 제로에 가까웠습니다. 지금은 생산지로부터 식료품을 만들면, 운반하는 과정에서 자동차에 드는 가솔린, CO_2 배출, 거리가 멀수록 푸드 마일이 높아지니까 효율이 떨어지는 과정 등을 겪게 됩니다. 또 모든 것이 분업이라 운송 수단 과정에서 문제가 발생합니다. 결국 현대적인 도시 시스템, 공장 시스템 등이 달라져야 합니다. 그리고 그 전환의 기초적인 관점이 자연 자본주의, 생명 자본주의, 소위 문화 자본 내지는 생명 자본이라고 할 수 있는 것입니다.

바이오미미크리와 아날로그 사이클

우리는 밥을 먹었다고 이야기하는데, 우리 젊은이들은 '감동 먹었다'고 표현합니다. 감동을 먹었다고 표현하는 이들은 전 세계에서 한국의 젊은이들뿐입니다. 세계에서 감동을 먹었다고 하는 사람들은 한국 젊은이들밖에 없을 겁니다. 꿈을 그리지도 않습니다. 이런 세대들이 아날로그적인 인터페이스를 접하게 되면 신체 인터페이스입니다. 바로 그것이 Wii이고 아이폰입니다. 새로운 감동을 낳는 것이지요. 그간 우리가 접해온 인터페이스 작용은 매우 잘못된 것입니다. 컴퓨터 자판은 테라급으로 발전하는 PC의 CPU 속도를 반영하지 못한 그대로입니다. LCD, TFT 같은 것도 비약적인 발전을 했는데 키보드는 그대로입니다. 여기서부터 생명 자본주의의 힌트가 발생합니다. 〈아바타〉에서 보면 행성을 왔다 갔다 하는 모든 것이 DNA 합성 논리를 통해 이루어집니다. 그런데 주인공은 휠체어를 타고 늦게 나타나지요. 1백 년 후의 행성에서 초전도체를 가져오는 미션을 수행하는데, 몸을 못 움직이는 주인공은 휠체어를 탑니다. 얼마나 후진적인 상황입니까? 생명 의식이 없는 우리 문명을 은유적으로 나타낸 것입니다. 내 분신이 행성에서 자유롭게 유영遊泳하고, 머리로 작용들을 컨트롤하는 세상에 휠체어는 그대로인 상황입니다.

오늘날 그토록 발달한 컴퓨터 자판을 봅시다. 영어로 제일 많이 쓰는 자판이 A입니다. 왼손으로 쓰는 것이죠. 대개는 오른손잡이인데 우리는 왼손 새끼손가락으로 A를 칩니다. 보통에는 별 쓸모가 없는 부위죠. 제일 쓰지 않는 것은 Y입니다. 오른쪽 검지로 이 부분을 치지요. 한국어 자판을 보면 끝에는 무조건 'ㅆ'이 붙는 단어들이 있습니다. 그런데 이것은 반드시 시프트 키를 누르고 처리해야 합니다. 1백 년 전 자판이 그대로 통용되는 상황입니다. 저는 지금 상식을 이야기하는 것이지 지식의 진보 단계를 논하는 게 아닙니다.

바퀴벌레는 어떻습니까? 바퀴벌레의 생체 기술은 먹은 것을 전부 아날로그 사이클이 인식합니다. 미생물을 이용한 것입니다. 바퀴벌레는 오줌을 누는 법이 없습니다. 혹시 바퀴벌레의 배설물을 본 적이 있으십니까? 인간이 이토록 많은 것을 자연에 배설물로 쏟아 버리는데, 바퀴벌레는 그렇지 않습니다. 자기 에코 시스템eco-system 안에서 다 해결하는 것입니다. 구정물을 돌아다녀도 바퀴벌레는 깨끗합니다. 구두 닦아놓은 것처럼 반질반질한 껍질을 유지하고 있습니다. 혐오스러울 만큼 그렇습니다. 어쩌면 우리는 생명의 대자연의 질서로부터 너무 멀리 떨어져 왔기 때문에 생명 기술을 가지고 있는 것들을 보면 혐오스럽고 코드가 안 맞는 것일지도 모릅니다.

바이오미미크리의 무한 가능성, 한국

이제까지의 상황을 살펴보면, 결국 우리 한국에서 활용 가능한 바이오미미크리-아날로그 자원이 제일 많지 않을까 합니다. 30년 동안 산업화를 했기 때문에 그 이전 몇백 년 동안의, 산업시대 이전의 유산이 비교적 많이 보존되어 있는 것이지요. 가장 좋은 예가 '쓴 음식'을 잘 먹는 습관입니다. 일례로 모든 생체는 쓴맛을 지니고 있습니다. 단맛은 아주 드뭅니다. 『실낙원』의 저자 존 밀턴은 "선악과가 단 사과라면 거짓말일 것이다"라고 이야기한 바 있습니다. 원시 야생용 사과를 먹으면 떫어서 구역질 난다는 것입니다. 그리고 아담이 아무리 옛날 사람이라 해도 그것은 사과가 아니었을 것이다, 쓴맛이기 때문에 먹지 못했을 것이라는 겁니다.

그런데 한국인들은 쓴 것을 좋아합니다. 씀바귀, 갓김치 같은 것들이 좋은 예죠. 일본인들은 아주 단 것을 좋아합니다. 쑥 먹으라는 말이 단군신화에도 있습니다. 그만큼 자연에서 떠나지 않는, 원생적 생태 교류의 감각이 살아 있는 것입니다. 짐승들은 절대로 낭비를 하지 않습니다. 그들의 배설물은 식물의 양식이 됩니다.

한국인의 정서도 그러합니다. 일본, 중국의 주거 생활에서는 탄 밥은 버립니다. 그렇지만 우리는 물을 부어 숭늉이나 누룽지를 만듭니다. 묵은지라는 식품은 벌써 썩어서 버렸어야 합니다. 그런데 김치를 3년이나 묵혀 묵은지라고 해서 특별한 음식으로 먹습니다. 시래기는 '쓰레기'라는 말과 유사합니다. 김장할 때 벌레 먹고 해서 버리는 것인데, 국으로 만들어 먹습니다. 바느질하다 나오는 작은 천들을 모아서 조각보를 만들지요. 결국, 한국의 기술은 버리지 않는 데서 출발합니다. 유리창은 구멍이 뚫리면 전부 갈아야 합니다. 그렇지만 창호지는 구멍 뚫리면 오려서 붙이면 됩니다. 깁는 문화도 좋은 예입니다. 생체 기술의 기본 정신이자 생명 의식을 대변하는 사례들이지요. 이제는 산업화, 민주화에 성공한 새로운 모델을 만들어낼 때가 되었습니다. 바이오미미크리가 뭔지, 우리 고향이 어디 있는지……. 우리처럼 별로 효도하지 않는 세상인데도 추석 날 엄청난 인구가 고향을 가요. 이런 나라 없거든요. 그냥 내 고향이라 그리운 거예요. 시 중에서도 제일 많이 읽는 것이 정지용의 「향수」입니다. 시 몰라도 정지용의 「향수」는 다 알아요.

우리의 경쟁력 화두, 이제는 '바이오미미크리'

한국 사람들이 기본적으로 가지고 있는 것이 고향, 생명, 사랑,

정서입니다. 화학, 전기, 그리고 전자 시대도 지났습니다. 이제는 바이오 시대입니다. 로봇, 유전자, 모든 기술이 바이오테크놀로지에 귀속되는 것입니다. 생명이 화두인 것이죠. 평범한 생명의 생동력을 사랑하고, 울고 환호하는 생생함을 중심으로 하는 기술을 만들라는 이야기입니다. 한 가지 좋은 예를 들고 끝내겠습니다.

거미줄을 봅시다. 인간 최고의 나일론 섬유입니다. 강도로는 두 배입니다. 강철보다 스무 배가 강합니다. 같은 굵기로 거미줄을 꼬면 거대한 비행기를 공중에 매달 수 있을 정도의 경도가 생깁니다. 그런데 이 기술을 어떻게 인간이 개발합니까? 벌써 거미줄로 방탄조끼를 만든다는 세상입니다. 중간에 추출하는 것이 아니라 생체에서 직접 물질을 꺼냅니다. 과거 누에에서 실을 뽑듯이 말입니다. 이제는 생체 기술을 이용하여 양이나 소에 거미줄 유전자를 이식해서 젖처럼 짜는 기술이 나올 거라고도 합니다. 바이오미미크리의 단계가 여기까지 이르는지는 몰라도, 이런 가능성이 공장에서가 아니라 생태 현장에서 이루어질 수 있다는 것은 경이로운 일입니다.

현재 바이오미미크리 분야에서 가장 발달한 나라가 일본입니다. 주사를 놓으면 전혀 통증이 느껴지지 않는 제품이 개발됐습니다. 모기에서 힌트를 얻었다고 하죠. 모기 침이 생체에 파고드는 원리가 중요한 모티브인 셈입니다. 과거 아이가 울어 호랑이 온다, 일본 순사 온다고 하면 뚝 그쳤습니다. 이제는 의사 선생님이 주사 놓는다고 하면 울음을 그칩니다. 우리의 병을 고치는 의술이 이렇게 무서워서야 되겠습니까. 이런 느낌을 생명 친화적 감정으로 바꾸자, 모기가 피를 빨 때 아프지 않은 것처럼 뭔가 몸에 '친한' 기술을 만들자는 겁니다. 나노 기술을 통하면 모기 바늘과 똑같은 조건의 침이 나옵니다. 일례로 독일에서는 연꽃의 자정작용을 응용한 물 정화 기능을 연구하고 있습니다. 나뭇잎의 분자구조를 보니까 전부 요철이 있는 단백질 속에서 정화된다는 원리가 발견됐습니다. 이것을 이용해서 청소가 필요 없고, 고층 건물이라도 매달릴 필요가 없는 벽돌이 개발됐습니다. 짐바브웨의 흰개미도 좋은 사례입니다. 사막에서 굴을 파서 모두 냉각을 시키고, 30도를 항상 유지하게 되어 있습니다. 수도의 건물들이 이 원리를 활용했습니다. 단순히 자원 절약, 대체에너지 개발이 아닙니다. 생체 기술을 도입함으로써 합리적이고 순환적인 시스템을 만드는 것이죠. 이쯤 되면 지구에 자원이 없어서 먼 행성을 침략하여 원주민을 내쫓고 굴착해오는 스토리는 나타나지 않게 됩니다.

한국은 일본보다 아날로그적 리소스resource가 훨씬 풍부한 국가입니다. 따라서 새로운 접근만 가능하다면 바이오미미크리 분야의 대국이 될 수 있습니다. 이 모티브만 제시할 수 있어도, 그동안 서구가 개발해온 3백 년간의 산업혁명 기술을 대체하는 새로운 구조를 만들어낼 수 있습니다. 한의학에서 쓰는 '침'이 좋은 예가 될 것입니다.

이제 저의 말을 맺고, 미완의 부분은 질문과 답변을 통해 보충하겠습니다. 토론을 통해 여러분과 저의 생각 사이에 발생하는 공통점과 차이점을 나눠보도록 하겠습니다.

생명 자본주의, 이제는 한국이 중심이다

김윤형(사회자, 한국선진화포럼 상임이사, 한국외국어대학교 명예교수)

: 대단히 감사합니다. 많은 여러분이 가슴에 새길 내용이라 생각합니다. 특히 선진화포럼의 젊은 홍보대사 여러분에게는 새로운 사고를 불어넣었을 것입니다.

이제 질문 시간입니다. 이 교수님께서 광범위하게 말씀하셨는데, 핵심 키워드는 역시 생명 자본주의입니다. 먼저 자연 자본주의를 모티브로 말씀하셨고, 창조 자본주의, 마지막으로 청년들의 생명 의식과 생동감을 모태로 한 신체성의 미학에 대해 말씀하셨습니다. 또, 이제 우리가 나아가야 할 방향은 생명 자본주의에 입각한 사회시스템의 패러다임 변화라고 하셨습니다.

특히 창조 자본주의를 역설한 빌 게이츠는 자본주의가 인류의 번영을 담당하는 건 사실이지만 지구상의 50퍼센트 이하가 그 혜택을 못 받은 채 소외되고 있다고 말했습니다. 또, 우리는 생태계를 파괴하면서 자연 자본의 기반을 흔들고 있다고도 했습니다. 그러나 이를 극복하는 방법은 기존의 산업자본, 금융자본주의를 폐기하는 것이 아니라 생명 자본주의의 변혁 개념을 과거의 관념에 결합하는 창조적인 발상이라고 하셨습니다. 자연을 기반으로 하는 생명 자본주의로의 전환은 이제 한국이 G20 정상회담을 개최하게 된 이 시점에서 충분히 선도 가능한 흐름입니다.

이제 질문을 받겠습니다. 선진화 홍보대사 가운데 연세대 정치외교학과에 재학 중인 신나희 학생이 〈아바타〉의 주인공을 예로 들어 직접 질문하겠습니다.

신나희(연세대 정치외교학과, 한국선진화포럼 홍보대사)

: 네, 저도 〈아바타〉를 극장에서 보면서 굉장히 재미있다고 느꼈는데요. 젊은이들이 생명 의식을 가지고 있고, 그것이 DNA로부터 출발한다는 점을 체감했습니다. 저 스스로도 나비족을 응원하면서 새로운 자아를 발견하고, 또 놀라게 되었는데요. 다만, 젊은이들의 심리가 생명력에 민감하더라도, 결국 환경이나 인간

관계의 저변에선 매우 취약할 입장일 뿐더러 태어날 때부터 물질만능주의에 젖어든 세대라는 한계점이 있다고 봅니다. 따라서 많은 노력이 필요할 거라 보고, 영화 주인공 제이크도 시간이 필요했던 것으로 기억합니다.

중요한 것은 결국 조력자라고 생각하는데요. 젊은이들이 이러한 물질 자본, 산업자본의 부정적인 현실로부터 창조적인 발상을 일으키기까지 어떤 조력자들이 도움을 줄 수 있는지 예를 들어주시기 바랍니다.

이어령(강연자)

: 네, 좋은 질문입니다. 제가 얘기하는 것은 쉽게 말해 저녁노을론論입니다. 황혼과 아침노을이 비슷합니다. 지금 젊은이들이 산업주의의 노을이라고 볼 수 있고 새로운 생명주의의 아침노을, 즉 새벽이라고도 볼 수 있습니다. 왜냐하면 오늘날의 젊은이들은 우리 때처럼 혹독한 굶주림이 없기 때문에 산업화가 지상명령이고, 발달해야 한다는 강박관념이 우리 때보다 덜한 탓입니다.

이것이 맞는 말인지는 모르지만 저에게는 손자, 손녀 아이들이 있습니다. 이 아이들은 출세하려고 아등바등하지 않습니다. 오히려 어른들이 좋은 학교, 출세, 일등에 집착합니다. 제 손녀는 공부를 잘하는 편입니다. 요즘 신문에서 톱 기사로 뜨는 외국어 고등학교 학생입니다. 그렇지만 이 친구는 자신의 성적이 우수하다는 것을 자랑으로 여기지 않습니다. 그렇다고 겸손한 것도 아니고요. 그저 공부를 하고 있을 뿐입니다. 이 아이가 정말 하고 싶어 하는 것은 나비를 잡는다거나 고추를 따서 관찰해보는 일입니다. 생물 관찰이라고 할까요?

우리처럼 민주화 시대에 권위주의 정부를 겪었던 것도 아니고, 일제 치하에서 신체적 자유를 박탈당한 경험이 있는 것도 아닙니다. 또 빈곤하게 살지도 않았습니다. 어쩌면 바이오필리아(biophilia, 생명에 대한 경외심), 토포필리아(topophilia, 장소를 사랑하는 것)라고 하는 자기 아바타 분신 같은 나비족과 DNA를 섞을 가능성이 있다는 정도일 것입니다. 그렇지만 이 아이가 금세 나비족처럼 생태 교류를 하며 교감하는 삶을 살지는 못할 겁니다. 나비족은 우리보다 훨씬 육체적으로 강인하고, 심지어는 옛 조상들과도 커뮤니케이션을 합니다.

일례로 죽은 이들과 교신할 수 있다고 믿었던 과학 연구자가 있었습니다. 그는 사자死者와 통화를 할 수 있다고 생각했어요. 연구소까지 차려놓고 실험들을 진행하다 결국은 실패했지만, 그에게 있어 영적인 교감의 갈망이 강했다는 사실만큼은 틀림이 없었습니다. 오늘날 누가 영적인 교감을 원하나요? 거의 없어요.

그런데 요즘 젊은이들은 우리 세대보다는 소통력이 열 배 많습니다. 공부하는 능력은 열 배 저하되었다고 하는데, 소통력은 열 배 빨라요.

요즘 10대 중에 제가 어렸을 적만큼 책 읽은 사람이 있을까 싶습니다. 그런데 요즘은 책 읽는 시대가 아니죠. 우리가 말하는 지식, 학력은 어느 세대보다 저하된 수준입니다. 그렇지만 네트워크 역량은 그렇지 않아요. 우리는 친구를 짝꿍이라 했습니다. 기껏해야 한둘입니다. 그런데 지금은 엄지손가락을 통한 문자로 동시에 100명에게 메시지를 보낼 수 있어요. 일본에서는 실제로 핸드폰 메일을 통해서 1인당 150명가량의 친구를 맺는다고 합니다. 핸드폰 문자로 그냥 쏘면 돼요. 이토록 소통력은 비약적으로 늘었습니다.

우리 때처럼 친구가 배고프다거나 불의의 아픔을 당해서 같이 공감하는 정도까진 아니지만, 서로 교감하고 감정을 나눌 수 있는 '감동' 공동체의 가능성이 보이고 있습니다. 먹는 걱정보다는 감동하는 걱정을 하는 세상입니다. 트위터 같은 마이크로블로그를 통해 계속 무언가 말해야 하고, 혼자 있지 못하고 누군가와 있어야 하는 세상입니다. "너 뭐 하니"가 요즘의 키워드예요. 지금 이것은 하나의 '사건'입니다. 그런데 요즘은 "지금 무슨 일이 벌어졌니"로 바뀌었어요. 밥 먹고 자고 하는 정도로는 이벤트가 안 된다는 겁니다. 점점 소통의 소재가 다양해지려는 유인이 늘어납니다.

이런 젊은이들을 오늘의 문명은 방치하고 있습니다. 과거 히피나 앵그리 영 맨, 비트족과 같은 일시적 혁명 감정을 갖고 물질 체제에 반항하던 경험을 일순간 잊어버렸어요. 이제는 등한시할 수가 없습니다. 이들의 에너지를 활용하기 위해서 새로운 문화, 문명의 창출 메커니즘을 만들어내야 합니다. 결국 교육 시스템과 생명 자본의 저변을 확충해야 합니다. 보통 우리가 배우는 자본의 유형은 세 가지입니다. 첫째 물질 자본, 기계, 건물 같은 것이죠. 그다음이 인적 자본입니다. 사람에게 달려 있는 무형의 자산이죠. 그다음은 문화 자본입니다. 문화적 가치를 구체화해서 축적하고, 공급합니다. 음악, 문화재, 박물관 같은 것들입니다. 그리고 마지막으로 사회자본social capital을 이야기합니다. 이 모든 것의 총체입니다. 그런데 여기서 자연 자본이란 무엇일까요? 문화인류학자들이 이야기한 대로, 자연이 주는, 재생 가능한 자원의 프로덕트product인 것입니다.

지금 질문한 학생의 답변을 이렇게 결론지으려고 합니다. "오늘날의 젊은이들은 혹독한 역사적 체험보다는 우리보다는 경제적으로 유복하고 정치적으로 자유로운 세대에 태어났다. 그들은 우리가 원했던 것과 다른 것을 원한다. 그것이 무엇인가? 그것은 생명감이고 살아 있다는 느낌이다. 리빙이 아니고 라이프다. 그런데 오랫동안 리빙이라고 하는 생존 수단을 줬지, 생존 목적을 가르치거나 중요시하지 않았다. 그렇기 때문에 한국이 아주 옛날 것이라고 내버렸던 것, 케케묵은 윤리라고 내버렸던 것, 그런 것들을 오히려 현대적으로 해석하면 젊은이들의 자본이 될 수 있다. 이렇게 얘기하면 여러분이 가령 젊은이들이 버릇이 없다, 예의가 없다, 부모한테 반말한다, 이런 식으로 말해서 젊은이들이 승복하지 않는다."

사회학자들의 이야기처럼, 지금 상황은 사적 공간과 공적 공간이 분리되지 않는 식입니다. 심지어 사적 생활이 공적인 영역을 침범합니다. 그래서 아무 데서나 전화하고, 엘리베이터에서도 남이 들어선 안 되는 사안을 자기들끼리 이야기합니다. 낯선 사람이 들어오면 과거에는 대화를 중단했지만, 요즘은 계속 대화를 하는 식입니다. 열 명 중에 여덟 명이 이런 양상을 보인다는 조사가 있었습니다. 지하철도 마찬가지입니다. 큰 소리로 전화를 하거나 화장을 하는 것은, 거의 안방으로 알고 있는 수준이지요. 사유화할 수 없는 곳에 사적 공간의 요소가 침투하고 있습니다. 일본에 가면 애들이 길거리에서 도시락을 막 먹습니다. 파리에 가서 놀란 것은 길거리에서 빵을 먹는 것이었습니다. 길거리에서 절대로 먹으면서 다니면 안 된다는 우리의 예절 상식과는 궤가 다르죠. 길거리는 공적 공간이지 내 사유 공간이 아닙니다. 커뮤니티에서 지켜야 할 공적 재산이자 활동의 장인 것이죠. 과거에는 공적인 공간이 사적 공간의 행동 양식까지 규율했습니다. 정부가 호화 주택을 규제하거나 재산을 몰수했던 사례가 대표적입니다. 일례로 직장이나 사무실에 가족을 데리고 들어가는 것은 난센스였습니다. 공론을 침해할 수 있는 우려가 있기 때문이죠.

여기서 제가 젊은이 여러분께 이야기할 수 있는 것은, 매슬로의 5대 욕구 위계를 생각해보면, 제가 말하는 생명 자본주의의 본의를 알 수 있을 것이라는 점입니다. 배가 고플 때는 육체적 허기만 달래면 됐습니다. 그러나 조금 더 올라가면, 안전의 욕구가 발생합니다. 웰빙 트렌드가 대표적이죠. 한 단계 더 올라가면 사회적 위치와 소속에 대한 고민이 생깁니다. '자기 인식'입니다. 마지막은 무엇입니까? 자기실현, 자신이 꿈꾸는 삶을 구현하는 겁니다.

요즘 젊은이들은 먹고 배부른 것으로 만족하지 않습니다. 또 어디에 소속되었다거나 자신의 지위를 알아준다고 만족하지도 않습니다. 자기가 원하는 삶, 실현이 과제인 것이죠. 종교가 되었든 스포츠, 예술이 되었든 스스로를 나타내려고 합니다. 이 5단계에서 더 추가되어 6단계가 탄생합니다. 바로 '뉴 라이프new life'

에 대한 갈망입니다. 등록금 내려라, 무엇을 지원해달라와 같은 한국 학생들의 욕구는 1단계적인 것입니다. 문명론적으로 보면 이제 젊은이들은 그 수준에서 벗어나야 합니다. 뉴 라이프로 가는 것이죠. 그 가능성이 밴쿠버에서 활약하는 우리 젊은이들이나 〈아바타〉를 보고 환호하는 젊은이들이 모일 수 있는 공간인 것입니다.

이들을 만족시킬 수 있는 정치, 경제란 무엇일까? 그것을 이야기하기 위해 저는 화두를 던졌습니다. 패러다임의 변화, 그것이 제가 말하고자 하는 바입니다.

김윤형(사회자)

: 네, 감사합니다. 홍보대사로 있는 다른 세 학생의 질문을 제가 요약해서 드리겠습니다. 바이오미미크리의 기술이 현실에서 어떻게 사업화가 될 수 있겠느냐에 대한 질문입니다. 기업은 이윤 추구에 의해 움직입니다. 아마존의 후예들이 생태 친화적인 환경에서 살 수 있는 것은 소유가 없기 때문에 가난한 자도 잘살 수 있는 구조가 정착된 탓입니다. 그러나 한국이나 중국과 같은 문명국가에서 산림 자원을 개발하고 굴착을 하는데, 어떻게 이런 유인을 막을 수 있겠는가? 현실적으로 생명 자본주의를 산업 자본주의에 접목시키기 위해 기업의 이윤 추구 동기를 변화시

킬 수 있는 요인은 무엇인가?

이어령(강연자)

: 지금 질문을 해준 학생들은 내가 얘기한 것을 쭉 들어보면 그 속에 해답이 있으리라고 보는 것이죠. 산업주의가 처음 생겼을 때 아시다시피 제임스 와트가 증기기관을 만들었다고 했습니다. 그러나 증기기관은 그 이전부터 있었습니다. 광산에서 쓰고 있었죠. 제임스 와트는 증기기관을 실용화하는 기술에 의해 오늘날 산업혁명을 일으켰던 것입니다. 바이오미미크리 역시 제임스 와트 이전의 증기기관이 그러한 것처럼 현재 우리가 쓰고 있습니다.

예를 하나 들어봅시다. 태양열이 필요하지 않았을 때는 바이오미미크리가 필요 없었을 겁니다. 석유를 퍼서 쓰는 것이 가장 경제적입니다. 그러나 지구 전체로 보면 석유로 인한 환경오염 역시 문제입니다. 환경호르몬으로 인한 신체적인 장애나 백 사람 중 하나가 겪는다는 ADT와 같은 증후군이나 석유화학제품 사용 이후 뇌에까지 악영향을 끼쳤다는 사례가 그 예입니다. 나폴리인들은 맨 처음 이 물질을 딸랑이로 썼다고 하죠.

이제 이것을 해체하기 위해 엄청난 경비를 좀먹고 있습니다. 알루미늄이 산성비와 만나면 비로소 해체되고, 식물로 유입됩니다. 인간은 그 식물을 먹고서 인식하지 못하고 통과시키는 상황을 낳습니다. 결국 이 회로를 통해 알츠하이머가 생기는 형국입니다. 집의 구성원이 알츠하이머에 걸리면 가정경제 전체가 붕괴됩니다. 이제 국방비보다 의료비가 많아지는 세상이라고 합니다.

석유 사용이 가장 경제적인 선택이지만, 사후 처리를 위한 비용을 감안하면 가장 비합리적인 선택인 셈입니다. 가족, 사회 전체에 걸쳐 엄청난 코스트가 발생하는 것입니다. 지금 우리가 정의하는 경제성이라는 단어가 과연 합리적인지 생각해보아야 합니다. 지구 자원이 무한대로 있다고 여기면 매우 코스트가 싼 것이 석유지만, 그것이 간접적으로 창출하게 되는 자본비용을 따지면 절대 싼 것이 아닙니다. 따라서 우선 바이오미미크리를 그 대안으로 내놓아야 한다는 것이지요.

둘째로 생산성이 높은 것이 바이오미미크리입니다. 산업 기술의 제품보다 훨씬 시장 사업성이 높습니다. 태양열을 쓰면 환경오염이 되지 않습니다. 그런데 비가 오거나 흐린 날에는 쓰기 어렵겠지요. 따라서 하이브리드를 만들자는 주장이 나옵니다. 풍력, 태양열을 기후변화에 따라 자유롭게 이용하자는 것이지요. 그런데 이것을 집마다 소형 발전으로 채택하면 비용이 많이 듭니다. 소음도 문제가 된다고 합니다. 결국, 바이오미미크리를 이용하면 어떨까 하는 아이디어가 등장합니다.

인간의 기술로는 기계 소리를 절대 작게 만들 수 없습니다. 부엉이를 보면 덩치 큰 놈이 톱니바퀴같이 생긴 발로, 소리도 없이 쥐를 채갑니다. 여기에서 힌트를 얻어 태양열이 돌아가는 풍차 팬이 바이오미미크리 기술을 채택하게 됩니다. 부엉이의 날개가 일종의 경험 장치입니다. 이쯤 되면 거의 조물주의 힘이라고 봐야겠죠. 소리가 거의 도서관 수준으로 감쇄된다는 연구 결과가 나왔습니다. 24시간 돌아가도 소음이 나지 않아서 이 발전기를 돌려도 이웃집에서 항의를 하지 않는다고도 합니다.

하이브리드 자동차를 만들어 '대박'을 터뜨린 토요타와 마찬가지의 결과입니다. 이제는 정책적인 지원에 힘입어서 가만히 있어도 돈 버는 상황이 될 것입니다. 여러분은 이것을 차마 상상도 못 하셨을 겁니다. 지하자원을 찾기 위해서 지금 매우 혈안이 되어 있지만, 석유 탐사나 자원 굴착 계획은 착수 단계부터 시간과 돈이 많이 듭니다. 따라서 기계로 석유를 탐사하기보다는 석유제품-플라스틱 반응을 하는 지대를 발견해서 사업화하는 것이 현재 세계에서 가장 수익성 있는 회사들의 모습입니다. 지구에 매몰되어 있는 플라스틱을 그 자체로 반응 작용에 적용한 셈입니다. 이런 예를 들면 끝이 없습니다. 석유화학 분야의 연구 사례로는 검색을 통해서도 충분히 아실 수 있을 겁니다.

단백질이나 화학반응을 일으키는 다른 연료를 대체 연료로 사용한다는 바이오미미크리 연구 사례도 있습니다. 여러분이 먹는 밥 한 그릇에 담겨 있는 에너지원이 보통 건전지 40개가 된다는 거예요. 그렇기 때문에 이 밥 속에는 40개의 건전지에서 나오는 에너지가 담겨져 있는 거죠. 가령 리튬이라고 하는 단추형 전지가 있습니다. 전 세계에서 일본만이 100퍼센트 시약을 가지고 있습니다. 다른 나라에서는 못 만듭니다. 내시경 유입용으로는 일본이 단독 특허를 보유하고 있죠. 이게 전부 바이오미미크리에서 따오는 것입니다. 전기 기술에다가 화학 기술을 접목한 것이 단추형 리튬전지입니다. 따라서 화학만 전공한 사람, 혹은 전기만 연구한 사람은 절대 못 만들어요. 이 두 가지 분야가 융합됐을 때, 비로소 그 작은 대체 연료가 될 수 있는, 석유화학을 대체할 수 있는 고체 또는 화학연료들이 생겨난다는 겁니다.

이런 것들을 대학에서 가르쳐야 합니다. 그런데 대학에서는 전공별 특수성만 존재하고 있다는 것이죠. 앞으로 바이오미미크리 생명 자본주의는 잠재성이 많습니다. 훨씬 영속적이고, 미래의 번영을 가져올 수 있느냐의 관건이지요. 따라서 이에 맞추어 교육, 연구 투자, 기술 개발의 메커니즘을 정립할 필요가 있습니다.

〈아바타〉 이야기로 다시 돌아가봅시다. RDA가 무엇입니까? 'Resource Development Administration'입니다. 우리말로 하면 자원개발공사입니다. 나라가 쳐들어갔다거나 어떤 세력이 들어간 게 아닙니다. 바이오미미크리와는 정반대의 사고를 갖고 있는 개발 사업자들인 것이죠. 그런데 이들이 나비족에게 진다는 것은 미래의 생명 의식을 가진 젊은이들이 현재 개발공사와 같은 경제 발전 원동력에 회의를 품고 있다는 것을 의미합니다. 나비족의 풍부한 생태 커뮤니케이션—초전도체 물질을 갖고 기존 문명의 약탈물로 삼기보다는 새로운 환경에 맞추어 자신을 변화시키려는 시도, 생태적인 변화, 그런 것이 바로 우리에게는 1백 년 후의 이야기가 되지 않을까 생각합니다.

김윤형(사회자)

: 다음은 선진화포럼의 자문위원과 GE코리아 회장을 역임하시고 CEO컨설팅 그룹 회장을 맡고 계신 강석진 회장님이 질문하신 내용입니다. 이러한 산업자본주의가 발달된 미국과 유럽에서 생명 자본주의 패러다임이 수용될 수 있겠느냐 하는 질문인데 직접 해주시겠습니다.

강석진(CEO컨설팅 그룹 회장)

: 이 강연회는 단순히 선진화포럼의 월례 토론회에 한정되지 않는다고 봅니다. 제가 생각하기에는 생명 자본주의, 말하자면

바이오미미크리의 세계가 새로 탄생하는 느낌이 듭니다. 저도 오늘 와서 정말 감동받았는데요. 우리는 자원의 99.98퍼센트를 다 버리고 0.02퍼센트밖에 못 쓴다는 것을 듣고 정말 충격을 받았습니다.

따라서 제가 묻고 싶은 것은 〈아바타〉가 과연 이런 바이오미미크리, 생명 자본주의를 우리 사람들이 생각하고 시작하게 하는 촉매제 역할을 하고 있는지, 세계 많은 사람들이 영화를 보면서 그것을 느끼는지의 측면입니다. 또 선진국, 유럽이나 미국 같은 아주 산업자본주의의 바탕에 있는 국가들이 산업자본주의의 황혼을 인정하면서 생명 자본주의의 아침을 어떻게 받아들일 것인지, 그것과 어떻게 조화를 이룰 것인지에 대한 질문입니다.

이어령(강연자)

: 네, 좋은 질문을 해주셔서 마무리를 잘할 수 있을 것 같습니다. 제가 쓴 글을 자세히 보시면 세기말에 대한 언급이 있습니다. 이 시기에는 반드시 퇴폐주의가 일어납니다.

보통 세기 초 한 자릿수에는 곤욕을 치르다가 두 자릿수 시기부터 새 패러다임을 시작합니다. 예를 들어, 1900년부터 1909년까지는 19세기의 모든 찌꺼기와 모순이 섞인 혼란상이었습니다. 21세기도 마찬가지입니다. 2010년이 되어서야 녹색성장 패러다임이 제대로 정책화되기 시작했습니다. 마찬가지로 2000년부터 2010년까지는 테러와의 전쟁, 금융 대란과 같은 전 세기의 모순과 문제를 떠안은 상황들이 생겨난 것이죠. 이제 생명 자본주의로의 귀결은 그저 생긴 것이 아니라고 하겠습니다. 산업주의, 금융주의와 같은 방식으로는 도저히 지구를 운영할 수 없겠다는 각성이 일어나자 전 세계적인 차원의 사고 전환이 이루어진 것입니다.

오늘날 원폭 실험을 하지 않는 이유는 무엇일까요? 히로시마와 나가사키의 참화를 이미 겪어보았기 때문입니다. 얼마나 비참한지 알고 경험한 탓인 셈입니다. 그렇다면 지난 2009년을 마감하는 화두는 무엇이었습니까. 바로 금융 대란이었습니다. 리먼 브라더스로 상징되는 구시대 지식 정보 사회가 구체적으로 경제에 미친 여파가 바로 금융 위기였습니다.

24시간 동안 구동되는 금융기관의 컴퓨터들이 금융 공학 모델을 돌리면서 모든 자산 가치가 전산화되게 했습니다. 거의 동시적인 상황에서 글로벌 경제 거래가 이루어졌고, 냉전 시대 이후 수많은 공학, 군사 전문가들이 금융 분야로 유입되어 가상의 수학-공학 모델을 통해 금융 경제를 운영하기에 이르렀습니다. 결국 가상의 모델은 새로운 의문을 낳았습니다. 땡전 한 푼 없는 사람이 대출을 받아서 1백만 불짜리 집을 사는가 하면, 그것을 기반으로 한 채권이나 파생 상품에 무더기로 투자하는 사람들도 있었지요. 그런데 이것은 클린턴 시대부터 시작된 미국 경제의 병폐였습니다.

두 개의 국책은행을 이용해서 자유 시장주의에 입각하여 부동산 투기를 조장했습니다. 그린스펀의 정책도 거기서 비롯된 것이지요. 미국 전체가 생산하지 않고, 자연 자본은 유한하지만 금융자본은 무한할 수 있다는 생각을 낳게 됐습니다. 결국 버블은 계속적으로 가중되었고, 언제 위기가 오리라는 사실은 모두 인정했지만, 그 시점에 대해서는 합의점이 이루어지지 않았지요. 그러나 결국 위기는 왔습니다. 20세기 초의 희망이 무너졌고, 이것이 산업자본주의와 금융자본주의에 몰아닥친 마지막 경고였습니다. 사람들은 어떤 생각이 들었겠습니까? 이제는 사회주의도 실패했고, 시장주의로도 어렵다는 생각이 싹트기 시작합니다. 뭔가 새로운 패러다임 없이는 안 되겠구나. 창조 자본주의 또는 자연 자본주의와 같은 것들이 저변에 깔립니다.

이 용어들이 한국에서 사용되기 시작한 지는 얼마 안 됩니다. 빌 게이츠 역시 얼마 전 다보스에서 의료, 교육혁명을 일갈했습니다. 그런데 놀랍게도 2010년 초 전 지구에 〈아바타〉라는 영화가 캐치프레이즈를 던졌습니다. 생명주의와 산업자본주의의 싸움 현장에 세계인들이 참여한 것입니다. 그 관객도 어마어마합니다. 어쩌면 이 '전쟁'에 참여한 관객 수는 과거 1차 대전에 참여한 이들보다 훨씬 많을 것입니다.

〈아바타〉에서 생명 자본주의를 끌어낼 것인가 아닌가는 결국 우리 한국인의 몫입니다. 그저 한낱 유행으로 그칠 것인가 아니면 새로운 흐름의 태동인가의 사안인 것이죠. 내용 자체는 인터넷으로 봐도 케케묵은 내용입니다. 〈늑대와 춤을〉과 대동소이한 메시지입니다. 그렇지만 경제 신문이나 다양한 평론지에서 하는 말들을 보면 전혀 다른 접근입니다. 결국에는 생명 다양성, 자원 개발과 같은 이슈를 이토록 효과적이고 호소력 있게 전달한 콘텐츠가 별로 없었다는 것이지요. 그것도 학자나 위력 있는 정치가가 아닌 영화감독에 의해서 말입니다.

제가 생명 자본주의를 이야기할 때, 단순히 화두로 그치게끔 하지 않습니다. 실제 대학의 커리큘럼을 바꿔라, 교육과정과 체제를 혁신하라고 합니다. 지금 초등학교 아이들이 색의 스펙트럼을 말하라고 하면 빨, 주, 노, 초, 파, 남, 보를 말합니다. 그렇지만 색은 그렇게 단순하지 않다는 게 과학적 진실입니다. 2010년에는 2010개의 컬러도 등장할 수 있는 상황입니다. 그런데 이런 구식 방법으로 아이들의 사고를 크게 할 수 있겠습니까. 홀로그램도 좋은 예입니다. 제가 언급한 '디지로그'에서도 나타나는 소재지요.

홀로그램에 입력된 사물놀이 연주가가 실제로 존재하지는 않습니다. 그렇지만 그 홀로그램을 보는 사람들은 일종의 현장성을 느낍니다. '어? 정말 사람이 아니었네' 하면서도 '여러분' 하고 나갔을 때 전부 속습니다. '죽은 나무 꽃 피우기'라는 사물놀이의 리듬을 홀로그램을 통해 연주해주니까, 사람들은 그것을 단순히 시각적인 이미지로 보지 않고 홀로그램을 통한 새로운 생명력을 체험하는 것입니다. 결국 우리가 가진 기반을 융합하고 다양화하는 것이 생명 자본주의의 밑거름이라는 요지가 되겠습니다. 저는 전통 사물놀이에서 모티브를 얻었던 것입니다.

왜 제가 창조학교를 만들고, 디지로그 사물놀이를 통해서 이런 이야기를 하는 것일까요? 겨울 속에서 매화꽃을 피우자, 죽은 나무에 꽃을 피우자는 슬로건 등은 실제로 체험되어야 하는 경험이라고 생각했습니다. 저는 이것을 홀로그램으로 만들었고, 〈아바타〉보다 먼저 상영했지만 누구도 주의를 기울여주지 않았습니다.

심지어 홀로그램 기술은 영국이 독점하고 있어서 그 비용이 매우 비쌉니다. 조지 루카스도 열일곱 대밖에 없는 홀로그램 재생 카메라를 빌려다가 열악한 상황에서 고비용을 지불하고 찍어야 했지요. 저는 그래서 다른 생각을 해냈습니다. 우리나라 기독교계의 재정을 활용해서 선교 목적으로 홀로그램 극장을 짓자, 그리고 다양한 콘텐츠를 상영하면서 선교 목적의 영화나 영상도 홀로그램으로 유포시키자는 제안이었습니다. 그러면 기독교의 캐치프레이즈를 적극 전달하되 생명 자본주의와 같은 다양한 항목을 포괄할 수 있는 소재를 상영할 수 있지 않겠느냐는 생각이었습니다.

매일 밴쿠버에서 금메달을 딸 순 없지요. 그 감동을 극장에서 보여주면 되는 것입니다. 생명의 소리를 젊은 아이들에게 들려주자, 바이오미미크리를 왜 이야기했겠는가. 또 저는 세계예술교육대회 조직위원장 입장에서 이 사업을 좀 더 다양화시키고, 확대 가능하게 해야 한다고 보았습니다.

이번에 개최하게 되는 G20도 좋은 기회지요. 이 국가의 국가원수들이 부부 동반으로 내한하게 될 것입니다. 여러분이 아시겠지만, 아무리 세계 지도자라 해도 한 여성과 20~30년을 살면 처음 사랑할 때처럼 되지 않지요. 원앙금침의 경험을 통해 남녀가 같이 베는 베개라는 경험을 선사하면 어떨까 생각해봅니다. 한국 외에 다른 나라에는 없는 아이디어지요. 신혼부부들이 베는 이것을, 베고 주무시라고 하는 겁니다. 부부간의 문제는 등 돌리고 자는 데서 비롯된다는 말도 있지 않습니까? 같은 베개 베고서 한국이 좋다, 뭔가 감동적인 경험을 주었다는 인상을 심어주는, 사소한 데서 출발하는 아이디어가 중요합니다. 이런 것이 바이오미미크리가 표상하는 것입니다.

기와도 좋은 사례입니다. 일본의 히메지성姬路城, 중국의 자금성, 그리고 한국의 경복궁을 비교해보라고 하십시오. 중국 기와는 수키와로 되어 있습니다. 한편, 일본은 암키와가 지배적이지요. 그런데 한국은 수키와와 암키와가 질서 정연하게 놓여 있습니다. 이렇게 똑같이 질서 정연하게 조화를 이루는 지붕은 예로부터 한국밖에 없었습니다. 음양의 조화입니다. 옛날부터 이 나라는 양성평등의 개념이 있었구나, 아름다운 조화에 대한 이상이 있었구나 하는 아이디어를 시각적으로 심어주는 것이지요. 그런 게 바이오미미크리와 같은 겁니다.

솔직한 얘기로 외국 사람들 왔을 때 경복궁 보여주고 그러면 다 웃어요. 중국의 자금성이나 일본의 히메지성 같은 거 보다가 이거 보면 웃어요. 그런데 이렇게 말하면 안 웃어요. "중국 기와집 봤지? 아, 엄청 크던데. 잘 봤어? 잘 보면 중국 거는 수키와로만 되어 있어. 암키와는 아주 작아. 그래서 골이 깊이 빠지고, 전부 수키와야. 일본은 전부 암키와야. 수키와가 없어. 그런데 한국 봐라. 수키와와 암키와가 질서 정연하게 똑같이 이분지일로 되어 조화를 이루는 지붕은 한국밖에 없어." 그래서 여기는 음양이 조화를 이루고 남녀평등을 이미 옛날부터 했구나, 중국은 전부 수키와뿐이고 일본은 암키완데 한국은 수키와, 암키와가 아주 아름답게 조화를 이루었구나, 이렇게 해석을 해서 알려주는 것처럼 한국 문화의 중요한 코드를 바이오미미크리로 알리자는 거죠. 나비족의 패러다임입니다.

그 광대한 현대 무기를 가지고 있고 그 광대한 과학기술을 가진 사람들 중에서 우리 편으로 돌아설 제이크 같은 해병대가 나올 수 있겠죠. 그렇기 때문에 제가 지금 말씀드리는 것은 절대로 꿈같은 얘기가 아닙니다. 여러분 직장에서, 정책에서부터 바뀌는 거죠. 제가 늘 이야기합니다. 이름 짓기부터 바꾸자, 이름이 감동을 주는 겁니다. 성경을 보면 아시겠지만 그 사람이 거듭났을 때 새로운 이름을 지어줍니다. 야곱에게 이스라엘이라는 새 이름을 주는 식입니다.

저는 세종시 문제에 관해서도 그렇게 얘기했어요. "자족시라고 하니까 기분이 어떻겠어요? '당신들끼리만 잘 살아라' 그렇게 들리지 않겠어요? 처음에는 수도라고 하더니 그다음엔 행정도시라고 하더니 그다음엔 자족도시라고 합니다. 기분 좋겠어요?" 머리로 따지고 판단할 일이 아닙니다. 훨씬 많은 이익을 줘도 자족시라는 이름에 한정되면 안 된다는 겁니다. 충청도의 충자가 중심이란 뜻입니다. 이름 짓는 데 돈이 드는 게 아니니, 세종 중심 도시라는 새 이름은 어떤가 생각해봅니다. 도시법을 바꿀 때도 마찬가지입니다. '세종중심도시안', '세종중심도시법'이라고 짓게 되면 구성원들이 다 만족할 수 있는 이름 짓기가 됩니다. 결국 생명 자본주의의 단초는 이런 단순한 데서 시작합니다. 언어를 통해 감동이라는 아웃풋을 끄집어내자는 것이지요.

우리는 언어를 경시하는 문화 속에 살았습니다. "말 한마디로 천 냥 빚 갚는다는 속담은 그저 말뿐이지" 이런 말을 하죠? 그런데 언어의 힘은 대단한 것입니다. 히틀러도 언어의 힘이 무엇인지 알았기 때문에 언론을 통제하고 8백만씩이나 죽여가면서 순혈주의 문화를 이루려고 한 것이죠. 유대인, 이방인들이 갖고 있는 다른 언어에 대한 공포감 때문입니다.

저출산 문제도 마찬가지입니다. "세 살 먹은 버릇 여든까지 간다"라고, 예부터 유아기의 경험은 매우 중요하다 했습니다. 세 살 먹은 아이부터 투자하는 메커니즘을 만들면 어떻겠습니까. 부모님들이 아이를 낳고, 세 살 먹은 어린아이를 보육 시설을 통해서 다양한 육아법으로 기를 수 있도록 지역 인프라를 나라가 만들어주자는 겁니다. 그렇지 않아도 애 낳는 것에 대한 걱정이 많은데, 얼마나 정책적으로 합리적인 생명 자본주의 접근입니까. 이런 것들이 바이오미미크리입니다. 제가 말씀드린 생명 자본주의의 힌트가 정치, 문화에 삽입되면 자판도 바뀌고 디지로그 사물놀이도 탄생하는 것이죠.

제가 파워포인트로 프레젠테이션을 시도한, 우리나라 학계에서는 아마 최초의 사람일 겁니다. 굉장히 오랫동안 했어요. 그런데 너무 답답했습니다. 사람 대 사람의 소통이 안 되는 것입니다. 선생은 저만치 서서 프레젠테이션 하고, 학생은 그걸 보면서 받아 적습니다. 생태 교류가 전혀 안 됩니다. 교감도 안 되고요. 솔직히 저는 강의 듣는 제자들한테 우산 가져오라고 했습니다. 열심히 이야기만 하느라 침 튀기니까 가져오라고 말입니다. 파워포인트로는 안 되는 살아 있는 감각입니다.

이런 생명 자본주의를 가장 잘 실천할 수 있는 곳이 선진화포럼입니다. 지금 어느 강의실이나 회의장에 20대와 은퇴하신 분들이 함께 어울리는가? 은퇴하신 장관, 교수님, 전직 총리님께서 대학생들과 같이 앉아서 이야기하는 장입니다. 벌써 콘텐츠 혁명을 하고 있는 이 자리에서 생명 자본주의가 싹트지 않을까 생각해봅니다.

김윤형(사회자)

: 그렇다면 생명 자본주의가 동양이라는 토양, 그리고 자연이 인간 생명의 원천이라는 자연관을 저변에 깔고 있지 않나 합니다. 이는 서양의 자연관과는 다른 것이라 봅니다. 최근 2월 말 국제회의를 통해서도 여실히 드러난 부분이었다고 봅니다. 미국과 유럽을 비롯한 서구 국가들과 한 중 일이 녹색 에너지 기술 산업

을 정책화하는 부분에서도 서로 다른 생각과 계획을 갖고 치열하게 경쟁하고 있습니다. 어떤 면에선 우리는 '라이징 스타rising star'의 입장이 될 텐데요. 이 교수님의 힌트를 부탁드리겠습니다.

이어령(강연자)

: 녹색 성장은 세계적인 공감을 불러일으킬 수 있는 화두입니다. 그래서 녹색 기술이라고도 하고, 심지어는 녹색 음악Green Music이라는 말도 쓰지요. 북유럽에서 먼저 제기된 화두입니다. 남쪽은 환경에 대한 의식이 희박합니다. 항상 햇볕, 먹을 것, 그리고 공기 순환 같은 것이 느껴지는 탓입니다. 괴테도 이탈리아가 낙원이라고 예찬하지 않았습니까? 그런데 북유럽은 정반대지요. 환경적 조건으로 따지면 '버려진 땅'이라고 예부터 폄하되었습니다. 그래서 괴테도 이탈리아에 와서 이곳이 낙원이라고 했습니다. 그런데 북유럽은 항상 어둡고 햇빛이 모자라고 참 버림받은 땅처럼 여겨졌기 때문에 환경에 대해서 얘기를 합니다.

다른 나라들에서 한참 미루나무다, 다른 나무다 해서 화석연료를 나무 연료로 대체하려고 했는데 실패했습니다. 간단한 기술이 아닌 것이죠. 북유럽에선 이런 기술에 대한 고민이 오래전부터 이루어져 왔기에 매우 강합니다. 독일이 대표적이죠. 오바마 정부 예산을 봐도 녹색 성장에 굉장히 많이 투자하고 있습니다. 오바마에게 가장 강력한 슬로건이 바로 녹색 성장이죠. 아놀드 슈왈제네거 캘리포니아 주지사도 녹색 성장을 화두로 붙잡고 있지요.

캘리포니아 모하비사막이라고 국유지가 있습니다. 여기서 태양열 에너지 시설을 만들어서 수증기, 물과 태양의 원리를 이용해서 날씨에 관계없이 물을 증발시키고 에너지를 낼 수 있게 했습니다. 이것이 산업화되면 엄청난 혁명입니다. 더군다나 모하비는 LA 같은 대도시 옆에 있지요. 엄청난 세계적 경쟁력입니다. 그런데 요즘 이곳의 '녹색 개발' 문제 때문에 말이 많습니다. 모하비에는 12만 마리나 되는 사막 거북이도 살고 있고, 많은 희귀식물이 있습니다. 따라서 환경 운동가들은 이들을 모두 이사시켜주기 전까지는 모하비를 에너지 단지로 개발하려는 정책에 반대하겠다고 합니다. 태양열을 만들면 자연 친화적이 될 거라 생각했는데 아니더라는 것이죠. 결국 미국의 녹색 성장은 어떤 면에선 물질적 자연의 관점에 치중한 것입니다.

그렇지만 동양은 다릅니다. '기'라는 말을 쓰죠? 천기, 기분, 기공, 전부 '기운 기' 자입니다. 에너지를 뜻하는 말이죠. 서양에서는 에너지가 석유화학이지만 우리는 다릅니다. 도가 사상, 불교에서 나타나는 생명력과 같은 것입니다. 우리는 태양열 에너지가 아니라 '태양' 자체에서 생명력과 에너지를 얻습니다. 전통적인 우주관을 가진 사람들에게 생명 자본주의는 자원의 바다입니다. 그 증거로 〈아바타〉는 미국에서 모델을 가져온 것이 아니라 멕시코만 쪽 바다와 중국 황산에서 동양화나 산 풍경을 따왔기 때문에 〈아바타〉를 잘 보면 산수화를 보는 것 같다고 합니다. 판도라 행성을 보면 동양의 산수화를 보는 것 같다고도 하죠. 그래서 제임스 캐머런은 아바타의 어원을 산스크리트어 '신'에서 찾습니다. 신을 모방하려는 인간의 의지라는 것이죠. 아바타라는 말 자체는 인도, 할렐루야 무빙 마운틴은 중국의 황산, 그리고 초록색 빛깔을 가진 이들은 아메리칸인디언에서 모티브를 가져왔다는 겁니다.

꼬리로 생태 교류를 하고 동식물과 교감하는 나비족의 커뮤니케이션 체계는 이심전심을 보여주는 듯합니다. 서양인들은 이걸 잘 못 합니다. 그래서 꼬리를 꽂는 정도의 배려가 필요한 것이죠. 서양인들은 기를 통한 소통에 무감각합니다.

제가 오늘 아이폰 얘기했지만 이런 얘기는 오늘 정말 처음 하는 건데, 제가 핸드폰을 두 개 가지고 다니거든요. 아이폰, 삼성폰 두 개 가지고 다닙니다. 이제 안드로이드와 바다Bada를 OS로 한 폰도 나온다는데 다 살 생각입니다. 그런데 보면 아이폰에도 한계가 있죠. 끈이 없습니다. 어디 구멍 하나 매달 데가 없어요. 일본 차에는 손잡이가 있는데 미국 차에는 없는 식입니다. 실제로 차를 타면 사람은 뭔가를 붙잡으려고 하고, 핸드폰에도 고리를 매달고 싶은데, 그게 없다는 것이죠. 이제는 미국 차에도 전부 이게 달려 있죠.

이것을 가리켜서 '범블비 이론'이라고도 하죠. 범블비는 벌 중에 중간쯤 되는 것인데, 몸집이 큽니다. 생물학적으로 날지 못하게 설계된 몸체를 가지고 있죠. 그런데 비행기가 등장하고 나서, 범블비가 날아다니는 원리를 많은 이들이 목도했음에도, 비행기가 못 날 거라고 했습니다. 그런데 날지 않습니까. 생체의 지혜를 잘 파악하지 못한 겁니다. 과학자들은 이제야 범블비가 나는 원리를 연구합니다. 한편, 닭은 날개도 크고, 얼마든지 물오리처럼 러시아까지 날 수 있는 가능성이 있는데 왜 못 나는가? 닭은 못 날고 범블비는 날아다닙니다. 그래서 이런 말을 하죠. "범블비는 누구도 못 날아다닌다고 말한 적이 없어서 날 수 있다. 반면 닭은 그게 아니다"라는 겁니다.

에스키모 이야기도 가까운 예 중 하나입니다. 서양 의사들이 그 사회에 처음 발을 디뎠을 때 놀랐다고 합니다. 얼음 위에서 자는 사람들을 본 것이죠. "너희들 그렇게 하면 동상 걸린단다. 동상은 이렇게 해서 걸리는 질병이란다" 하고 말을 해주었더니, 결국 동상에 걸리지 않던 에스키모들에게 그 병이 발병하기 시작했습니다. 일종의 언어적인 자기최면입니다.

결국 과학도 하나의 미신은 아닐까요? 우리가 믿고 있기 때문에 작용성이 강한 것일 뿐, 과학적 실증이라는 것은 실제보다는 구속력이 없을지도 모릅니다. 과학기술이 모든 것을 설명해줄 수 있다는 생각은 분명 미신이죠. 범블비가 날아다닌다는 진실을 이제야 파악한 것이 과학기술입니다. 바이오미미크리는 결국 과학이 미처 설명하지 못한 수많은 것들을, 가시화할 수 있는 지혜를 생체에서 찾자는 이야기도 됩니다. 그런가 하면, 앞서 말한 것처럼 언어를 통한 변화도 될 수 있겠죠.

시간이 없지만, 또 다른 예화를 하나 소개하겠습니다. 암 선고를 받은 세 명의 환자가 있었습니다. 그중 한 사람은 이렇게 말했답니다. "저는 과거 암에 걸려서 치료를 열심히 한 결과 고친 경험이 있습니다. 그런데 5년 후 재발해서 포기했죠. 그때부터 암은 고칠 수 없다, 현대 의학으로도 안 된다고 생각했었습니다. 이젠 죽자. 그렇게 열심히 했는데 이 정도일 것 같으면 더 이상 가정경제를 허물지 말고 죽을 준비를 하자고 생각했습니다." 그런데 아니나 다를까, 어느 날 피곤해서 마루에 앉아 있었는데 노을이 지면서 다양한 햇빛을 본 경험을 했다 이겁니다. '저녁노을이 이토록 아름다운가, 이렇게 불타는 저녁노을을 보면서 나도 저렇게 어둠 속으로 사라지겠구나.' 그것이 자기 인생의 마지막 풍경이라고 생각했던 거죠. 그런데 옆에서 어린 아들이 말을 걸니다. "엄마, 무슨 일이에요?"라고 자꾸 말을 시킵니다. 그러자 엄마 입장에서 환자가 말했답니다. "엄마는 이제 인생의 마무리를 할 준비를 하고 있다. 5분만 참아주렴" 했더니 아이는 자꾸 옆에서 말을 건답니다. "알아, 엄마. 근데 나는 엄마와 자꾸 말하고 싶고, 엄마한테 말을 시키고 싶어서 어쩌지?" 그 말에 환자는 다시 살 용기와 의지가 생겼답니다. '이제 못 죽는다. 이 아이가 나 아니면 소통할 수 없을 텐데, 무슨 권리로 내가 죽느냐.' 그날부터 다시 살기 시작했다고 합니다. 의사들은 기적이라고 이야기했습니다. 그렇지만 엄마는 말합니다. "암에 걸렸었는데, 아이가 엄마와 자꾸 이야기하고 싶다는 말에 견디게 됐고, 살게 됐다." 그게 전부였습니다. 실화입니다.

두 번째 사람은, 이렇게 말하더랍니다. "여러분은 암에 걸리면 절망하는데, 나는 인생의 아름다운 순간을 낭비해왔다는 생각을 했습니다. 그제야 생명의 가치를 알았지요. 사랑이 솟아나기 시작했습니다. 주변의 고양이, 파리, 꽃, 나뭇잎, 보기만 하면 손이 갔습니다. 암 치료가 뭔지도 모르고, 주변의 것들을 사랑하면서 살게 되었지요. 결국 눈으로 보는 것은 사랑이 아닌 것 같았습니다. 정말 사랑하면 손으로 만집니다. 저도 그렇게 극복을 하게 되었습니다. 손으로 만지며 사랑하는 것, 그동안 눈으로밖에 보지 못했던 것을 몸으로 느끼게 된 것입니다."

이 두 에피소드는 잘못하면 신비주의로 귀속될 수도 있습니다. 그렇지만 생명 자본주의가 가진 리소스가 얼마나 다양한지 알 수 있는 사건들이죠. 자그마한 사건 영역 하나에 엄청난 원리를 집어넣은 것은 아닐까 합니다. 넓은 생명의 개념이 투입된 것이죠. 잡스는 석기인의 입장에서 원시의 감각을 건드렸습니다. 손으로 만지고, 조종만 하면 되는 아이팟의 원리입니다. 어떻게 보면 낡아빠진 손의 감각이 가장 과감한 발전 모델로 개발이 된 것입니다. 녹색 성장의 정부 정책 역시 이런 철학을 바탕에 깔고 있어야 합니다. 단순 기술이 아닙니다. 생명 자본주의가 지금까지의 패러다임을 뛰어넘는 엄청난 역량을 전 인류와 공유할 수 있다는 메시지를 던져주어야 합니다. 바이러스가 인간에게 해를 끼치는 게 아닙니다. 바이러스가 있다는 언어적 표현과 심리적 상태가 사람을 더 좀먹는 셈이지요.

우리와 공존해오던 모든 것이 위협으로 변질된 세상에서 다시 리사이클링과 순환의 원리를 통해 생명 자본주의 패러다임으로 거듭나야 합니다.

오늘 제가 이렇게 많은 말을 했습니다. 아침 일찍 귀한 시간 내셔서 바쁜 와중에 경청해주신 점 감사합니다. 그리고 존경의 뜻을 표합니다. 젊은이들을 이해할 수 없다는 어른들이 태반인 세상에 이토록 우수한 젊은이들을 지켜봐주시고, 길러주신 데 대해서도 감사합니다. 저는 아무것도 한 일이 없습니다만, 이 자리에 나와서 이 시간까지 여러분과 이야기를 나눌 수 있었다는 사실에 다시 감사를 드립니다.

김윤형(사회자)

: 네, 감사합니다. 생명 자본주의의 메시지가 아주 쉽게 이해되었습니다. 마음속에 있는 것을 바뀌게 하고 생각하게 하신 이어령 교수님께 다시 한번 감사의 박수를 보냅니다. 감사합니다.

7

가슴 뛰는 창조의 힘, 세종

— 2009 세종대학교 특별강연

세종대왕을 보면서 우리는 그동안
얼마나 많은 천재들을 죽여왔느냐를 생각해봅니다.

우리에게 창조적인 사람이 없었던 게 아닙니다.
창조적인 사람을 따돌리고 못난 사람, 이상한 사람으로

취급하면서 비슷비슷한 사람들만 남았기 때문에
창조적인 발상을 하지 못하는 것입니다.

대한민국 최고의 브랜드 네임

박우희 총장께서 제가 여러분하고 나눌 이야기를 미리 다 말씀하셔서 할 이야기가 별로 없어요. 그래서 군더더기를 붙이는 시간으로 생각하시고 들어주시면 감사하겠습니다.

세종대왕을 제일 아끼는 사람이 누구일까요? 여기 계신 여러분입니다. 총장님 이하 여러 교수님들, 학생들이 외국에 나가서 세종대학에 있다고 하면 외국인들이 금방 알죠. 대한민국 최고의 브랜드 네임brand name 뭐예요? 세종대왕이에요. 그래서 제가 인천공항의 자문위원으로 있는데, 사실은 인천공항을 세종공항으로 하려고 했습니다. 뉴욕에는 케네디공항, 프랑스에는 드골공항이 있지 않습니까? 그러면 우리나라에서 세계에 내놓을 수 있는 사람이 누가 있겠습니까? 세종대왕입니다. 그래서 세종공항이라고 하려고 했는데 그게 쉽지 않아요. 그 외에도 제가 하는 것마다 세종 자를 붙이고 싶어서 시도해봤는데 안 되는 거예요. 지금이라도 인천 세종공항이라고 하면 인천 사람도 좋고, 세종대왕도 기억할 수 있겠지요. 세상에 학자 중에서, 종교인 중에서, 운동선수 중에서 훌륭한 사람은 많습니다. 그러나 한 나라의 왕, 그것도 세습으로 인해서 만들어진, 소위 말하는 봉건 제후국의 왕으로서 세종대왕과 겨룰 수 있는 사람은 지구에 한 사람도 없습니다. 그런데 우리는 이렇게 가치 있는 것을 우리 스스로가 몰라요.

안된 소리지만 박우희 총장 일본에 가면 훨씬 더 알아줍니다. 저도 일본에 가면 훨씬 더 유명해요. 제 자랑 같지만, 일본의 나라현 아시죠? 나라현이 일본에서 가장 오래된 일본 문명의 발상지입니다. 그걸 우리 백제인들이 가서 만든 거예요. 나라노다이부쓰(나라의 대불)라는 곳에 가보면 대불에 코를 만들어놓고, 거기 지나가면 길하다고 해서 사람이 들락날락하는 곳에 코 모양을 그대로 떠놓은 게 있어요. 그 코가 사람이 드나드는 정도니까 얼마나 대불이 크겠어요? 그것을 만든 사람이 교키라고 하는 백제

승려입니다. 돈을 댄 사람도 백제인이에요. 그리고 전 일본 문화재의 40퍼센트가 나라현에 있습니다. 그런 나라지사가 저에게 찾아와서 학교 총장이 되어달라는 겁니다.

제가 너무 놀라서 내 나이가 얼만데 총장을 하느냐고 했더니 나라지사가 "나라라는 말이 한국말로 나라라고 들었습니다. 그러니까 나라라는 자체가 국가라는 의미일 정도로 한국인들이 이곳을 만들어놨고, 원래 우리의 스승은 한국인이었는데 중국인을 알면서부터 한국을 제외하고 포르투갈을 알면서는 중국을 제외하고, 이렇게 끝없이 강한 나라를 좇아가며 해바라기처럼 다녔습니다. 내년이면 나라에 도읍을 정한 지 1300년이 되는데 그 이후로 한국인들은 1300년 동안 나라의 주인이 되지 못했습니다. 당신이 우리 대학의 총장이 되면 백제인이 1300년 만에 돌아오는 셈이 될 것입니다. 1300년 만에 도읍을 정한 기념을 거국적으로 할 예정인데 그때를 위해서 이 선생님이 해주셨으면 좋겠습니다. 일본은 지금까지 공무원법 때문에 외국인이 총장을 한 적이 없습니다. 이렇게 배타적인데 당신이 와서 이것을 깨면, 전 세계에 일본이 외국인을, 그것도 한국인을 총장으로 모셨다고 하면 얼마나 기념이 되겠습니까?"라고 하는 겁니다. 그래서 결국은 명예총장을 하기로 했어요.

왜 이런 얘기를 하느냐면, 이러한 한국의 위상을 우리는 잘 알아주지 않는다는 겁니다. 일본에서는 다 알아주는데 한국에서 알아주지 않습니다. 한국에서는 저에게 명예총장을 하라는 사람이 하나도 없는데 일본에서는 이런 사람을 데려다가 총장으로 쓰잖아요. 우리가 우리를 아끼고 우리의 가치를 몰라주면 남이 몰라준다는 겁니다.

배용준을 우리나라에서는 별로 높이 평가하지 않죠? 배용준이 얼마 전에 책을 써서 저희 집에 가져왔습니다. 그래서 우리 손자들에게 오늘 배용준이 오니까 사인 받으라고 했더니 배용준은 별로고 비가 오면 연락하라는 겁니다. 그런데 일본에 가면 배용준이랑 악수한 사람은 그 손이 다른 사람한테 닿을까봐 손을 들고 다닙니다. 일본의 40~50대 여성들의 마음을 뒤바꾼 사람입니다. 여러분 잘 들으세요. 세종대왕의 후손인 여러분에게 어떤 새로운 미래가 기다리고 있는가. 절대로 거짓말이 아니니까 잘 들으면, 오늘 비록 길어봐야 한 시간도 안 되는 짧은 시간이지만, 여러분에게는 큰 전기가 되는 그런 순간으로 만났으면 좋겠다는 뜻에서 제가 이 얘기를 합니다.

등잔 밑이 어둡다

일본에 '가오'라는 150년 전통의 생활용품 제조 회사가 있습니다. 그런데 어느 날 제가 일본에 갔는데 그 가오 회장이 자꾸 저에게 만나자고 하는 겁니다. 그래서 만났더니 자기는 배용준한테 졌다고 하는 겁니다. 그래서 제가 당신은 생활용품을 파는 사람이고 그 사람은 배우인데 누가 이기고 지는 게 어디 있냐고 하니까, "안 그렇습니다. 우리는 150년 동안 주로 일본의 가정주부들에게 화장품, 비누, 기저귀, 이런 가정용품들을 팔아왔습니다. 그렇게 150년이나 고객으로 두었던 일본 여성들이 마음속에 진정으로 뭘 원하는지를 배용준 씨가 오기 전까지는 몰랐습니다. 〈겨울연가〉를 보고 배용준에게 열광하는 우리의 고객들, 우리의 제품을 쓰고 있는 일본 여성들의 마음을 우리는 알지 못하고 겨우 비누나 팔았습니다. 저렇게 뭔가를 원하던 여성들에게 우리는 비누와 종이밖에 주지 못했습니다. 일본 여성들이 얼마나 외로운지를 욘사마를 통해서 알았습니다"라고 하는 겁니다.

40대, 50대의 일본 여성들에게 "나는 여성이다. 나는 아직도 첫사랑 하듯 가슴이 두근거리는 사람이다" 하는 이 설렘을 누가 주었습니까? 일본의 고이즈미입니까? 기업주입니까? 그들의 가슴을 두근거리게 한 사람은 드라마 속의 한 남자였습니다. 일본에서는 〈겨울연가〉를 '겨울소나타'라고 하는데, 〈겨울소나타〉가 텔레비전에 방영된 것은 아주 우연한 계기였습니다.

우리가 문화 개방을 했지요? 다 개방을 했는데 텔레비전 프로그램만 금지가 돼 있었습니다. 그래서 저에게 NHK가 보름 전에 와서 인터뷰를 했습니다. "왜 이 금지를 풀지 않습니까?" 그래서 그거는 당신들 가정극에 보면 아들이 아버지 때리는 것도 있고 해서 아직 팔 수 없다고 농담을 했어요. 그러니까 일본 사람들이 머리를 굴린 거예요. 한국에 있는 드라마를 우리가 방영하면 한국도 우리 걸 방영할 것이고, 그러면 NHK는 한국에다가 무한정 우수한 TV극을 팔 수가 있다, 그렇게 생각한 겁니다. 그래서 사람들이 잘 보지 않는 밤 열두 시, 한 시에 위성 TV로 방송된 겁니다. 그런데 밤 열두 시에 텔레비전을 보는 사람은 어떤 사람이겠습니까? 외로운 주부들이지요.

남편은 바깥에서 술 먹고 안 들어오고 아들은 롯폰기 가서 춤추고. 겨우 남편 출세시켜놓고 아들 공부시켜놨더니 다 나가고 혼자 외롭게 앉아서 꾸벅꾸벅 졸며 초인종 울릴 때까지 기다리고 있다가 너무 졸리고 심심해서 텔레비전을 켜니까 배용준이 나오는 겁니다. 딱 보니까 첫사랑 같은 사람이거든요. 대개 첫사랑 같은 사람은 멋있고 신비하게 보이는 겁니다. 그래서 잃어버렸던 소녀 시절에 느꼈던 감정을 〈겨울소나타〉를 보고 느낀 겁니다.

또 한 가지 이유가 있습니다. 일본 사람들에게 실연을 하면 어디로 가겠느냐고 설문조사를 하면 99퍼센트가 북쪽으로 간다고 합니다. 서양 사람들은 실연하면 남쪽으로 간다고 하는데 한국하고 일본은 실연하면 눈이 쌓여 있는 북쪽으로 가고 싶은 마음이 있는 거예요. 이런 정서에 〈겨울소나타〉가 딱 들어맞았지요. 거기에다가 배용준을 보며 잊고 지냈던 열여섯, 열일곱 살 때의 첫사랑을 생각하면서 '아직도 나에게 설레는 가슴이 있구나. 나는 아직도 여자구나. 타고 남은 재 속에 뜨거운 불덩어리가 아직도 남아 있구나' 이런 생각을 하니까 폭발하는 거죠. 열여섯 살 때 입던 교복을 입고 욘사마를 보는 사람들도 있습니다. 농담이 아니에요. 그래서 그 가오 회장이 제게 이런 얘기를 한 겁니다.

"10원, 20원 아끼느라 절대로 지갑을 안 열던 주부들이 배용준을 보고 다시 사랑을 알고 가슴 설레는 것을 알게 되고, 모든 여성이 들떠서 욘사마를 부르짖는 그 마음을 우리는 읽지 못했습니다. 우리 상품은 그들을 열광시키지 못했고 그들의 허전한 마음을 달래지 못했습니다. 150년 동안 우리는 우리 고객인 일본 여성들이 진정 무엇을 원하고 무엇을 외치고 싶어 하는지를 몰랐습니다. 우리는 실패한 것입니다. 당신은 문화부장관도 지냈고 올림픽, 새천년에 전부 문화 기획을 했던 사람이니까 무엇을 만들면 욘사마처럼 그들의 허전한 마음을 달래줄 수 있는지 가르쳐주십시오."

그래서 제가 그랬죠. 첫째, 그걸 알면 당신들에게 가르쳐주겠나? 둘째, 가르쳐줘도 당신들은 못 한다. 왜? 당신들은 150년 동안 성공한 기업인데 뭐가 급해서 한국 사람 말만 듣고 새로운 것을 만들겠나? 셋째, 제가 들어가다 보니까 가오 본부에 제품을 아무렇게나 쌓아서 전시해놓은 겁니다. 저는 그게 전시된 건지 모르고 중고품 배달하려고 쌓아놓은 것인 줄 알았습니다. 그런 감각을 가졌으면 문화 못 합니다. 그런데 놀라운 것은 이 배용준의 팬들이 한국의 강원도 촬영지에 와서 우리 욘사마가 촬영한 곳인데 더러워서 되겠냐며 앞치마 입고 쓸어준다는 겁니다.

이런 것을 보고 한국 사람들은 남의 동네에 와서 왜 청소를 하느냐며 변태라고 하죠. 그리고 스키장에 가보면 눈물 흘리고 앉아 있는 일본 사람들도 있어요. 도저히 이해가 안 되는 거죠. 다시 말하자면 한류붐을 이끈 것은 일본 사람들이 아니라 한국 사람들입니다. 한국에서 붐이 일지 않았는데 어떻게 밖에 나가서 하겠습니까? 〈대장금〉도 아주 대단하죠. 왜 세종대왕 얘기는 안 하고 욘사마 얘기만 하느냐? 바로 이게 세종대왕 이야기를 하는 것입니다.

세종대왕 동상 만들어놓고 기념비 만들면 그게 세종대왕 존경하는 겁니까? 아니죠. 우리가 등잔 밑이 어둡다고, 우리보다 외국에서 세종대왕과 한글을 평가하는 것하고 우리가 세종대왕

평가하는 것하고 오히려 외국 사람들이 더 좋게 평가하고 있습니다. 우리는 귀중한 것을 모르고 있습니다. 그렇기 때문에 이러한 세종대왕의 창조적인 정신을 21세기에 모셨다면, 솔직한 얘기로 세종대왕이 살아서 영혼이 돌아오신다면 어디로 오시겠습니까? 세종대학으로 오시겠지요. 안 그래요? 세종대왕이 오셨다, 그렇다면 바로 그런 분의 창조의 섬 하나가 욘사마가 되는 것이고 한수산 소설가도 되는 것이고 저도 되는 것이다, 그 얘기를 하려고 하는 겁니다.

여기 앉아 계신 여러분이 바로 집현전 학사들입니다. 저와 가까운 분이 세종대 총장이 되셨다는 얘기를 듣고 세종대학은 할 수 있다, 거기 학생들 중에서 우수한 학생들 장학금만 주지 말고 그 우수한 학생들을 20명이던 30명이던 집현전 학사로 뽑으라고 했습니다. 집현전은 다른 대학에선 흉내를 못 냅니다. 서울대학에서 집현전 학사 나왔다고 하면 비웃을 거 아니에요? 세종대학에서 집현전 학사 나오면 말이 되는 겁니다. 절대로 농담하는 게 아니라 이것이 세종대왕의 브랜드 네임입니다. 그러니까 브랜딩 하면 전 세계에 팔 수 있고 국내에 팔 수 있고, 그러한 세종대왕의 창조적인 정신을 직접 학교의 큰 주제로, 영혼으로 만들 수 있는 가능성은 세종대학밖에 없다 이겁니다. 그런데 우리는 자기 비하 속에서 오랫동안 살았기 때문에 여러분 자신이 여러분을 비하하고 있습니다. 그렇기 때문에 앞으로 여러분이 세종대왕의 창조성이 무엇인지를 알고 지금까지 듣던 세종대왕과는 다르다는 것을 알면, 남들이 모르는 세종대왕의 창조적인 정신을 통해 우리 학교 학생들이 전부 집현전 학사가 될 수 있다는 것이죠. 그래서 세종대왕이 조선조라고 하는 고려에서 나온 새로운 나라, 흔들리는 초창기의 나라를 굳건히 만든 것처럼 여러분은 세종대학을 그렇게 굳건히 만들고 우리 한국을 굳건히 만들고 아시아 지역의 리더가 되는 것이 우리 미래의 구체적인 비전이라고 저는 생각합니다.

모든 창조는 울음 끝에서 시작된다

첫째로 창조라는 것, 창조 정신, 창조 마인드라는 것은 무엇입니까? 아주 쉽게 모든 창조는 울음 끝에 나오는 것입니다. 창조는 왜 울음 끝에 나옵니까? 편안한 사람, 울지 못한 사람은 창조를 할 수가 없어요. 그러니까 여기 울어본 사람, 가슴을 쳐본 사람, 절망 속에 있었던 사람, 그 사람들이 바로 창조를 할 수 있는 원동력을 갖고 있다는 겁니다. "이걸 모르면 나는 아무것도 아니야. 나는 아무것도 할 수 없었어" 하겠지만 그게 아니라는 겁니다. 왜? 절망하고 눈물이 있었기 때문에 여러분은 세종대왕하고 가장 가까워지는 겁니다.

사람들이 이렇게 묻겠죠? 세종대왕은 대왕인데 무슨 눈물이 있고 무슨 절망이 있습니까? 역사를 읽어보세요. 세종대왕의 아버지가 누굽니까? 태종이죠? 태종이 어떻게 조선을 만들었습니까? 피로 물들였어요. 세종대왕의 한 형은 머리 깎고 스님이 되고 권력 싸움에서 밀려났습니다. 그 피비린내 나는 왕실에 왕권과 신권이 싸우고, 고려 충신들이 조선조에 대해 데모하고 불 지르고 죽이고, 그런 속에서 자란 왕자였다고 생각하면 눈물 안 흘렸겠습니까? 우리는 세종대왕의 훌륭한 면만 보지만 적어도 스물두 살, 여러분 나이에 대왕이 되신 분이에요. 그 어린 마음에 얼마나 많은 상처를 받았을지는 사극만 봐도 알아요.

창조는 눈물 끝에서 생겨나는 것입니다. 편안한 잠을 자고 곱게 자는 사람들, 고속도로를 달려온 삶 속에서는 절대로 창조가 일어나지 않습니다. 창조는 억압, 모순, 구석, 이 속에서 나옵니다. 비근한 예를 한번 들어보겠습니다. 여름밤에 여러분이 공부하고 있는데 아버지가 들어오셔서 덥다고 창문 열라고 해서 창문을 열어놨습니다. 그런데 조금 있다가 어머니가 들어오시더니 모기 들어온다고 창문을 닫으라고 합니다. 그럼 이 애는 어떻게 해야 해요? 어머니 말만 듣고 문을 닫으면 아버지가 가만히 있습니까? 애비 말이 말 같지 않냐면서 문 열라고 합니다. 아이가 문을 열었습니다. 어머니가 가만히 있어요? 자식이라고 키워놨더니 지 에미 알기를 우습게 안다면서 서러워합니다. 어떻게 해야 합니까?

이때 길이 있어요. 눈치 빠르게 선택하는 방법이 있습니다. 누구한테 붙을지를 정하는 겁니다. 그러나 그건 해결이 아닙니다. 지금 열고자 하는 열망하고 닫고자 하는 욕망이 같이 뒤엉켰다 이겁니다. 어떤 것을 따라도 하나만 따른다면 해결은 안 됩니다. 다만 아버지 편에 서면 몸보신은 돼요. 어머니 편에 서도 손해는 안 봐요. 그러나 그 집안은 이미 모기에 뜯기거나 땀을 흘리거나 부부 싸움을 하는 겁니다. 우리가 지금까지 정치, 경제, 사회, 문화 전부 이런 줄서기 한 겁니다. 창조를 하지 않고 줄서기를 했다 이겁니다.

여러분이 창조할 생각을 했으면 유명 대학에 들어가려고 그렇게 애씁니까? 남이 만들어놓은 대학에 줄서려고 들어가는 겁니다. 그런데 여러분이 기가 막힌 대학 하나 만들어보겠다, 내가 이 대학에 가서 그곳을 최고로 만들어보겠다 하면 뭣 하러 최고의 대학을 갑니까? 안 그래요? 이미 만들어놓은 것 중에서 선택하는 것에는 일류, 이류가 있지만 창조하는 데에는 일류, 이류가 없습니다. 세종대왕은 만들어지는 게 아닙니다. 여러분이 만들어가는 것입니다. 여기서 노벨상 탄 사람이 셋, 넷 나와보세요.

이 세상에 일류 대학, 삼류 대학이란 존재하지 않습니다. 다만 삼류의 꿈을 가진 사람, 일류의 꿈을 가진 사람만이 존재할 뿐입니다.

여러분도 잘 아시다시피 제가 서울대학 출신입니다. 제가 서울대학에서 강의도 했지만 최근에 서울대를 빛낸 사람 상을 받았어요. 그때 제가 연설한 말이 있어요. "나는 이 대학에 들어와서 대학에 대한 느낌을 가져본 적이 없었다. 늘 독사진만 찍었지 서울대에서 단체 사진을 찍은 적이 없다. 여러분이 상을 준 오늘 처음으로 단체 사진을 찍는 거다. 나는 개인 이 아무개로 지금까지 글을 써왔고 생각해왔고 행동해왔지, 어느 대학 출신이라는 것을 가지고 글을 쓴 적이 없다." 그 얘기를 했습니다. 나라가, 학교가, 어떤 집단이 여러분의 삶을 조금도 행복하게 만들지 못하고 불행하게 만들지 못하는 겁니다. 여러분의 운명과 삶은 여러분에게 있습니다. 그렇기 때문에 여러분이 일류가 되면 그것이 일류가 되는 겁니다. 일류가 다른 데 있는 게 아니에요.

바로 그러한 곳을 만든 것이 세종대왕입니다. 피비린내 나는 싸움을 봤어요. 골육상잔骨肉相殘을 봤어요. 아들이 아버지를 쫓아내고 아버지가 아들 보기 싫어서 절대로 돌아오지 않겠다고 합니다. 태종하고 형제들하고 가장 비참한 싸움을 했던 거죠. 그러나 왕권이기 때문에 어쩔 수 없었습니다. 보통 권력이 아니라 나라가 왔다 갔다 하는 것이기 때문에. 그렇게 싸움만 했다면 비극이지만 세종대왕이 옴으로써 눈물 끝에 창조를 한 것입니다. 그래서 그분이 제일 먼저 한 일이 집현전을 만들어서 성삼문, 신숙주, 그리고 정도전같이 당시에 쟁쟁한, 그것도 먼저 왕대에 출사했던 분들을 모셔다가 생각하는 제도를 만들었습니다.

그러면 여러분 생각해보세요. 태종은 하고 싶어서 한 게 아니에요. 많은 적들이 있고 라이벌이 있어서 칼로 쳤지만 아들에게는 뭐라고 합니까? "나쁜 짓은 내가 다 할 테니 너는 훌륭한 나라를 만들 거라. 나는 칼로 나라를 다스렸지만 너는 문으로 다스려라"라고 하죠. 그래서 세종대왕이 스물두 살의 나이로 등극하자마자 제일 먼저 한 것이 문치교화文治敎化입니다. 문화 정책을 쓰기 시작한 거죠. 아버지는 칼로 지배했는데 아들은 문으로 사람들의 마음을 지배하는 것입니다. 이게 지금 우리나라와 똑같지 않습니까? 우리는 약해서 일본에게 당했기 때문에, 또 6·25가 있었기 때문에 군사력을 최고로 생각했어요. 그렇기 때문에 군인들이 지배하는 때가 있었어요. 역사가 그렇게 한 겁니다. 한두 사람이 그렇게 한 게 아닙니다.

여러분은 모르지만 참 머리 좋은 천재들이 제 친구들 중에 많았습니다. 저는 거기에 대면 아무것도 아닙니다. 그런 사람들이 어느 날 하얀 백골이 돼서 돌아오는 거예요. 그때는 길거리에서 잡히면 그냥 일선으로 배치가 됐어요. 사실 지금 제가 이렇게 오래 살아서 석좌교수 된 건 그때 똑똑한 사람들이 다 죽었기 때문이에요. 참 내가 존경하던 친구들, 천재적인 사람들이 거의 다 목숨을 잃었습니다. 여러분 『서부전선 이상 없다』 봤죠? 아직 읽어야 할 책이 있고 아직 써야 할 글이 있고 아직 살아내야 할 연륜이 있는데도 전쟁이 일어나면 다 덮어두고 일선에 가는 겁니다. 그리고 그 주인공들 다 죽잖아요. 이렇게 살아보지도 못하고 여러분의 선배들은 전쟁터에서 죽었습니다.

그러니까 그 당시에는 세끼 밥 먹는 것하고 살아남는 것밖에 없었습니다. 그 전쟁 통에 피난 갔을 때 하나님은 어디 계시나 생각했습니다. 애가 울부짖는 그 전쟁의 한복판에 하나님이 어디 계시느냐 이거예요. 그때 저는 무신론자였고 평생 예수님 안 믿다가 최근에 믿게 된 건데, 이렇게 지각해서 믿게 되는 것도 이유가 있어요. 전쟁을 겪고 너무 부조리한 것들을 보니까 하나님이 있다면 이럴 수가 있나 하는 생각이 들었죠. 그런데 어떻게 하다가 믿게 됐느냐 하면, 예수님도 그랬어요. 예수님은 무슨 죄가 있어서 그렇게 죽었습니까? 죄 없는 사람이 그렇게 돌아가셨듯이, 전쟁 통에 죄 없는 사람들이 그렇게 죽어가는 것을 부조리라고 볼 수 없어요. 부조리라는 것은 예수님이 돌아가실 때 충분히 봤고 그것이 삶이라는 것을 가르쳐주신 겁니다. 이렇게 따지고 보면 내가 오늘 글을 쓸 수 있고 여러분 앞에 설 수 있는 것은 눈물 끝에 창조라는 눈물이 있었기 때문입니다.

저는 행복한 젊음을 살지 못했습니다. 편하게 사는 여러분에게 옛날 궁상맞은 얘기를 해서 꿈자리 사납게 하는 것은 안 됐지만, 저는 밤낮 밀 껍질로 수제비 만들어서 먹었습니다. 그것도 충분치가 않아서 가족끼리 서로 먹다가 동생 주려고 배 아프다고 거짓말해 남겨주고, 이렇게 눈물겹게 살았습니다. 똑같이 배가 고픈데도 상대방에게 더 먹이려고 배 아프다고 거짓말하던 이런 형제애를 가지고 눈물겹게 살아왔습니다.

제가 우리 아들들보고 수제비가 뭔지를 가르쳐줬어요. 그래서 같이 만들어서 먹었더니 이렇게 맛있는 것을 매일 먹었냐고 하는 겁니다. 지금은 만날 밥만 먹으니까 고기 들어가고 미역 들어간 수제비가 맛있게 느껴지는 거죠. 세종대왕이 한 왕자로서 얼마나 많은 눈물을 흘렸겠습니까? 그 당시에는 왕도정치를 할 때니까 왕이 나라의 운명을 직접 지고 있는 자리에서 끝없는 권력투쟁을 하며 피눈물을 흘렸을 겁니다. 이제 칼은 no more, 피는 no more. 집현전을 만들어서 거기서 생각하고, 사람답게 사는 방법을 생각해봅시다. 적어도 이런 세종대왕의 창조는 눈물 끝에서 나온 것입니다.

창조의 기본은 언어

군사력, 경제력 다음에 세 번째 물결로 오는 것이 문화의 힘인데, 세종대왕이 조선조 때에 처음으로 문화의 힘을 느낀 사람입니다. 세계에는 언어가 3천 개 정도 있는데, 그것도 한 사람이 죽으면 그 언어가 없어져버리는 곳이 아마존에 가면 많습니다. 그래서 현존하는 여러 가지 문자들 중에서 5백 년 전에 만들어진 것은 한글이 유일합니다. 많은 글자들이 있지만 누가, 언제, 왜, 어디서 만들었는지 아는 글자는 한글밖에 없어요. 물론 그때는 한글이라고 하지 않고 훈민정음이라고 했죠. 한글이라는 말은 주시경 선생이 처음으로 만든 말이고 원래는 훈민정음입니다. 훈민이라는 건 뭡니까? 훈민訓民, 국민을 가르치는 겁니다. 광화문이라는 말도 세종대왕이 만든 겁니다. 종래에는 정문이라고 했습니다. 이따가도 얘기하겠지만 창조 중에서도 제일 먼저 일어나는 것은 네이밍naming, 워딩wording입니다. 말을 쓰는 거예요.

내가 글을 쓰는 문인이라서가 아니라 자연과학을 하든, 인문학을 하든 모든 인간의 창조의 기본은 언어입니다. 언어에서 창조가 나옵니다. 숫자에서 나옵니다. 이 두 가지밖에 없어요. 언어는 숫자처럼 딱딱 떨어지지 않기 때문에 귀중한 거예요. 그렇기 때문에 이 언어가 왜 중요하느냐에 대한 여러 가지 이론을 들어보셨겠지만, 우리는 네이밍을 할 줄 몰라요. 언어의 중요성을 몰라요.

제가 늘 얘기하지만 시골에서 개 이름 짓는 것을 보세요. 요즘에는 그래도 여러 가지로 개 이름을 짓지만 옛날에는 이름이 아예 없는 개도 많고 이름이 있어도 대개는 다 바둑이였죠. 검고 희면 다 바둑이에요. 동네 가서 "바둑아!" 부르면 스무 마리쯤 나와요. 상상력, 창조력이 없었던 겁니다. 앞에 있다고 정문이라고 지었잖아요? 세종대왕은 그걸 과감히 바꾸신 겁니다. 세종대왕이 이름 짓는 것 기가 막힙니다. 그 많은 사전 편찬, 모든 책을 편찬할 때 이름을 기가 막히게 지었습니다. 언어의 천재였어요. 그러니까 여러분은 말부터 배워야하는데 우리는 말이 공짜니까, 창조력이 부족했던 것은 언어를 워딩, 네이밍을 잘 못했기 때문에 글로벌이 안 되는 겁니다.

옛날에 회사를 만들면, 한국 사람들이 만드는 거니까 한국 사람들만 알아듣는 이름으로 만들었죠. 지금 세계에서 제일 글로벌한 기업이 삼성 아닙니까? 세계 어디를 가든지 삼성이 다 붙어 있고 소니, 파나소닉 다 누르잖아요. 그런데 그게 삼성이라고 읽히지가 않아요. '샘숭' 이렇게 읽힙니다. 소니는 소니, 토요타는 토요타인데 삼성은 '샘숭'이라고 읽히죠. 그나마 샘숭은 삼손과 데릴라와 비슷하니까 좀 괜찮은 편인데, 대우는 O가 두 개 붙어서 '대이우' 발음이 안 됩니다. 쌍용은 SS 써가지고 발음이 어려워요. 우리 5대 기업 중에서 금세 통할 수 있는 워딩이 된 기업이 없습니다.

반면에 소니는 수십 개의 나라에서 어떻게 읽히는지를 전부 조사해서 만든 겁니다. 캐논은 관음이라는 뜻입니다. 불교의 관음을 의미하는데 그것으로 이름을 지은 것입니다. 일본 사람들이 우리보다 훨씬 창조성이 떨어지는데도 불구하고 기업체가 세계로 나가기 위해서 신중하게 이름을 만드는 겁니다. 원래 토요타도 DOYOTA인데 TOYOTA로 바꿔서 훨씬 세고 힘찬 분위기로 만든 겁니다. 그게 바로 창조입니다. 돈 안 들이고 워딩만 잘해도 창조입니다. 그런데 이걸 잘못하면 큰 사고가 일어납니다.

제가 이탈리아 사람을 만나기로 해서 어디 있냐고 물었더니 안양대학에 있다고 하는 겁니다. 그래서 안양대학에 물어봤더니 그런 사람이 없다는 겁니다. 가만히 생각해보니까 이탈리아에서는 H 발음을 안 하거든요. 한양대학을 안양대학이라고 발음한 겁니다. 그러니까 현대는 연대가 되어버리죠. 어렵게 생각하지 말고, 문화의 시대란 뭐냐. 군사력, 경제력, 무기, 돈이 아니라 언어, 언력言力이라고 합니다. 이 언어의 힘만 잡아도 문화의 시대를 열어갈 수 있는 거죠. 세종대왕이 훈민정음을 앞에다 내세우고 뒤에서는 소통의 정치를 펼쳤던 그 정신만 있다면 세종대학에서 전문인이 나올 수 있는 것입니다.

가령 우리가 그린그로스green growth 정책을 펼치고 있죠? 그로스growth는 성장이라는 뜻입니다. 그러니까 성장이라는 말을 쓰면 산업, 농업, 지금까지 모든 패러다임이 성장 패러다임이었어요. 성장하려고 했기 때문에 공해가 생기고 공기가 오염되고 자연이 파괴되고 급기야는 온난화가 돼서 빙산들이 녹기 시작했어요. 그러니까 성장이라는 얘기를 들으면 거부반응이 생기죠. 그러면 그린그로스라고 이름 짓지 말고 다른 이름을 지었으면 훨씬 세계의 이목을 집중시키기가 쉬웠을 겁니다.

요즘 유행하는 신종플루 아시죠? 그런데 다른 곳에서는 N1H1이라고 합니다. 다른 변종이 나오면 N2H1, 또는 N1H2 이렇게 붙이려고 만든 거예요. 그런데 우리는 신종플루라고 해놓으면 변종이 나올 때마다 신신종플루, 신신신종플루, 구종플루 이렇게 할 겁니까? 요즘 대한문 앞에 가보면 관광객들 보라고 교대식 같은 것을 합니다. 관광객들이 사진 찍을 게 없으니까 거기서 다 찍죠. 거기까진 좋아요. 그런데 찍어서 현상을 해보면 '大韓文' 한문이 나오죠. 기수들이 들고 있는 깃발에 써 있는 글자들도 전부 한자입니다. 거기까진 할 수 없어요. 옛날 문화재니까. 바로 옆에 빌딩이 있어요. 다른 나라들은 외국 관광객들이

와서 사진 찍는 문화재 옆은 간판을 규제합니다. 그런데 우리는 대한문 옆에 바로 '이얼싼 중국어'라고 큰 간판이 있습니다. 찍기만 하면 이얼싼 중국어가 있는 겁니다. 그러니까 외국 관광객들이 나중에 사진 보고 한국인지 중국인지 모르죠. 이얼싼 중국어 밑에는 던킨 도너츠를 크게 영어로 써놨죠. 노마크 찬스no mark chance입니다, 여러분.

여백 속의 침묵과 감동

알다시피 중국은 인구가 13억이나 되는데, 어마어마한 세계적인 감독이 만든 베이징 올림픽 보세요. 정말 호떡집에 불난 거지, 거기에 미학 같은 건 없잖아요. 몇천 명이 나와서 '와' 하는데, 『논어』에 "학이시습지 불역열호學而時習之 不亦說乎"라고 했습니다. 선비가 하는 그 말을 몇천 명이 큰 붓을 들고, 책을 들고 행진하면서 부르짖어요. 아무리 퍼포먼스를 위해서라고 해도 몇만 명이 외치는데 아무리 봐도 들고 있는 붓이 칼로 보이지, 붓으로 보입니까? 들고 있는 책은 방패로 보입니다. 어떤 선비들이 그렇게 줄 서서 책 들고 구호를 외칩니까? 조용하게 혼자서 공부하는 게 선비 정신인데 수십만 명을 데려다가 구호를 외치는 거죠.

중국에서는 이렇게 과시하려고 몇천 명, 몇만 명이 퍼포먼스를 했지만 세종대왕의 후예인 저는 그렇게 하지 않았습니다. 서울 올림픽 이전까지는 개막식에 절대로 어린이가 나온 적이 없어요. 바덴바덴에서 올림픽 개최지가 서울로 정해지던 그해에 태어난 여섯 살 어린아이를 뽑아서 아무것도 없는 운동장에 굴렁쇠를 굴리게 한 겁니다. 중국 사람들은 하나라도 더 보태려고 하는데 우리는 다 빼버린 겁니다. 모든 사람이 숫자로 승부하는데 우리는 다 빼버렸습니다. 원래 그림을 그릴 때에도 서양에서는 전부 페인트칠을 하지만 우리는 백지에 줄 하나 딱 긋고, 매화도 한 두 개만 그려놓고 일지매라고 쓰잖아요. 텅텅 비었잖아요. 그리고 거기에다가 시도 쓰고 도장도 찍고. 그런데 서양에서는 페인트칠을 꽉 차게 해서 사인할 자리가 없어 천하의 피카소도 그림 위에다가 사인하잖습니까? 우리는 사인할 자리가 많아서 수십 명이 도장을 찍는 겁니다. 이 공백을 보여준 겁니다.

서양 사람들은 꽉 채우는데 우리는 비어 있는 여백 속에 침묵이 말하는 거죠. 그러니까 어린아이 한 명이 음악도 꺼지고 아무것도 없이 햇빛만 가득 찬 푸른 잔디밭에 하얀 옷을 입고 굴렁쇠를 굴리며 삭 지나간다는 겁니다. 그 긴장감. 수십만 명이 서로 싸우는 것도 대단하지만 단둘이 결투하는 것이 더 긴장되지 않습니까? 이렇게 해서 전쟁 속에서 깡통 들고 울고 다니는 게 한국 아이라고 생각했던 전 세계 사람들에게, 전쟁이 끝났고 서울을 올림픽 개최지로 선언하는 순간, 전쟁의 한국은 문화의 한국, 올림픽의 한국으로 바뀌었다는 것을 보여준 겁니다.

이 아이를 봐라. 깡통을 들었느냐? 울고 있느냐? 이 평화로운 때에 어린아이 하나가 나와서 텅 빈 공간을 굴렁쇠를 굴리고 지나갈 때 사람들은 무엇을 봤겠어요? 만약 한국이 옛날부터 잘 살았더라면 아무도 감동받지 않았을 겁니다. 그런데 '한국' 하면 폐허의 불타는 나라, 폭격 맞은 나라, 고아들이 어머니를 찾고 울던 그것만이 잔상으로 남아 있었는데 깨끗하고 잘생긴, 고아가 아닌, 올림픽 선언할 때 태어난 아이가 굴렁쇠를 굴리고 평화롭게 지나간다는 거예요. 몇백 배나 강렬하다 이겁니다. 왜? 한국이 불타고 있었으니까, 아이들이 깡통을 들고 있었으니까, 피난민들이 울부짖었으니까.

올림픽의 이 장면은 사람들의 가슴을 찢은 겁니다. 엄청난 반응을 불러온 거예요. 그래서 피에르 레스타니가 왔을 때 문화부 장관이 만나자고 해서 저는 안 만난다고 했는데, 올림픽 했던 사람이라는 겁니다. 베니스 비엔날레 심사위원입니다. 그래서 만났더니 저보고 그런 생각을 어떻게 했느냐는 겁니다. "그건 퍼포먼스가 아니라 설치 예술이다. 어떻게 그런 생각을 했냐?" 그러기에, "그건 내 아이디어가 아니다. 우리 선조들이 한 거다. 그림 봐라. 하얀 데다가 줄 하나 그어놓고 일지매라고 하고 거기다가 사인하고 너희들은 그렇게 할 수 있냐" 그러니까 무릎을 쳐요.

"공백의 동양화를 올림피아드 그리스 사람들이 만든 그라운드에다가 당신이 그렸습니다. 그래서 그리스와 한국이 만날 때 저런 기막힌 퍼포먼스가 나오는군요." 그 후부터는 올림픽에 어린아이 안 나오면 안 되는 줄 알고 꼭 나오는데, 베이징 올림픽에서는 여섯 명이나 나와가지고 학예회 하는 것처럼 됐지만, 아무튼 그 후부터 어린아이들이 나온 겁니다. 그전에는 어린아이들 못 나왔어요.

사람의 마음을 지배하는 문화의 힘

세종대왕의 창조력이 어디 갔느냐, 서울 올림픽 그 자리에 세종대왕이 계셨다는 겁니다. 칼로 사람을 지배해서 무릎 꿇게 만드는 게 아니라, 돈으로 무릎 꿇게 하는 것이 아니라 문화로, 가슴을 찢는 감동으로 사람을 무릎 꿇게 하는 힘, 그것이 바로 매력이고 문화의 힘이다 이겁니다. 그러니까 칼로 다스린 건국의 역사를 가슴을 울렁이게 하는 문화의 역사로 바꾼 것이 집현전 학사들이고 《용비어천가》이고 《월인천강지곡》이라는 겁니다. 그 많은 글을 편찬하신 것은 칼로 지배할 수 없는 사람의 마음을 지배하기 위한 것이고, 그러한 칼에서 붓으로, 투쟁에서 창조로 나갔던 세종대왕의 창조력은 그분이 어렸을 때부터 인간의 쓰라린 경험을 했고 피와 칼로는 절대 다스리지 못하는 세계가 있다는 것을 깨달았기 때문에, 두 번 다시 그런 일을 하고 싶지 않았기 때문에 집현전 학사부터 키우기 시작한 겁니다.

다시 말하자면 군사력으로 해결하려던 그 암울했던 시기는 갔다는 거죠. 그러나 그 전쟁의 시대에서는 군사력이 필요했기 때문에 군인들이 모든 것을 했고 그다음에는 경제인들이 했죠. 너무 가난했기 때문에. 여러분이 겪어보지 못했지만 한국의 가난이라는 것은 정말 대단했습니다. 할머니가 자기 음식 빼앗아 먹는다고 어린아이를 묻잖아요. 심청이가 3백 석에 몸을 팔잖아요. 우리의 모든 비극은 전부 먹는 얘기입니다. 『흥부전』처럼 주걱으로 뺨을 때렸더니 뺨에 붙은 밥풀을 떼어 먹는다는 것은 셰익스피어도 상상을 못할 일이에요.

오늘 시간이 없어서 많은 이야기는 못 하지만 여러 가지 분석을 해보면, 여러분이 경제학을 하든 과학을 하든 우리 눈앞에 할 일이 많다는 것을 느끼실 겁니다. 왜? 그동안 아무것도 안 했기 때문입니다. 전쟁하느라고, 배가 고파서 가장 창조적인 국민이 창조력을 발휘할 시간이 없었습니다. 그러나 이제부터 뛰는 겁니다. 가슴이 뛴다 이겁니다. 머리만 쓰면 할 일이 너무 많습니다. 아까 제가 대한문 앞 간판 얘기했죠? 여러분이 문화부 관리가 되고 정치를 하게 되면 그런 것 고칠 게 한두 개겠습니까? 사실 20년 후에 광화문 광장 같은 그런 광장 만들겠어요? 분리대인지 광장인지도 잘 모르게 만들어놓았죠. 그래도 굶주리니까 거기 놀러들 가고 합니다.

외국 광장 보세요. 광장이라는 건 말 그대로 툭 트여 있어야 하는 겁니다. 거기다가 몽고 텐트 쳐놓고 하는 거 보면 눈물 나와요. 얼마나 굶주렸으면, 얼마나 공터가 없었으면 그렇게 합니까? 이상李箱이 그랬잖아요. 서울시에 공터가 없어요. 공터다 싶으면 건축 예정지예요. "들어오지 마시오" 이렇게 쓰여 있죠. 덕수궁 앞에 얼음이 얼어서 사람들이 스케이트를 탔습니다. "얼음이 얼어서 불필요한 공터가 생겼는데 얼마나 공터가 없으면 그 위에서 사람들이 저렇게 즐겁게 스케이트를 타는구나." 그래서 그는 조그만 화분 하나를 사가지고 집에 들어가요. 화분에는 빈 터가 있기 때문이죠. 머리맡에다 화분을 놓고 "나는 공지를 발견했다"라고 말합니다. 참 눈물겹죠. 1930년대에 벌써 공지가 없는, 빈터가 없는 도시의 삭막함을 얘기했어요.

사실 여의도에 처음으로 그런 공지가 생겼었죠. 그런데 거기다가 공원을 만들어버렸습니다. 빈터가 아쉽다는 겁니다. 아무것도 없는 공터, 쓸모없는 공터가 있었으면 좋겠다는 거죠. 여러분이 앞으로 창조적인 머리를 가지면 서울 시내를 어떻게 만들어야 할지, 서울 시민들이 정말 원하는 게 뭔지를 알고 격조 있는 한국을 만드는 노마크 찬스를 잡을 수 있다는 겁니다. 그것이 바로 세종 정신이 하려고 했던 특이한 창조 정신인데, 그것이 어떤 정신이냐.

여러분 페르시아의 왕이었던 크세르크세스 아시죠? 이 왕이 아테네를 칠 때 배가 3천 척이었습니다. 바다 위를 3천 척으로 채워서 원정을 가는데 눈물을 흘립니다. 부하가 왜 우느냐고 묻자 "저 많은 사람들이 1백 년 후에는 아무도 없겠지?"라고 대답합니다. 인간은 죽는 존재이기 때문에 1백 년 후에는 저 많은 사람이 한 명도 남아 있지 않으리라는 생각을 하는 거죠. 그러면서도 전쟁을 하러 가는 겁니다. 이게 잔인한 거죠.

대왕이라는, 권력을 지닌 사람은 왕이기 때문에 침략을 하지 않을 수 없는 겁니다. 그런데 세종대왕은 어떻게 했습니까? 눈물 끝에 전쟁을 일으키는 게 아니라 정지시킨 겁니다. 인간은 죽는 것이고 허망한 것이라는 것을 느꼈기 때문입니다. 유명한 알렉산더대왕과 세종대왕을 비교해보겠습니다. 알렉산더대왕은 평생에 두 번 울었습니다. 한 번은 부하하고 씨름하다가 졌는데 갑자기 울기 시작합니다. 그러자 부하가 어찌할 바를 모르고 사과를 하니까 알렉산더대왕은 이렇게 말합니다.

"내가 너에게 져서 우는 게 아니라, 이렇게 쓰러져보니까 내가 죽고 나면 내 몸 넓이만큼밖에 땅을 차지하지 못한다는 생각이 들어서 그렇다. 그런데 내가 이제까지 빼앗은 그 많은 땅을 어디다 쓰겠나 하는 생각이 든다. 어차피 죽으면 내 몸만큼밖에 차지하지 못하는데."

죽음에 대해 느낀 겁니다. 알렉산더대왕의 스승은 아리스토텔레스였어요. 그런데 이 사람, 세계를 정복했지만 돌아다니면서 수천, 수만 군데에 도서관을 만들었어요. 세종대왕 같은 사람이었어요. 그런데도 이 사람은 자기의 운명인 군인으로서 지대의 역사가 문화의 역사보다도 강했던 사람이에요. 그래서 이 사람은 이렇게 한탄했어요. 조그마한 통나무집에서 사는 디오게네스를 찾아갑니다. 나는 전 세계를 정복했으니 당신이 원하면 내가 그 땅을 주겠다고 했을 때 디오게네스가 뭐라고 했어요? "햇볕 좀 같이 쬡시다"라고 합니다. 한국 같으면 큰일 날 일이죠.

그때 알렉산더가 뭐라고 했어요? "내가 알렉산더가 아니었으면 디오게네스가 됐을 거야." 아무리 현명한 사람도 알렉산더의 몫과 디오게네스의 몫을 동시에 못 하는 겁니다. 철학자로 사느냐, 영웅이나 군인으로 사느냐. 둘 중 하나의 길을 택하는 것이죠.

두 번째로는 아킬레우스의 무덤이라고 생각한 곳에 가서 울었어요. 이게 그 유명한 트로이전의 영웅 아킬레우스입니다. 인간이면서 신의 경지까지 갈 뻔했던 아킬레우스가 여기 누웠습니다. 그걸 보더니 또 눈물을 흘립니다. 부하가 왜 우느냐고 묻죠. 그러자 그는 이렇게 말합니다.

"저 사람은 트로이성 하나도 빼앗지 못하고 죽었는데, 위대한 호메로스의 희곡이 있었기 때문에 전 세계에 그 불후의 작품과 함께 빛나는 영웅의 모습으로 영원히 살아 있지 않느냐. 나는 아킬레우스보다 수천, 수만의 도시를 정복하고 그보다 영웅으로서 일평생을 살아왔는데, 나에게는 나의 공적을 생생하게 전해줄 수 있는 호메로스가 없다."

이것이 알렉산더가 한 말이죠. 아킬레우스와 같은 영웅적인 면과 호메로스와 같은 문화적인 면을 합치면 비로소 알렉산더 대왕은 완성되는 건데 불행하게도 알렉산더 옆에는 호메로스가 없었고, 디오게네스 같은 요소를 평생 실현하지 못하고 죽은 거죠. 그런데 이 두 개를 같이한 사람이 있다면 그게 바로 세종대왕이고 세종대왕의 창조 정신입니다. 그분은 육진 개척六鎭開拓을 해서 엄청 센 여진을 막았어요. 대마도 해적들이 바다에서, 육지에서 위협한 것을 막은 사람이죠. 그러나 침략하지는 않았죠.

그러니까 강한 군사적·영웅적인 면도 가지고 있었고, 동시에 집현전을 만들어서 디오게네스처럼 호메로스처럼 《용비어천가》를 지어가지고 일개 무명의 장군이었던 이성계를 오늘 우리가 국어 교과서에서 배우고 있지 않습니까? 이렇게 세종대왕의 창조 정신이라고 하는 것은 양쪽을 다 가지고 있기 때문에 창조는 긍정적인 힘과 융합의 정신에서 나오는 것입니다. 무와 문을 섞고 과학과 인문학을 섞고, 하늘에서는 천문학을 봤고 땅에서는 여러 가지 정치를 폈고, 사람이 하는 것으로서는 소통을 하신 분입니다.

부정을 긍정으로 만드는 역전의 발상

창조는 융합 속에서 나옵니다. 왕권과 신권이 늘 다퉜지만 집현전을 만듦으로서 왕권과 신권을 처음으로 조화시킨 분이 세종대왕이십니다. 그렇게 보면 여러분이 뭐라고 말할 수 있겠어요? 창조라는 것은 눈물 끝에 나오는 것이니, 불행을 행으로 만들고 어둠을 빛으로 만들고 부정적인 것을 긍정적인 것으로 만드는 힘입니다. 지금까지 여러분이 운명적으로 상처를 가지고 불행했다면 그것이 거꾸로 창조의 원동력이 되는데, 한국 사람만큼 이런 힘이 강한 사람이 없습니다. 어제도 제가 어느 모임에서 얘기했지만 한국 사람의 창조적인 정신은 부정을 긍정으로 옮겨놓는 역전의 발상입니다.

비근한 예를 들어보겠습니다. 한국, 중국, 일본 다 밥을 먹는 문화죠. 세 나라가 똑같이 쌀밥을 먹기 때문에 비교가 가능합니다. 그런데 일본, 중국에 누룽지 문화가 있어요? 부분적으로 조금 있어요. 그런데 보리밥이든 쌀밥이든 누룽지 먹는 문화는 삼국에서 한국만이 가지고 있어요. 이것은 대단한 거죠. 밥을 짓다가 탄 것은 부정적인 거죠? 탄 것은 버리는 겁니다. 그런데 남들은 버린 것을 가지고 물을 부어서 숭늉 만들고 눌은밥 만든 겁니다.

요즘 고급 한식집 가면 마지막에 꼭 눌은밥 나오죠. 남들이 버리는 부정적인 것, 불에 타서 못 쓰는 것을 역전시켜서 먹을 수 있으면서도 흰쌀밥보다도 맛있는 누룽지를 줬다는 겁니다. 가난해서 그런 것만이 아닙니다. 탄 밥을 누룽지 문화로 역전시켜버린 겁니다. 그뿐입니까? 남들은 무나 배추를 다듬어서 벌레 먹은 건 다 버립니다. 그런데 우리는 그것을 엮어서 시래기를 만들잖아요. 쓰레기를 시래기로 만들고 탄 밥을 누룽지로 만들죠. 이게 대단한 겁니다.

있는 것에서 있는 것을 만드는 게 아니라 부정적인 것을 긍정적인 것으로 바꾸는 것입니다. 그게 개천에서 용 난다는 겁니다. 깊은 물에서 용 나는 건 하나도 신기할 것 없어요. 개천에서 용 나는 게 대단한 거죠. 이런 때는 여러분의 가슴이 뛰어야 하는 거예요. 내로라하는 대학에서 천재가 나오는 게 아닙니다. 여러분이 잘 아는 아인슈타인은 다섯 살이 될 때까지 말을 못 했어요. 늦됐어요. 중·고등학교 때는 말을 더듬어서 아이들한테 따돌림을 당했습니다. 대학도 보기 좋게 낙방합니다. 그래서 김나지움이라는 예비 고등학교를 다니다가 아라우 주립고등학교에 처음으로 들어가게 됩니다. 거기에서 비로소 자유로운 학교의 맛을 보게 되는 겁니다.

그전까지는 규율이 있고 답답했던 학교 공부에 전혀 흥미를 못 느낍니다. 그런데 아라우 주립고에 가니까 분위기가 아주 자유로운 거예요. 여기에서 아인슈타인이 트이기 시작하는 겁니다. 그래서 나중에 취리히 공과대학에 들어가는데, 이때 또 교수와 싸워가지고 교수가 추천서도 써주지 않는 겁니다. 그래서 남들은 다 졸업하고 좋은 회사 취직하는데 아인슈타인만 특허국 말단 직원으로 가는 거예요. 그 안에서 틈틈이 연구한 것이 기적의 해라고 하는 1905년.

물리학의 기본을 들으려면 특수상대성 원리, 광양자론, 브라운 이론으로 이뤄지는 3대 이론을 알아야죠. 지금까지 누구도 생각지 못했던 것을 1년 만에 낙제생으로 추천서도 못 받은 그 사람이 발견해내면서 뉴턴의 물리학을 뒤엎는 새로운 물리학의 지평을 열어놨다 이겁니다. 말을 더듬고 취리히 공과대학에 떨어졌던 그 사람이 후일에 노벨상은 물론이고 상대성이론과 특수상대성이론, 브라운운동, 양자론의 길을 튼 아인슈타인 아닙니까? 이것이 역전의 드라마입니다. 천재고 우등생이고 취리히 공대를 수석 졸업한 사람들이 못 해낸 것을 아인슈타인은 해낸 거예요. 세계를 움직이는 길을 줬는데 그에게 1905년이 없었더라면, 그때 특허국에서 무언가 잘못 되었더라면 영영 그런 천재를 잃어버릴 뻔했죠.

세종대왕을 보면서 우리는 그동안 얼마나 많은 아인슈타인, 레오나르도 다빈치, 퀴리 부인, 이러한 천재들을 죽여왔느냐를 생각해봅니다. 우리에게 창조적인 사람이 없었던 게 아닙니다. 창조적인 사람을 따돌리고 못난 사람, 이상한 사람으로 취급하면서 결국에 비슷비슷한 사람들만 남았기 때문에 창조적인 발상을 하지 못하는 것입니다. 긍정의 힘, 융합의 힘, 소통의 힘을 이야기한 세종대왕의 정신을 살려 그러한 사람들에게 무대를 만들어주는 그런 역할을 해야 한다는 것이죠.

세종대왕이 강조한 사마의 중요성

여러분, 우리는 많은 잘못된 생각을 가지고 있어요. 세종대왕의 가장 중요한 점은 한글을 만들었다는 것이 아닙니다. 소통의 중요성을 알았다는 겁니다. 그런데 우리 후예들이 어떻게 했습니까? 뜻이 있어도 펴지 못하고 상호 간의 '사맛디 아니할세.'

사마라는 것이 소통이라는 얘기입니다. 대학을 만들어서 소통하는 것을 사마학과라고 하면 얼마나 좋을까요? 21세기에 가장 중요한 것이 커뮤니케이션 파워인데 이미 훈민정음에는 "사맛디 아니할세", 즉 "서로 통하지 않으매 내가 이 문자 미디어를 만들어준다"라고 나와 있습니다.

오늘날의 미디어 이론, 소통 이론이 바로 세종대왕의 훈민정음 서론에 쓰여 있지 않습니까? 그런데 학자들 중에 사마라는 말을 쓰는 사람을 보질 못했습니다. 세종대학에서 미디어와 관계된 학과들을 모아놓고 미디어학과라고 하지 말고 사마과라고 하시라는 겁니다. 세종대왕은 5백 년 전에 이미 소통학을 하신 거예요. 훈민정음 제1조가 뭡니까? "사맛디 아니할세", 곧 "소통이 되지 않으매 이 글자를 만들었노라"라고 했으면 한글 창제는 문자가 아니라 동기와 정신이 있는 것 아닙니까? 세종대왕 정신이 한글이 아니라 한글을 만들게끔 한 사마학이라는 겁니다.

문자하고 말이 다른데 통하지 않는 것을 통하게 만들어줘야겠다. 어리석어 글자를 모르는 백성들, 한자를 모르는 백성들에게 제 나라말로 소통을 할 수 있게 해주자. 이게 얼마나 기가 막힌 얘기예요? 세종대왕이 이런 한글을 만들지 않았다면 지금 컴퓨터도 치지 못할 겁니다. 한자 한번 컴퓨터로 써보세요. 일본 말 컴퓨터로 쳐보세요. '하나' 하면 HANA로 씁니다. 그래서 제가 그랬어요. "ㅎ, ㅏ, ㄴ, ㅏ 이렇게 쓰면 되는데 왜 동양인이 알파벳을 쓰냐, 우리 것 빌려줄 테니 써라."

일본어는 독창적으로 만든 게 아니라 한자어의 변을 따서 만든 겁니다. 그런데 우리는 자음, 모음으로 조립해서 만든 것입니다. 한글, 훈민정음은 한국 사람만을 위해서 만든 게 아닙니다. 정음이라는 것이 뭡니까? 귀납적으로 한국인이 발음하는 것을 문자로 만든 것이 아니라 인체의 발음기관으로 발음할 수 있는 체계, 예를 들어 혀가 올라갔을 때, 내려갔을 때, 목구멍을 조였을 때를 표시한 겁니다. 그래서 정음인 거예요. 그렇기 때문에 한국 사람만이 아니라 중국인, 일본인, 미국인도 기술할 수 있는, 인간의 목, 혀, 입천장 등의 발음기관을 시스템적으로 모음, 자음으로 나눠가지고 모든 인체의 소리를 고려해서 만든 겁니다.

목구멍이 동그라니까 동그란 것은 이응 자로 만든 거고 혀가 입천장에 닿으니까 그 모양을 따서 기억으로 만들고 니은은 혀가 잇몸에 닿으니까 니은이 된 겁니다. 한글은 한국어를 적은 글자가 아니라 인류가 가지고 있는 발음 시스템을 만든 것이고 그렇기 때문에 세계의 글자가 될 수 있습니다. 물론 몇 가지 안 되는 말이 있지만 그것도 자판으로 만들어서 가능하죠. 제가 새천년준비위원장을 할 때에 미국에 있는 소수민족들에게 다 나눠줘서 가르쳤습니다. 정치적 이유로 더 못 한 겁니다. 한글 보급은 제가 제일 먼저 시작했어요. 한글은 세종대왕이 우리나라만을 위해서 만든 게 아니라 인류를 위해서 만들어주신 것이기 때문입니다.

그렇기 때문에 21세기 세종대왕을 만들려면 "나랏말싸미 서로 달라서 사맛디 아니할세" 나라말싸미 서로 다른 것은 한국만이 아니라 스페인, 이탈리아, 영국 전부 서로 달라요. 그 사람들의 뜻을 사마하게 하기 위해서 이 글자를 만드노라 했으니까, 훈민정음은 한국인이 아니라 나라말이 다른 모든 사람에게 주어진 것이죠. 그런데 이걸 모르는 겁니다.

그래서 제가 새천년준비위원장 할 때 처음으로 국가에서 돈을 받아서 자판도 만들어주고 전부 보급해서 상당히 진행이 돼 있어요. 이것은 우리가 잘났다, 우리 글자를 세계에 보급하자는 얄팍한 민족주의, 문화 제국주의적 발상이 아니라, 세종대왕께서 한글을 만드실 때에 한국인뿐만이 아니라 답답해서 뜻이 통하지 않는 모든 사람을 위해서 만들어놓으라 하신 소통 정신을 따라, 21세기 정보사회에서 미디어의 문자혁명이 가장 절실해진 글로벌한 시대에 한국어를 그들에게 나눠주자는 것이었죠. 그게 세종대왕이 하시고자 하는 뜻이었습니다. 놀라운 일이죠.

요즘에 저는 컴퓨터 자판으로 글을 쓸 때마다 세종대왕이 떠오르는데, 자음은 전부 왼쪽에 있고 모음은 오른쪽에 있으니까 꼭 피아노 치는 것 같아요. 균형이 잡힌 겁니다. 영어로 칠 때는 이쪽저쪽 순서 없이 치는데 한글은 양쪽을 치죠. 꼭 두 손이 춤추는 것 같아요. 그때마다 "세종대왕님 감사합니다" 하면서 칩니다. 그런데 그 후예들은 어떻게 했습니까? 있었다, 갔었다 전부 쌍시옷을 만들었죠. 세종대왕이 그렇게 한 게 아닙니다. 우리는 쌍시옷 안 붙는 게 없어요. 갔었다, 왔었다. 그때마다 시프트 키 눌러서 쌍시옷을 만들어야 합니다. 시프트 키는 예외적인 건데 우리는 쌍시옷이 정상적인 것이거든요. 이렇게 훌륭하신 세종대왕의 후예들이 어쩌면 이렇게 못나고 바보스럽습니까. 조금만 생각을 하면 시프트 키 없이 쌍시옷 하나만 누르면 되는데 시프트 키 누르고 시옷 누르잖아요.

한글의 정신, 삼재사상

그러면 세종대왕이 하신 게 도대체 뭐냐? 조개 패貝라는 게 재물과 관계된 거예요. 재화財貨, 화폐貨幣. 조개 패 자만 들어가면 돈입니다. 양羊 자가 붙으면 전부 정신적인 겁니다. 진·선·미할 때 선善·미美 전부 양 자 붙죠. 이념적인 것은 전부 양 자가 붙었고 패는 물질적인 겁니다. 결합 문자라고 하면 한자에게 지죠. 진짜 한글의 정신은 어디 있냐? 삼재사상입니다. 삼재사상이라는 건 천지인이라고 해서 천은 동그라미, 인과 지는 직선입니다. 이 세 개 가지고 모음을 몇 개 만드나 보세요.

놀랍잖아요. 점 하나는 하늘, 세로로 서 있는 직선은 인간, 가로로 그은 직선은 땅. 천지인 하나 가지고 ㅗ, ㅏ, ㅜ, ㅓ를 쓸 수 있죠. 이걸 가지고 네 개를 만들 수 있다고 하는데 천만의 말씀입니다. 글자는 하나입니다. 방향에 따라서 ㅗ가 ㅏ도 되고, ㅜ도 되고, ㅓ도 되는 겁니다. 이런 글자가 어디 있습니까? 그러니까 ㅗ, ㅏ, ㅜ, ㅓ는 실제로 존재하지 않습니다. 길에 떨어져 있으면 이 글자를 ㅗ, ㅏ, ㅜ, ㅓ 중에서 뭐라고 읽어야 합니까? 한글 글자는 실재하지 않습니다.

영어 알파벳 중에 m자와 w자를 생각해보세요. M을 뒤집으면 W자가 되죠. W를 뒤집으면 M자가 됩니다. 이것도 실재하지 않는 겁니다. 방향만 있을 뿐입니다. 관계만 있을 뿐입니다. 따라서 한글 문자는 실재being하지 않습니다. 관계에 의해 생성되는 것becoming입니다. 그래서 길거리에 문 자가 있으면, 한쪽에서 보면 문 자지만 한쪽에서 보면 곰 자잖아요. 그럼 이건 곰 자입니까, 문 자입니까? 기역(ㄱ) 자도 한쪽에서 보면 기역(ㄱ)이고 한쪽에서 보면 니은(ㄴ)이죠. 이것을 전문 용어로 모멘토라고 합니다.

러시아 글자에 조금 있고, 영어에는 M과 W자가 있습니다. 이렇게 한글은 한 자형을 가지고 방향에 의해서 ㅗ도 되고 ㅏ도 되고 ㅜ도 되고 ㅓ도 되는데, 그냥 달라지는 게 아니라 ㅗ는 ㅜ와 대립하고 ㅏ는 ㅓ와 대응하니까 이것을 봄·여름·가을·겨울, 동·서·남·북 해서 오행사상이 된다 이겁니다. 그러니까 중앙을 끼고 5방향, 5계절이 순환하는 겁니다. 이것이 음양오행 사상을 가지고 만든 겁니다. 한글은 음양오행의 원칙을 가지고 분절했기 때문에, 우리가 만든 게 아니다, 이미 있는 것을 가지고 만들었다고도 합니다. 이미 있는 것이 바로 음양오행의 원칙을 가지고 만들었다는 거예요. 천지인 사상과 음양오행을 응용해서 글자를 만든 사람은 이 지구상에 세종대왕밖에 없습니다.

음양오행은 한·중·일을 꿰뚫는 하나의 철학이었지만 그 사상 체계를 가지고 문자 미디어를 만든 것은 세종대왕뿐입니다. 이 말은, 음양오행은 낡은 것이 아니라는 겁니다. 마치 세종대왕이 그 원리를 가지고 이렇게 기막힌 글자를 만들 수 있듯이, 여러분에게도 동양 사상이 회고하고 그리워하는 옛것을 찾아가는 단순한 추억의 학문이 아니라 21세기에 누구도 하지 못하는 새로운 진리를 만들어낼 수 있는 원동력이 될 수 있다는 거죠. 여러분이 잘 모르시겠지만 제가 기호학을 하는데 전부 음양오행, 『주역』을 가지고 합니다. 그런데 제가 『주역』까지 한다고 하면 난리가 나니까 서양 학문으로 포장해놓은 거지, 사실은 전부 『주역』을 가지고 하는 겁니다.

오늘은 시간이 없어서 자세히는 못 하지만, 한마디만 한다면 물보다 나무가 밑에 들어가는 건 두레박이지요. 그런데 이것을 돌려놓으면, 거꾸로 물 위에 나무가 뜨면 뭐가 됩니까? 배가 되죠. 놀랍지 않아요? 똑같은 궤인데 뒤집으면 두레박이 돼서 움직이지 못하고, 또 뒤집으면 배가 돼서 돌아다니는 겁니다. 그래서 퇴계 선생은 몽천하고 열천을 봤는데, 열천은 절대 못 움직이는 우물물이고 몽천은 앞이 연못이기 때문에 흘러 흘러서 전 세계로 나가는 겁니다. 진리를 탐구할 때는 열천이고 배운 것을 전 세계로 퍼뜨리는 것은 몽천이 되는 겁니다. 똑같은 나무로 만들었는데 두레박이 됐을 때는 하나의 중심으로 절대 벗어나지 않는 축이 되는 것이고, 그것이 물 위에 뜨면 전 세상을 돌아다니는 배가 되는 것입니다.

요소는 똑같습니다. 물과 나무의 관계는 똑같은데 위치를 뒤집느냐, 바로 놓느냐에 따라서 두레박이 되고 배가 되는 것입니다. 이런 기호학을 하면 서양의 어떤 사람하고도 논리적인 이야기, 창조적인 이야기를 할 수 있습니다. 여러분도 잘 아시다시피 이번에 한국에서 한 IPU(국제의원연맹) 프레젠테이션에서 키노트 스피치를 할 수가 없어서 제가 직접 했는데 그때 제가 한 말이 그겁니다.

활자 문화라는 것을 여러분은 다량 생산이라고 하는데 활자

문화는 교정을 볼 수 있게 만든 겁니다. 목판은 하나라도 틀리면 목판 전체를 버려야 하지만 활자로 하면 7교, 8교까지도 볼 수 있지 않습니까? 완전히 오식 없는 경전을 만들려면 목판으로는 안 됐는데 우리나라 활자본으로는 가능했다는 거죠. 그래서 우리는 활자본으로 다량 생산하지 않고 다섯 권만 찍어서 서고에 들어갑니다. 공표된 활자 예술과 보급하는 활자 예술, 두 가지가 있는데, 달은 하나지만 여러 군데를 비추는 『월인천강지곡』처럼 단순히 인쇄를 한 게 아니라 사람들의 마음을 비춘 것이 우리나라의 활자 예술이라는 거죠. 그러면 구텐베르크 활자 얘기하는 사람들이, 정보를 만드는 수단으로서 활자가 생겼다고 말하는 사람이 없다는 겁니다.

제가 이런 얘기를 하는 것은 오늘 창조에 대한 이야기의 결론을 이야기하기 위해서입니다. 이러한 훈민정음을 단순히 좋은 문자, 편한 문자만으로 생각하지 말라는 겁니다. 우리 어렸을 때 그랬어요. 한글이 쓰기도 편하다고 그랬어요. 쓰기 편한 것은 영어지요. 세종대왕은 지금 엄청난 것을 만들어주신 건데 쓰기도 편하다는 식으로 얘기하고 있으니 너무 답답하다는 거죠. 이순신 장군이 거북선 만든 것을 하이테크라고 하는데 사실은 아니죠. 일본군은 아타케부네라고 해서 접근할 때는 방패처럼, 상대편 배에 도착하면 사다리처럼 활용할 수 있는 배를 타고 상대방의 배에 올라타 그들을 치는 왜구 전법을 썼습니다. 그래서 상대방 배에 불을 지르지 않았습니다. 그걸 이순신 장군이 알고 못 올라타게 뚜껑을 해 단은 거거든요. 그게 위대하잖아요. 상대방의 작전을 알고 배를 만드신 거죠.

이렇게 훌륭한 분을 배 만드는 분으로 만들어가지고 하이테크라고 하는데 아니라는 겁니다. 그거 다 불 질러보세요. 거북선에 불 지르면 도망갈 데가 없어요. 왜군이 불을 안 내고 올라탄다는 전제하에 이순신 장군은 거북선에 뚜껑을 덮은 겁니다. 왜군이 거북선에 올라탔는데 쳐들어갈 공간은 없고 몸은 가시에 찔리고 다들 우왕좌왕하는 사이에 양쪽 배가 충돌하면, 거북선 가시에 찔린 일본군 배가 가라앉기 시작합니다. 그래서 구키 요시타카가 사람 살려달라고 기도하고 난리가 났는데 운이 좋게도 조개 하나가 구멍을 막아서 살았습니다. 그래서 지금까지도 구키 요시타카 집안에서는 조개를 안 먹어요. 이렇게 가르쳐주면 관계론으로, 소프트웨어로 했구나 하는 걸 아는데 이것을 하드웨어로만 가르쳐주는 겁니다.

우리 어렸을 때는 잠수함이라고 가르쳤어요. 중학교 가니까 잠수함은 아니고 철선이라고 하고, 고등학교에 가니까 철선은 아니고 철갑선이라고 하고, 대학교 가니까 그건 확실치는 않고 못은 확실히 있었다고 합니다. 그때 얼마나 실망했겠어요? 그렇게 훌륭한 이순신 장군이 그렇게 훌륭한 전법으로 배를 만들어 줬는데 엉뚱한 것만 가르치고 있다는 겁니다.

세종대왕의 긍정 정신

결론이 뭐겠습니까? 아까 얘기한 대로 21세기는 융합의 시대입니다. 우리의 세종대왕은 모든 것을 융합했어요. 무관과 문관, 왕권과 신권, 옛사람과 새로운 사람. 집현전에서는 원로 학자와 젊은 학자가 함께 어울렸어요. 연대적으로도 젊음과 늙음, 왕권과 신권, 과학과 문화, 문과 무, 이 모든 것을 결합하신 분이다 이겁니다. 그것이 지금 우리가 이야기하는 융합 과학, 모든 것을 융합하는 것인데 지금 때는 바야흐로 이종격투기 시대에 들어섰습니다.

이종격투기는 하나의 스포츠가 아니라 치고받으며 레슬링, 복싱 가리지 않고 무대 위에서 벌어지는 겁니다. 하나만으로는 안 통하는 거죠. 모든 것을 통합해야 하니까 인문과학자가 자연과학을 알아야 하고 자연과학자가 미술을 알아야 하고 미술가도 화학을 알아야 합니다. 레오나르도 다빈치는 천재적인 사람이고 물리적인 지식은 많았지만 화학 지식이 없었기 때문에 그가 만든 물감은 생전에 다 떨어져버린 겁니다. 그런 융합의 대천재였던 그도 화학에는 약했다는 겁니다. 그러니까 그가 그린 그림들, 특히 〈최후의 만찬〉 같은 경우는 그가 살아 있을 때부터 떨어지기 시작합니다. 놀라운 거죠.

이것을 세종대학에서 하십시오. 결론은 세종대왕의 긍정 정신입니다. 부정적인 것을 긍정으로 돌리는 긍정 정신이 필요한데 우리는 오랫동안 부정적인 것에 익숙해 있습니다. 예를 들면 "청소년 입장 금지" 이렇게 쓰죠. 이걸 영어로 쓰면 "Adult only" "어른들만 들어오시오"인데 우리는 부정적으로 연소자 입장 불가, 이렇게 말합니다. 이것을 여러분이 바꿔주세요. 이런 사고방식을 갖고 있는 이상 식민지 국가밖에 안 됩니다.

왜 같은 말인데 저쪽에서는 "연장자 입장가"라고 하고 우리는 "연소자 관람 불가"라고 합니까? 『성서』가 왜 2천 년 동안 온 세계에 퍼졌어요? "부자가 천국에 들어가는 것보다 낙타가 바늘귀로 들어가는 것이 더 쉬우니라." 긍정적으로 되어 있어요. 기독교는 전부 긍정적으로 되어 있어요. 우리는 이렇게 얘기하잖아요. "낙타가 바늘에 들어가는 것보다 부자가 천당에 들어가는 것이 더 어려우니라." 똑같은 말을 긍정적으로 하는 거죠. 우리는 그걸 못하는 거예요.

부정을 긍정으로 표현하는 게 얼마나 무서운가 보세요. 옛날 어느 왕이 점쟁이를 찾아갔는데 점쟁이가 딱 보니까 왕자들이 왕보다 더 일찍 죽게 생겼더랍니다. 그래서 "폐하, 큰일 났습니다. 폐하보다 왕자들이 다 먼저 죽겠습니다"라고 했더니 왕이 "이놈 당장 죽여라" 해서 죽입니다. 두 번째로 점을 봤는데 똑같은 점괘인데도 이 점쟁이는 "폐하, 축하합니다. 왕자들보다 더 오래 사시겠습니다" 하는 겁니다. 똑같은 얘기인데 한 사람은 부정적으로 얘기해서 목이 달아났고 한 사람은 긍정적으로 말해서 상을 받았습니다. 이 차이인 겁니다. 그렇기 때문에 부정을 긍정으로 옮겨가는, 눈물 끝에 창조라는 것. 소통, 사맛디 아니할 쎄의 사마학문. 그리고 모든 것을 통합하는 융합 학문. 이렇게 부정을 긍정으로 돌리는 긍정학, 모든 것을 소통하는 소통학, 모든 것을 융합시키는 융합학. 이 세 가지의 긍정, 소통, 융합을 여러분이 대학원 코스라도 좋고 집현전 코스라고 해도 좋으니, 자연과학과 인문학, 옛것과 새로운 것을 융합하고, 부정을 긍정으로 옮기며, 막힌 것을 소통해서 풀어나가야 합니다.

어마어마한 창조의 원천

이러한 미디어학과나 긍정 심리학, 칙센트미하이 같은 것이나 융합 학문 같은 것들을 여러분이 하게 되면 세종대학은 이 지구에서 유일한 학문을 하는, 소위 세종학이라고 하는 세종 창조학을 만들 수가 있습니다. 칙센트미하이의 이론을 끌어들이고 크리에이티브 클래스creative class를 얘기한 리처드 플로리다의 얘기를 들여오고 통합 창조 이론 들여오고 『주역』 보태고 세종대왕 정신을 붙여 세종대학 사마학과를 만들어서 여러분이 이 세 가지의 창조적인 영혼이 될 수 있다면 세종대학은 상대적 우위가 아니라 절대 우위인 온리원only one 대학이 되는 것입니다.

교수님들이 뜻이 있다면, 학교 나가는 길에 눈을 뜬 자들이 있다면, 단 열 명의 학생이라도 좋으니까 목숨을 건다면 세종대왕이 그 많은 군주 중에 하나이듯이 세종대학은 그 많은 대학 중에 하나가 되는 것입니다. 거기에서 과학자가 나오고 인문학자가 나오고 정치 지도자가 나옵니다. 그것이 21세기에 세종대왕이 전 세계에 다시 태어나는 부활의 기적인 것입니다.

여러분은 세종이라는, 어마어마한 창조의 원천인 세종이라는 이름을 물려받은 대학이라는 것을 잊어서는 안 되고, 거기에는 책임이 따른다는 것을 여러분의 마음 깊이 새기셔야 합니다. 여러분이 어리석은 짓을 하고 여러분이 사회에서 뒤처지면 세종대왕의 이름을 더럽히는 것입니다. 그러나 여러분이 세계 각국에서 뛰어서 세종이라는 이름에 걸맞은 일을 하면 세종대왕께서는 분명히 지하에서, 천상에서 웃으실 것입니다. 세종대왕의 동상 1백 개를 세우는 것보다 큰일을 이 땅에, 이 세계에 여러분은 하시는 것입니다. 사마 학문과 부정을 긍정으로 옮기는 극적 드라마, 뿔뿔이 흩어진 것을 하나하나 이어가는 융합의 기술을 여러분은 보여줄 것입니다.

오늘 강연을 오래 했는데 세종대왕 5백~6백 년에 비하면 두 시간은 너무 짧기 때문에 지루하다고 생각하지 마시고 그 긴 시간을 우리는 두 시간에 건너뛰었구나 하는 긍지심을 가지시기 바랍니다. 제 서툰 강의의 빈칸을 여러분이 메꿔주는 창조적이고 뛰어난 세종인이 될 것을 기대하면서, 또 내년에는 틀림없이 세종대학에서 세종학, 창조학을 해나가는 집현전 학사들이 만들어졌다는 소식을 듣는 것을 꿈꾸면서 오늘 이만 끝맺겠습니다. 감사합니다.

8

새로운
시대를 여는
창조의 공간

– 2009 동아방송예술대학교 석좌교수 특별강연

나의 무인도를 가지시기 바랍니다.
이게 창조를 만들어내는 원동력이 되는 것입니다.

우리가 섬에 버려졌을 때, 달빛밖에 없을 때,
자기 상처를 자기가 들여다볼 때 그 아픔도 제 것이고

보는 사람도 자기고 우는 사람도 자기고 듣는 사람도 자기인
절대 고독의 외로움 속에 갇혀버린 한 인간을 상상해보세요.

예술이 지배하는 새로운 시대

여러분 정말 반갑습니다. 제가 이 학교의 석좌교수로 부임해서가 아니라, 최원석 회장하고 가깝게 지냈던 연고 때문이 아니라 오늘 여러분이 생활하고 있는 조용하고 아름다운 가을 캠퍼스를 보면서, 그리고 전공인 방송예술 분야에서 젊음의 첫 스타트를 하고 있는 여러분을 보면서 정말 가식 없이 이런 생각을 했습니다. 내가 만약에 50년 전으로 돌아갈 수 있다면 아마도 여러분처럼 동아방송예술대학의 학생이 되었을 것이다.

저를 이미 신문에서 본 사람들도 있겠지만, 새천년준비위원장을 끝으로 이화여자대학교를 떠나면서 고별강연을 했습니다. 그때 내가 대학을 떠나는 이야기를 했을 때는 다시는 대학 강단에 서지 않겠다는 생각으로, 석좌교수나 교수 직함이 마지막이라는 뜻으로 한 것이고요. 문자 그대로 고별강연이었습니다. 그렇기 때문에 여러 곳에서 석좌교수나 다른 의미로 참여하기를 바라는 사람들이 많았지만 하지 않았습니다.

이렇게 머리에 물도 들이고 옷도 단정하게 입어서 그렇지, 제가 한국 나이로 일흔일곱이거든요. 희수喜壽라고 그러죠. 희喜 자는 기쁘다는 뜻이죠. 노인들 위로해주느라고 77세는 기쁜 나이라는 뜻을 붙인 건데, 거짓말이죠. 70이 넘으면 기쁜 일이 없죠. 그래서 늘 이런 농담을 해요. 대학에서 떠도는 얘기가, 30대 교수는 정열이 넘쳐나고 학생들에게 뭔가 가르치려 하지만 지식은 모자라고, 그러니까 자기가 모르는 것도 막 얘기한다는 거예요. 40대 교수들은 신중하게 아는 것만 얘기하고, 50대 교수들은 학생이 알아듣는 것만 얘기한대요. 그런데 60대가 넘어 정년퇴직할 무렵이 돼서 나이가 많아지면 입에서 나오는 대로 얘기한대요.

내가 이 얘기를 왜 자주 하냐면 제 나이가 그런 나이예요. 오늘도 꾸며서 얘기하고 그런 거 안 해요. 여러분 얼굴 보면서 생각나는 거 그냥 자연스럽게 얘기하겠습니다. 그런데 정말 앞으로 늙지 않는 것, 저처럼 70, 80이 돼도 젊은이와 똑같은 열정을 가지고 말할 수 있는 것, 행동할 수 있는 것, 생각할 수 있는 것은 의사 선생님도 아니고 변호사 선생님도 아닙니다. 여러분 '사' 자 붙은 거 70, 80 지나가면 하나도 소용없어요. 하지만 여러분처럼 방송이나 예술을 하는 사람들은 연령이 없어요. 아무리 늙어도 창조적인 것, 상상력으로 하는 것, 혼자서 하는 것, 이러한 재능은 죽을 때까지 이 세상에서 하나밖에 없기 때문에 여러분이 부럽고, 만일 제가 다시 태어난다면, 20대 전으로 간다면 여러분처럼 방송예술에 종사하고 싶습니다.

미래의 주인공들은 정치하는 사람, 과학 하는 사람, 20세기까지 주류를 이루었던 군사력, 경제력을 가진 사람이 아닙니다. 이제는 문화의 힘, 언어의 힘, 예술의 힘이 세계를 지배하고 끌고 나가는 새로운 시대가 열렸습니다. 아까 얘기한 대로 방송과 통신계가 융합이 되고 콘텐츠 산업이 커지게 될 때가 온 것입니다. 그렇기 때문에 지금이 문제가 아니라 5년, 10년, 20년 후에 여러분이 창조적인 일을 하게 되는 것이죠.

'넘버원'이 아닌 '온리원'으로

그 원동력을 여러분이 갖게 되는데, 창조란 뭐냐. 그것은 넘버원이 되는 게 아닙니다. 창조에는 넘버원이 없어요. 창조는 지금까지 없었던 것 중에 새로운 것을 만들어내는 것이니까 하나밖에 없는 거예요. 항상 창조는 하나예요. 즉, 온리원only one. 넘버원이 아니라 온리원이 돼야 한다는 거죠. 여러분은 서열을 매길 수 없는 사람들이에요. 방송계에서 새로운 기술이나 융합 방송, 디지털 방송, 새로운 것들이 나오니까 전 세계에 선배들이 없어요. 그러니까 전 세계, 가령 아시아만 하더라도 인구가 중국은 13억, 일본은 1억 2천만, 우리는 4천만밖에 안 되지만, 적어도 디지털 방송이나 예술 분야에서 있어서는 여러분이 넘버원이 아니라 온리원이 될 수 있기 때문에, 이 학교는 여러분이 노력만 하면 어떤 대학도 못 하는 것을 할 수 있습니다.

세계 일류 대학인 케임브리지, 옥스퍼드 이런 데 가면 기가 죽어요. 제가 케임브리지 식당에 가서 밥을 먹는데, 초상화가 걸려 있었습니다. 뉴턴도 있고 어렸을 때 배운 쟁쟁한 사람들이 다 걸려 있습니다. 그 식당에서 밥을 먹었던 그 학교 출신들이라는 거예요.

그런데 뉴턴이 디지털 방송 알아요? 아인슈타인이 지금의 IPTV 알아요? 그 사람들은 축적된 지식 속에서 넘버원들이지만, 여러분은 아무도 가지 않은 벌판 앞의 출발선에 서서 지금 뛰는 거예요. 그러니까 여러분이 개성 있는 창조적인 동력을 가지고 "내가 이렇게 허망한 것같이 느껴지는 세계 정상에 이르는 원동력을 가질 수 있겠어?" 하는 콤플렉스를 오늘 저와의 짤막한 시간에서 떨쳐내시고 자신감을 가지기 바랍니다. 내 잠재력, 내 가능성을 발견하시라는 겁니다.

저는 지금 77세지만 저 혼자서 글을 쓰잖아요. 1인 기업, 혼자 책 쓰고 글 쓰고 하는 거죠. 그런데 내가 변호사라면 법정에서 안 불러주면, 의뢰 안 하면 법정에 못 서요. 우리 딸애가 검사, 변호사인데 벌써 은퇴했어요. 왜? 눈이 안 보여서 판결문을 읽을 수가 없으니까. 제아무리 명의사라도 나이 많으면 집도할 때 손이 떨리는 거예요. 그런데 창조의 세계라는 것은, 아까 말했던 온리원의 세계라는 것은 은퇴라는 게 없어요.

재미난 얘기를 하나 하죠. 유명한 천장화가 라파엘로가 있잖아요. 이 사람이 대공, 말하자면 지방 제도의 왕의 의뢰를 받아서 천장화를 그리고 있었습니다. 대공이 뒤에서 지켜보는데 사다리가 휘청거려 떨어질 것 같았습니다. 그때 재상(지금의 국무총리)이 들어오는 거예요. 그래서 대공이 "자네 잘 들어왔네. 저 사다리 좀 붙잡아주게"라고 하니까 재상이 "전하, 너무합니다. 그래도 제가 일국의 정승인데 저까짓 그림 그리는 사람의 사다리를 잡으라니 너무하시는 거 아닙니까"라고 했지요. 그러자 대공이 "자네가 없어져서 재상의 자리가 비면 재상 할 사람은 많지만, 저 사람이 없어지면 세상에 저 그림을 완성할 사람은 하나도 없지 않은가"라고 했습니다.

아름다운 천장화를 그리는 화가가 많겠지만, 라파엘로가 없어지면 지금 그리던 그 천장화를 누가 그리느냐 이거죠. 그런데 아무리 벼슬한 정승이라도 그 사람이 없으면 얼마든지 정승 할 사람은 있다는 거죠. 이게 온리원이에요. 그게 예술의 세계고, 여러분이 '이 세상에 내가 없어지면 그 자리는 비었다' 하는 생각으로 자신 있게 앞으로 나아가라는 얘기지요. 여러분이 더 알기 쉬운 얘기를 하면서 창조의 원동력을 설명하겠습니다.

감동을 주는 사람이 영웅이 되는 세상

제가 일본을 갔어요. 강연을 하는데 어떤 사람이 와서 꼭 나를 만나고 싶다길래 누구냐 그랬더니 회장이래요. '가오'라는 유명한 기업의 회장이에요. 이 사람이 나보고 자꾸 와서 뭘 좀 도와달라는 거예요. 이 회장은 150년 동안 일본을 주도한 큰 기업의 회장인데 기업인도 아닌 나를 왜 불렀는가, 하고 갔더니 이 사람이 나를 보자마자 큰절을 하면서 "나는 대기업의 오너owner고 150년 묵은 기업의 회장이지만 배용준한테 졌습니다" 그러는 거예요.

갑자기 욘사마 얘기를 하기에 무슨 얘기냐 그랬더니 "우리는 지금까지 150년 동안 가정주부들에게 물건을 팔아왔다. 비누, 휴지, 이런 걸 팔아서 150년 동안 확고한 기업이 됐다. 그런데 우리 소비자들이 정말 원하는 것은 휴지나 생활용품이 아니라 욘사마의 감동이었다"라고 하는 겁니다. 〈겨울연가〉를 보고 30대, 40대, 50대 가정주부들이 배용준만 나오면 열광하니까 이 사람이 이걸 보고 놀란 거예요. 지금까지 30~40대 주부들이 원했던 것은 그런 비누나 휴지가 아니라 사랑의 감동이었다는 거죠.

"소비자들이 물품보다도 한 편의 드라마를 보고 살아 있음을 느끼고, 사랑할 수 있는 사람임을 느끼는 그 감동의 세계를 배용준이 줄 때, 우리는 물건밖에 팔지 못했습니다. 우리의 전 소비자들이 배용준을 부르고 쫓아갈 때, 150년 된 우리는 그들의 마음을 채워주지 못했습니다. 이제 나는 그들의 마음을 채워줄 수 있는 상품을 만들고 싶습니다. 그게 뭔지 가르쳐주세요. 당신은 문화부장관도 하고 한류를 만드는 데 도움도 주고 올림픽도 하신 분이니까 아이디어를 저한테 주십시오."

사실 이런 게 무서운 겁니다. 창조적인 기업 할 때 일본이 얼마나 무서운 상대인가, 중국이 얼마나 무서운 상대인가, 그걸 조금씩 내가 얘기하겠습니다마는, 그때 저는 한국의 기업인들은 배용준을 라이벌로 생각하지 않는데 일본의 기업인들은 아니라는 것을 알았습니다. '물건을 파는 소비층은 살아 있는 인간들이다'인거죠. '우리 비누를 쓰는 소비자는 배용준의 〈겨울연가〉를 보는 시청자인데 저들이 원하는 것은 배용준이 갖고 있는 사랑이다, 감동이다. 우리는 150년 동안 뭘 했느냐. 저 공허한 사람들에게 뭘 줬느냐'라는 생각을 대기업의 오너가 한 것입니다.

사실 따져보세요. 여러분도 마찬가지지만 일본에서 중고령이라고 하는 주로 40대, 50대 여성들, 이 사람들이 결혼해서 남편을 위해 도움을 주고 그래서 남편이 출세를 했어요. 이런 사람들은 대부분 술 먹고 늦게 들어오지 않습니까. 아이들도 대학 보내놨더니 한 시, 두 시에 들어옵니다. 그때, 인생에서 남편 열심히 보살피고 아이들 뒷바라지해서 다 바깥에 나가고 혼자 집에 있을 때. 대개 배용준의 〈겨울연가〉는 아시다시피 밤 열두 시 이후에 했거든요. 그 시간에 텔레비전을 보는 여자들이 어떤지 한번 상상해보세요. 외롭고, 기다리고, 지치다가 심심해서 틀었을 때 배용준이 나오는 거예요. 이런 여성들이 새로운 삶을 발견한 거죠.

이번에 배용준이 도쿄 돔에서 책을 냈어요. 저는 교수를 하고 본격적인 평론을 했기 때문에 지금까지 대중문화 하는 사람한테 서문 같은 걸 써주거나 추천한 적이 없어요. 단 한 번도 없어요. 그런데 우리 집에 와서 서문을 써 달라고 하는데 딱 보니까,

문화인이 한 일이에요. 도자기 만드는 거, 차 끓이는 거, 옻칠하는 거, 이 세 가지를 배용준이 대중적인 스타임에도 불구하고 선생들 찾아다니면서 틈틈이 그릇도 굽고, 차도 달이고, 그리고 한편으로는 새로운 나전칠기 만드는 것도 배운 겁니다. 그 책을 일본의 도쿄 돔에서 일본 팬들에게 선물로 주겠다고 했을 때 감동을 받아서 추천사를 쓴 거예요.

대중문화든 본격 문화든 남의 마음에 감동을 주는 사람이 이제는 영웅이 되고 세계를 지배하는 겁니다. 내가 이런 지근한 예를 든 것은 정치력, 군사력 다음으로 세계를 지배하는 것은 사람의 마음을 끄는 매력, 감동이 있는 예술과 미디어이기 때문이죠. 많은 사람에게 뭔가를 주는 것이 방송 미디어입니다. 우리가 만든 어떤 상품보다도, 우리의 정치외교가 한 사람보다도 그 텔레비전 드라마 하나가, 방송 콘텐츠가 13억의 중국 사람, 1억 2천만의 일본 사람들에게 엄청난 영향을 주는 것입니다. 무릎을 꿇고 그 사람들에 대한 매력, 감동을 높이 사게 하는 것이지요. 그렇기 때문에 앞으로 여러분처럼 방송, 공연 예술을 전공하는 사람들이 바로 〈겨울연가〉나 〈대장금〉 같은 콘텐츠를 만들 수 있다는 겁니다.

한류 열풍은 전에는 상상도 못 한 일입니다. 한국 사람한테는 마늘 냄새 난다 그러고, 한국 사람들은 맨발 벗고 다닌다고 하고, 그렇게 멸시하고 무시하고 예전 식민지라며 거들떠보지도 않던 한국이었는데 지금은 추운 겨울에 남이섬까지 찾아와서 배용준이 촬영했던 시멘트 바닥에 앉아 눈물 흘리고 있죠. 그게 무슨 힘이냐 이거죠. 정치가가 그렇게 할 수 있느냐, 상품을 만들어서 그렇게 할 수 있느냐. 배용준이라고 하는 캐릭터, 한 연속극 드라마가 주는 힘이 이제는 군대가 지배할 수 없는, 경제인이 지배할 수 없는 세계를 만들어가는 것이다 이거죠.

위대한 창조는 반드시 상처에서 나온다

이건 상식적인 얘기인 것 같지만, 현실이 그런데 우리는 아직도 그 힘을 잘 모르는 거예요. 기원전 5세기의 희랍 비극작가인 소포클레스는 아흔 살까지 살았습니다. 희랍에서 제일 절정에 달한 것은 서사시, 올림픽 등 많은 문화가 있었지만, 가장 으뜸가는 게 비극이었어요. 희극하고 비극하고 두 개를 계절에 따라서 했어요. 3대 비극 작가로 손꼽히는 소포클레스는 아흔 살까지 현역으로 뛰었어요. 그런데 아버지가 너무 오래 사니까 아버지 재산을 탐낸 아들이 고소를 해요.

아버지가 망령이 든 것 같으니 재산 관리를 본인이 하게 해달라고 고소합니다. 그런데 소포클레스는 아흔 살이었지만 그때까지도 극을 쓸 정도로 예술 정신이 살아 있었어요. 스포츠 같은 건 아흔 살 먹은 사람이 못 하겠지요. 그런데 비극의 세계는 된다 이거예요. 그래서 재판장에 아들과 재판받으러 가게 됩니다. 재판장에서 아들이 아버지를 망령 난 사람으로 몰고 가며 재산을 달라고 말하자, 참 감동적인 장면이 나옵니다.

소포클레스가 재판장한테 무슨 얘기를 했을 것 같아요? "나 안 미쳤습니다. 나 치매 아닙니다. 우리 아들이 나를 못살게 굽니다"라고 얘기했겠어요? 증거가 있어요? 성한 사람도 열 사람만 미쳤다고 해보세요. 미친 사람 되는 겁니다. 더군다나 아흔 살 먹은 사람한테 치매라고 하면 90퍼센트가 동의할 거예요. 그때에 이 노비극시인, 극작가 소포클레스는 그 재판장 앞에서 아름다운 시를 읊어요. 그러고 나서 그가 한 말이 참 멋있어요. "내가 지금 읊은 이 시가 여러분에게 감동을 주었다면 나는 여전히 소포클레스이고, 이 시가 여러분에게 감동을 주지 않았더라면 나는 소포클레스가 아니라 치매에 걸린 불쌍한 노인일 뿐이다." 그때 희랍의 시민들이 전부 일어서서 존경의 박수를 친 거예요. 아흔 살 먹은 사람이 치매에 걸렸는지, 안 걸렸는지 시로 증명한 거예요.

"내가 지금 읊고 있는 이 시는 나 외에는 아무도 못 쓴다. 그리고 이 시를 들었을 때, 여기 앉은 사람들은 눈물을 흘리고 감동을 했을 것이다. 그게 내 신분증이다. 소포클레스라고 주민등록증에 적혀서가 아니라 내 능력이, 내 상상력이, 내 창조가, 이 시가 증명을 할 것이다." 이게 예술가가 자기를 증명하고 내가 살아 있다는 것을 알려주는 방법인 것입니다. 그래서 이 소포클레스가 무죄 선고를 받았을 뿐 아니라 다시 한번 위대함에 박수를 받은 것이죠.

그런데 이 소포클레스가 무슨 작품을 썼느냐, 이게 아주 중요한 이야기가 되는 거예요. 소포클레스는 『오이디푸스왕』으로 유명한데, 이 사람 작품 중에 정말 기가 막힌 작품은 『오이디푸스왕』이 아니에요. 이 사람이 쓴 희곡 중에 최고라고 생각하는 것은 여러분이 잘 모르는, 사전에도 안 나오는 『필록테테스』입니다. 누구도 거들떠보지 않는 사람을 소재로 해서 쓴 극이 있는데 그것이 『필록테테스』입니다. 소포클레스는 3백 편의 많은 비극을 남겼는데 지금 남아 있는 것은 일곱 편밖에 없어요. 그중에 가장 안 알려진 게 이 『필록테테스』입니다.

소포클레스는 아킬레우스, 오디세우스 등의 유명한 여러 영웅들이 있는데 왜 전혀 알려지지 않은 필록테테스를 소재로 잡았겠습니까? 남들은 흔히 오이디푸스하면 비극의 주인공을 떠올리지만, 진짜 비극의 주인공인 필록테테스는 누구도 희곡으로 만들지 않았던 인물입니다. 하지만 소포클레스는 그런 인물을 주인공으로 썼습니다. 역시 대작가죠. 이런 얘기입니다. 이 부분이 제 얘기의 핵심이고, 이것을 이용해서 여러분이 앞으로 세계 정상에 오르는 창조적 원동력이 무엇인지를 오늘 분명하게 가슴에 새겨야 한다는 거예요.

여러분 트로이 잘 알죠? 그때 얘기예요. 그때의 쟁쟁한 장군 중에 거의 안 알려진 장군이 하나 있었어요. 그 사람 이름이 필록테테스예요. 필록테테스 장군이 희랍으로 원정을 가는 길에 섬에 들렀습니다. 마침 신전이 하나 있어서 거기서 기도를 드리는데 뱀이 필록테테스를 물었습니다. 다시 배를 타고 트로이로 가는데 독이 온몸에 번지기 시작해서 고통을 느끼기 시작한 필록테테스가 절규합니다. 그러니까 다른 사람이 잠을 못 자요. 결국 군대는 필록테테스를 섬에다가 내버리고 갑니다.

그런데 이 필록테테스는 헤라클레스의 활을 가지고 있었습니다. 헤라클레스가 독이 올라서 죽지 않습니까. 고통을 호소하면서 헤라클레스가 "나를 불태워 죽여라. 내 몸 안에 있는 독을 다 불 질러서 죽여버려라"라고 하는데 아무도 불을 지르지 않았습니다. 그때 필록테테스가 불을 붙여주죠. 그래서 헤라클레스가 불에 타 죽으면서 백발백중의 신궁을 필록테테스에게 준 거예요. 필록테테스는 그 활을 가지고 섬에 홀로 버려졌고, 다른 사람은 트로이로 싸우러 간 겁니다.

상상해보세요. 직접 전쟁터에 간 게 아니고 외로운 섬에 혼자 갇혀버린 거예요. 울부짖는 사람도 자신이고 울부짖는 소리를 듣는 것도 자신이에요. 만일 여러분이 사회로부터 소외되고 집단으로부터 버림받고, 여러분이 고통으로 신음하는 소리를 듣고 그 소리가 잠을 깨운다는 이유로 버림받는다면 어떻겠습니까? 이 버려진 사람, 버려진 영웅, 필록테테스의 운명을 여러분은 깨달아야 할 때가 온 것입니다. 성한 사람들은 전쟁터로 다 갔지만 뱀에 물려서 독이 든 사람은 무인도에 내팽개쳐졌다 이거예요. 이게 소포클레스의 위대함이에요.

필록테테스처럼 무인도에 내버려지고 온몸의 고통이 나를 불사르는, 그러나 들어주는 사람이 없는 외로운 섬에서 외치는 게 인간이다 이거예요. 그런데 이 집단에서 직접 전쟁터로 간 사람들은 '나'는 모르고 집단밖에 몰라요. 우리가 섬에 버려졌을 때, 달빛밖에 없을 때, 자기 상처를 자기가 들여다볼 때 그 아픔도 제 것이고 보는 사람도 자기고 우는 사람도 자기고 듣는 사람도 자기인 절대 고독의 외로움 속에 갇혀버린 한 인간을 상상해보세요. 필록테테스는 10년 가까이 거기에서 혼자 살아갑니다. 그 신궁을 가지고 새나 잡아먹고 밤마다 고통 속에 울부짖으면서, 말할 상대도 없는 외로운 곳에서 머리는 길고 온몸은 그대로 독이 올라 만신창이가 된 채로 10년을 외로운 섬에서 살아간 겁니다.

한편, 필록테테스를 버리고 트로이에 간 군인들은 아무리 싸워도 이기질 못했습니다. 그때, 그들을 이기려면 너희들이 버린 필록테테스의 백발백중의 활을 가지고 와야 한다는 신탁이 내립니다. 뱀에 물린 그 울부짖는 절규가 듣기 싫어서 버린 사람인데, 그 사람이 가진 활이 승리로 이끄는 유일한 도구가 된다는 겁니다. 참 상징적인 얘기지요. 이 활이 있어야지만 이 집단은 전쟁에서 이기는 겁니다. 그래서 죽은 아킬레우스의 아들이 필록테테스에게 갑니다. 그때 달빛 속에서 짐승처럼 울부짖는 한 인간을 통해, 고통 속에서 10년 가까이 살아온 한 노인의 모습을 통해 위대한 한 인간의 모습을 보게 된 겁니다. 산발이 되고 온몸이 만신창이가 된 그 사람은 짐승도 괴물도 아니고 고통과 혼자 싸우면서 이겨낸 고결한 하나의 성스러움이 있다는 것을 발견한 거예요.

그리고 자기가 큰 감동을 받아요. 고통을 극복한 한 인간의 모습을 보고 너무나도 놀란 거예요. 그래서 처음에는 활만 몰래 훔쳐오려고 했으나 그 인격에 눌려서 이실직고합니다. "내가 당신 활만 훔쳐가려고 했는데 당신의 상처와 이 활은 떼어낼 수 없는 것임을 알았다. 이 활을 가진 사람은 상처도 가진 사람이다. 이 세계에 하나밖에 없는 활, 이 활을 가진 사람은 동시에 상처도 가지고 있는 사람이다. 활을 가지려면 그 사람의 상처도 안아줘야 한다. 떼어낼 수 없다. 우리가 필요한 건 활이지만 이 활을 우리가 갖기 위해서는 그의 아픔의 상처도 함께 가져야 한다."

오늘날 21세기의 정보사회니, 지식사회니 그러지만 이미 기원전 5세기에 소포클레스는 인간의 조건이 무엇인지를, 상처 가진 자가 그 집단을 구하는 활을 가지고 있다는 것을 이야기한 것입니다. 이게 예술가예요. 천재들, 창조자들은 전부 냄새가 나고 울부짖음이 있고 상처가 있어요. 집단에서 내보내고 싶은 사람, 사회에서 소외시키고 싶은 사람이야말로 사회를 구하는 역설적인 활을 가지고 있다는 거예요. 오늘 내가 이 심각한 얘기를 하는 것은 여러분이야말로 상처와 활을 가진 사람들인데, 사회는 여러분의 활만 빼앗아가려고 하지, 여러분의 상처는 모른다는 말을 하기 위함입니다.

그러나 위대한 창조는 반드시 상처에서, 무인도에서 나오는 겁니다. 길거리의 모든 사람이 영광을 좇고 돈을 좇고 권력을 좇는 그 군중의 거리 속에 창조는 존재하지 않습니다. 외로운 섬, 상처, 고통, 울부짖음. 그 달빛 아래에서 짐승처럼 외치지만 그는 짐승이 아니었고, 고통도 그를 멸하지 못했죠. 그는 고통을 극복했으며 외로움을 극복했으며, 외로운 섬에서도 자기의 생명과 존엄성과 인생을 극복해낸 사람입니다. 그는 신궁, 어느 누구도 가지고 있지 않은 전쟁을 승리로 이끌 수 있는 귀중한 보배를 가지고 있는 사람입니다. 여러분이 앞으로 공연 예술, 방송에서 창조를 하게 되겠습니다만, 불행하게도 성한 사람이 아니라 무인도를 체험하고 무인도에서 고통을 겪은 사람만이 이 창조의 활의 소유자가 됩니다.

여기 여러분 중에 소외된 사람도 있을 것이고 어느 때 누가 멸시하는 사람도 있을지 모르지만, 그때마다 여러분 손에 나만이 가지고 있는 활이 있다, 지금은 집단으로부터 내가 소외됐을지 몰라도 집단은 나의 활을 필요로 한다, 그리고 집단은 나를 원한다면 나의 아픔까지도 끌어안아야 한다는 것을 잊지 마셔야 합니다. 이것이 소포클레스가 얘기하고자 한 진짜 영웅이었습니다.

창조의 원동력을 구하는 무인도 공간

활 잘 쏘고 말 잘 달리는 게 영웅이 아니라, 무인도에서 그 고통을 참고 견디며 외로움을 극복한 사람만이 내가 누군지를 알고 상처가 뭔지 안다는 겁니다. 상처 없는 자가 영원히 도달할 수 없는 인간 실존의 아픔을 안다는 거죠. 혼자 있다는 외로움, 앞으로부터 고통을 겪어야 하는 진통, 이런 것들을 극복해낸 사람의 고결함. 이 세상 사람들은 그걸 몰라요. 냄새나는 사람, 더러운 사람, 울부짖는 사람. 전부 이 사회에서 도려내고 싶은 거죠. 랭보가 그랬고, 포가 그랬고, 심지어 여러분이 잘 아는 아인슈타인도 필록테테스와 똑같은 사람이었어요.

이 사람은 도저히 학교생활에 적응을 못 했어요. 더군다나 아인슈타인은 어눌하게 말을 더듬었어요. 자기표현을 못 하니까 사람 취급을 안 해주죠. 마지막엔 병역을 안 하려고 국적도 포기합니다. 심지어 취리히 공과대학에 다녔을 때 선생이 아인슈타인을 너무 미워해 추천서도 안 써줘서 취직도 못 합니다. 아인슈타인이 처음 취리히 공대를 떨어졌을 때, 김나지움이라는 예비학교에서 1년 동안 수업하면 붙여주겠다는 조건으로 고등학교를 다니게 돼요. 그 학교는 아주 자유로운 학교였어요. 서열 따지고 성적만 따지는 학교가 아니었어요. 자유롭게 자기 마음대로 뜻하고 느끼는 것을 할 수 있는 학교 분위기였어요. 거기에서 비로소 아인슈타인은 억압되고 구속받았던 학교생활로부터 벗어나 처음으로 친구를 사귀고 자신감을 획득하고 생각하는 즐거움을 배우게 되는 거예요. 이것이 아인슈타인이 날갯짓하는 결정적인 계기가 됩니다.

그런 자유로운 학교에서 친구들과 선생을 만나서 자기의 기쁨을 맛보는 거예요. 그에게는 그게 필록테테스의 무인도와 같이 자기 발견의 계기가 된 거지요. 창조는 반드시 그러한 독방이 필요한 것입니다. 그런 외로움이 필요한 것입니다. 이걸 비유로 들면 여러분이 다니는 방송예술대학은 그렇게 잘난 대학, 거대한 대학, 사람들이 우러러보는 대학이 아니기 때문에 여러분은 여러분의 무인도를 가질 수 있는 거예요. 남들이 다 영광스럽게 알고, 남들이 다 우러러보는 사람들은 거기에서 창조적인 힘을 발휘하지 못해요. 그러나 독립되어 개성을 살리기 위해서 이 작은 학교, 이 외딴곳에 온 여러분은 필록테테스가 겪었던 황금의 활을 가지고 승리로 이끄는 온리원의 한 인간들이 될 것입니다.

저는 확신할 수 있습니다. 저도 그런 시대를 지나왔기 때문입니다. 알다시피 나는 좋은 고등학교를 다니지 못했습니다. 학교를 서너 군데 다녔어요. 6·25전쟁 때 학교를 여러 군데 옮겨 다녔어요. 대학은 물론 서울대학에 갔지만 그때도 학교를 제대로 안 다녔어요. 적어도 거기서 창조적인 일을 한 사람들은 자기소외, 외로움, 상처를 가질 수 있었던 사람들, 전쟁을 통해 치유할 수 없는 치명적인 상처를 가진 사람들이었고, 그들은 오늘날 70세가 넘어서도 계속 뛰고 있습니다. 그렇기 때문에 아인슈타인이 특수상대성 원리, 일반상대성 원리, 양자역학 이런 것들에 대해서 힌트를 받은 것은 젊어서 특허국에 있었을 때, 또 대학에 있던 여러분 나이라고 생각한 겁니다.

3대 혁명을 가져온 뉴턴의 물리학 지식도 전염병 때문에 학교를 못 가고 고향에서 혼자 외롭게 있었을 때 전부 생각해낸 겁니다. 그 이후에는 뉴턴이 그렇게 큰 업적을 내지 못합니다. 여러분 나이에 학교를 못 가게 되니까 쉬는 동안에 그걸 발견한 거죠. 아르키메데스가 그 유명한 유레카를 외친 것은 어딥니까? 연구소입니까? 강의실이었습니까? 목욕탕이었잖아요. 인간들이 발명을 제일 많이 한 곳은 화장실입니다. 혼자서 아무것도 안 하고 있는 화장실에서 모든 위대한 발명이 만들어졌다는 얘기를 합니다. 농담 삼아서 한 말이지만 창조의 공간이 그렇다는 거죠.

그러면 창조의 공간, 아까 필록테테스의 외로운 섬이라는 게 뭔가, 상상력을 키우고 창조의 원동력이 되는 고통이라는 게 뭔가, 그것을 결론 삼아서 여러분에게 필록테테스의 무인도라는 게 뭔가, 대학이 필록테테스의 무인도인가, 이렇게 해서 여러분의 방송예술대학이 여러분이 앞으로 나아갈 수 있는 창조의 원동력을 구하는 공간, 여러분의 미래를 열 수 있는 무인도 공간이 될 수 있는 그러한 가능성이란 뭔가, 이것이 마지막으로 말씀드리고자 하는 결론이 될 것입니다.

물음은 창조의 씨앗

여러분, 창조라는 것은 관심에서 생기는데, 관심은 의문에서 생기는 거예요. 학문學問이라고 할 때 물을 문問 자 쓰지 않습니까? 묻는 거예요. 오늘날의 대학에는 배우고 가르치는 것은 있는데 물음이 없어요. 질문이 없어요. 학문은 학學 자를 쓰죠. 배운 것을 취합해서 묻는 것입니다. 그래서 학문學問입니다. 이 물음이 창조의 하나의 씨앗이라고 볼 수 있는 거죠. 그런데 어떤 때 묻습니까? 관심이 있을 때 물어요.

여러분은 사실상 어렸을 때 전부 천재들이었어요. 왜? 끝없이 물었어요. 어머니한테 묻고, 아버지한테 묻고, 사람들한테 물었는데 그 물음을 누가 죽였나요? 어른들이 다 죽여버린 거예요. 내가 이화여자대학교에서 교수 생활을 했습니다. 이제 그 학생들이 주부가 되어서 아이를 낳았지요. 그 학생들이 가끔 저를 찾아와서 서로 아이 키우는 얘기를 하는 걸 들어보면 공통적으로 하는 얘기가 있습니다.

"얘, 너희 애도 그렇게 묻냐?"

"아침부터 저녁까지 계속 물어. 귀찮아 죽겠다."

"내가 좋은 수 가르쳐줄까? 내가 가르쳐줄 테니까 해봐. 아이가 계속 물을 때 대답하면 안 돼."

보통 아이들이 이런 질문을 많이 합니다.

"새는 왜 울어?" 그러면 엄마들이,

"엄마 아빠 없어서 운다."

"저기 옆에 새 있는데?"

"그건 엄마, 아빠 아니지."

"그럼 뭐야?" 이렇게 자꾸 묻는 거죠. 그러니까 제 학생이 일러주는 말이,

"너 끝까지 물으면 말 못 한다. 그러니까 초전 박살을 내야 되는 거야. 새 왜 울어? 그랬을 때 답변하지 말고 내가 새냐? 새냐? 새한테 물어봐. 이럼 꼼짝도 못 한다"라는 겁니다. 애가 이 세상에 모르는 것에 대해서 궁금증, 호기심을 가지고 최초의 햇빛, 최초의 꽃, 새 울음소리를 봤을 때 가슴이 설레서 저건 왜 우나, 새는 왜 날아다니나 이런 것을 묻는 거예요. 관심이죠. 호기심이죠.

여러분이 나이가 들고 학교에 간다는 것은 질문하는 방법을 잊어버린다는 거예요. 그렇기 때문에 잘 모르면서도 이 세상을 다 안다고 생각하는 거예요. 새가 왜 우냐고 어린애들이 물으면 답변을 못 하면서도 부질없는 질문이라고 생각하는 거죠. 그러니까 학교에만 가면 질문하는 사람이 미움받는 거예요. 그런데 인간의 모든 창조는 질문에서 나오는 것이지요. 노벨상 수상자 세 명 중 한 명이 유태인들이에요. 그 비결이 유태인의 교육에 있어요. 어머니들이 아이들한테 묻는 게 있어요.

이것은 아주 유명한 아이작 라비라는 노벨상에 버금가는 수학상을 탄 사람의 일화인데, 기자가 물었어요. "어떻게 당신은 그

런 신기한 생각을 했습니까?" 그때 답변이 참 재밌어요.

"우리 어머니는 어렸을 때부터 내가 학교에 갔다 오면 '아이작, 오늘 학교에서 선생님께 무엇을 물었니?'라고 물으셨다. 이것이 어머니가 매일 나에게 묻는 것이었고, 나는 뭘 물어야 한다는 강박관념 때문에 끝없이 모르는 것을 선생님께 물었다. 그게 오늘 내가 위대한 상을 타게 된 원동력이다."

이렇게 창조의 원동력은 물음에 있습니다. 제가 어렸을 때 별명이 질문생이었습니다. 그래서 선생님들한테 미움을 받았어요. 그런데 그게 잘난 척하려고 그런 게 아니라 정말 모르겠는 거예요. 제비를 가르치는데 밑에는 거북이, 위에는 제비 그려놓고 어떤 게 빠르냐 이런 걸 가르치니까 얼마나 황당해요. 그러니까 "선생님, 거북이보다 제비가 빠른 걸 누가 몰라요? 진짜 궁금한 거는요, 제비가 먹이를 줄 때 새끼들이 입을 벌리면 얼굴도 안 보이는데 누구를 줬고 누구를 안 줬는지 어떻게 알고 모이를 주나요?" 하고 물었지요. 그랬더니 "너 좀 나와봐. 입을 벌리면 얼굴이 안 보여? 선생 놀리는 거야?" 하면서 때리는 거죠. 참 많이 맞았는데 그게 다 질문 때문이었습니다.

정말 제가 궁금했던 건, 저는 시골에서 자랐기 때문에 새가 먹이 주는 것을 많이 봤습니다. 어미 새가 먹이를 가지고 오면 대여섯 마리의 새끼들이 입을 쫙 벌려요, 아주 크게. 그러면 얼굴이 안 보일 거 아니에요. 얼굴이 보인다 한들 그게 둘째, 셋째, 넷째인지 어떻게 알아요? 입도 똑같이 벌렸는데 벌레는 하나잖아요. 누구한테 주느냐 이거죠. 그게 참 궁금했거든요. 이걸 안 가르쳐주는 거예요. 40년 후에야 알게 된 사실이 제일 배고픈 새끼가 제일 입이 크게 벌어진다는 겁니다. 그러니까 큰 입에다만 넣으면 정확한 거죠. 먹으면 아무리 입을 벌려도 크게 안 벌어진다는 겁니다. 그게 적용 커뮤니케이션이라는 거예요.

요즘 제비가 없어져가는 가장 큰 이유는 농약 때문에 벌레를 많이 못 잡기 때문입니다. 1분에 한 마리씩 잡아오면 틀림없이 입 큰 놈에게 주는 건데, 벌레가 별로 없으니까 10분, 20분 돌아다니다가 돌아오면 먼저 먹은 새끼가 소화가 다 돼서 입이 더 커지는 거죠. 그러니까 이걸 정확하게 못 준 겁니다.

또 있어요. “선생님, 모든 새는 다 인간을 피해요. 근데 제비만은 왜 사람들 사는 대들보 위에다 집을 짓습니까?” 저는 이런 게 궁금했던 거예요. 제가 그 많은 대학 중에서 여러분을 찾아온 까닭은 여러분의 가슴에는 무인도가 있고, 상처가 있고, 끝없이 질문할 줄 아는 사람들일 것이라고 생각하기 때문입니다. 왜일까요?

내 머리로 생각하라

성적 좋은 학생들은 대부분 선생님이 말하는 걸 열심히 들어요. 그래야 성적이 좋아져요. 그런데 저는 성적이 별로 안 좋았어요. 선생님이 제비 얘기하면 제 머리로 제비 생각을 하는 거예요. 선생님이 뭘 하는지 안 들려요. 정신 차려보면 진도가 한참 나가 있는 거예요. 선생님 얘기를 처음부터 끝까지 듣는다는 것은 상상력도 없고 창조력도 없는 사람입니다. 적어도 선생님이 얘기해서 뭔가 자극적인 게 나오면 제 머리로 상상하고 생각도 해야지, 선생님이 얘기하는 것만 꼬박꼬박 받아서 공부하는 사람은 상상력이 없고 창조력이 없는 거죠. 그러니까 성적은 좋아도 창조적일 수는 없죠.

그런데 모든 대학은 성적 중심, 기억력 중심, 선생님 말만 꼬박꼬박 듣는 사람들을 기준으로 뽑으니까 창조적인 사람이 뒤떨어지기 시작하는 겁니다. 그래서 제가 창조학교를 만든 거예요. 저의 어렸을 때를 생각해서 저처럼 질문 잘하고 학교에서 안 가르쳐주는 거, 학교에서 못 가르쳐주는 것을 가르쳐주는 그런 학교를 하나 만들고 싶다 해서, 무인도의 학교를 만들고 싶다 해서 만든 게 창조학교입니다. 그리고 제가 여기 온 것도 창조학교의 연장으로 여러분과 만나보자, 남이 안 하는 걸 해보자, 세계에서 안 하는 걸 해보자, 그런 생각으로 오게 된 것입니다. 저는 다른 선생들처럼 안 가르쳐요. 우리 손자나 손녀한테도 이렇게 가르칩니다.

"얘, 동사에 말이야. 개 자가 붙으면 명사가 되는 게 있어. 찾아보자. 예를 들면 베는 것은 베개. 또 뭐가 있을까?" 그럼 애들이 생각하고 말하죠.

"지니까 지게, 막으니까 마개, 나니까 날개."

그게 목적이 아닙니다. 그럼 이번에는 이렇게 물어봅니다.

"이거 뭐야?"

"마개죠."

"막은 게 마개야? 네가 막았니?"

"아뇨, 남이 막았어요."

"넌 어떻게 해야 하니?"

"열어야죠."

"그럼 너한테는 마개가 아니라 열개지. 날개는 뭐니?"

"나는 거요."

"새가 항상 날기만 하는 건 아니잖아. 안 날 땐 날개 아니네. 그럼 안 날 땐 뭐라고 하는 게 좋을까?" 이때부터 막 창조하기 시작하죠.

"알을 품으니까 품개요. 비가 오면 외투처럼 비 안 맞게 하니까 덮개요."

날개라고 하는 것은 난다는 기능으로만 생각했지만, 이렇게 다른 식으로 열 번만 물어봐도 날개가 품개가 되고 덮개가 된다는 생각을 할 수 있습니다. 녹음기라는 것은 녹음하는 기계죠. 인풋input하는 기계입니다. 그런데 녹음기가 녹음만 합니까? 플레이어player, 즉 재생도 되지요. 그러니까 녹음기를 열심히 만들었는데 어떤 한 사람이 그 녹음기를 플레이어로 만든 게 워크맨이고 오늘날 그 유명한 스티브 잡스의 아이팟입니다. 녹음할 땐 녹음기이고 들을 때는 플레이어. 녹음기recorder와 플레이어 양면을 다 가지고 있는데, 녹음기라고 이름을 지었기 때문에 플레이어 생각을 못 한 거예요. 그래서 녹음 안 되는 플레이어만 있을 때 워크맨을 만들어서 지금까지 없는 시장에 수십만 대의 새로운 워크맨이 발명된 겁니다.

이렇게 모든 건 양면이 있는데 우리는 그걸 간과하고 있는 겁니다. 여러분은 학창 시절 12년 동안, 대학 나올 때까지 교실이라고 합니다. 학교에 배우러 왔으면 방에 들어가는 것도 배우러 들어가는 거니까 학실學室이지, 그게 왜 교실이냐 이거예요. 여러분은 교과서라고 하는데 교과서는 가르치는 사람한테 교과서이고 배우는 여러분한테는 학과서지요. 이렇게 우리 머릿속에는 엉터리 지식과 잘못된 편견들이 가득 채워져 있는 거예요. 그래서 질문이라는 게 중요한 겁니다.

질문이란 뭡니까? 제로베이스zero base로 오는 거예요. 내 머리를 가지고 생각하기 시작하는 거예요. 이렇게 되면 여기에서 창조가 싹트기 시작해요. 그러니까 여러분이 뭘 발명한다, 아인슈타인이 생각한 게 뭐다, 과학이 뭐다. 우리가 지구 안에서만 갇혀 있다면, 3차원 속에서만 이뤄진다면 뉴턴의 말이 맞을지도 모르죠. 그런데 아인슈타인이 대학 다닐 때 민코프스키라는 아주 괴상한 스승을 만나게 됩니다. 민코프스키는 공간에다가 시간이라는 개념을 집어넣어서 4차원 이론을 얘기합니다. 그래서 온통 아인슈타인은 3차원이 아닌 4차원의 시간과 공간을 생각하고 있었는데, 거기다가 3차원 물리학만 자꾸 가르치면 됩니까? 그래서 아인슈타인이 그랬죠.

"우리 학교 물리학 선생은 50년 전 것을 가르치고 있다. 나는 지금 새것을 생각하는데." 그러니까 성적이 좋을 리가 없죠. 그래서 취직도 못 하고 대학도 못 가고, 특허국에 들어가서 틈틈이 쓴 논문이 그 유명한 특수상대성이론입니다. 내가 빛의 속도와 똑같이 달리면 빛은 어떻게 될까? 정지될까? 여기에서 생각을 한 거예요. 그런 의문에서 시작한 겁니다.

여러분, 추사는 대단한 사람인데 귀향 가서 편액을 뭐라고 썼어요? 의문당이라고 썼습니다. 의문하라, 뭔가를 의심하고 물어봐라. 의문을 가져야 한다. 그런데 오늘날의 학교는 여러분에게 만들어진 기성 지식을 주지, 여러분이 의문 갖는 것을 해결해주려고 하지 않습니다. 민코프스키라는 선생이 누구도 생각하지 않았던 새로운 공간과 시간의 이론을 생각했기 때문에 아인슈타인은 거기서 힌트를 얻을 수 있었고, 세계를 놀라게 하는, 뉴턴이 풀 수 없었던 우주의 시간을 만난 겁니다.

그 사람은 상대성 논리로 유명하지만 그걸로 노벨상을 탄 것이 아닙니다. 왜? 이것은 너무나도 획기적인, 그 당시의 사람으로는 믿을 수 없는 너무나도 특수하고 너무나도 충격적인 것이었기 때문에 그걸로 노벨상을 주지 않았어요. 프랑스는 최근까지도 상대성이론을 물리학에서 정식으로 인정하지 않았습니다. 그러니 왕따당할 수밖에 없는 거죠. 그런데 몇몇 사람들이 아인슈타인의 획기적인 이론을 받아줬다는 거죠. 그걸 이해하고 그것이 미래의 학문이라는 것을 알아주었다는 것이죠.

모든 것은 던짐으로써 시작된다

오늘날 얼마나 많은 아인슈타인, 얼마나 많은 레오나르도 다빈치가 한국에서 죽어가고 있습니까? 상처가 있기 때문에, 냄새가 나기 때문에, 울부짖기 때문에 얼마나 많은 필록테테스가 무인도에서 그 빛나는 활, 조국을 구할 수 있는 활을 가진 채로 죽어가고 있습니까? 학교는 뭐 하는 곳입니까? 필록테테스의 무인도처럼 상처 입은 자를 끌어안는 곳입니다. 그가 가지고 있는 활을 발견하는 곳이죠.

활이란 뭡니까? 시간과 공간에서 자유로워지는 것입니다. 활은 그 당시에 굉장히 빠른 것이었습니다. 빠르다는 건 뭐겠어요? 공간과 시간을 단축하는 것이지요. 이 시간과 공간을 전혀 다른 시간과 공간으로 만들어내는 게 화살입니다. 내 주먹을 아무리 뻗어도 화살처럼 멀리 못 갑니다. 멀리 던져도 멀리 못 갑니다. 모든 지식이나 학문은 던지는 데에서부터 나옵니다. 즉, 시간과 공간을 넘어서려고 하는 겁니다. 내가 저기를 가진 못하지만 이걸 던지면 이게 내 몸에서 저기로 가죠. 또 시간도 단축되죠.

여러분, 인간이 뭡니까? 원숭이 중에서 이상한 불구의 원숭이가 생긴 거예요. 원숭이가 네발을 다 쓰는데 손만 쓰고 발을 못 쓰는 원숭이가 생긴 거죠. 그러니까 나무를 못 타는 거예요. 원숭이는 네발 다 쓰니까 얼마나 자유롭게 돌아다닙니까. 그런데 두 발밖에 못 쓰는 원숭이는 네발 다 쓰는 원숭이보다 졸렬한 거지, 그게 나은 겁니까? 원숭이만도 못한 원숭이가 인간이라는 겁니다. 저쪽에서 하이에나나 늑대가 오면 원숭이는 나무에 올라타니까 괜찮은데, 인간은 나무 위에 올라가려다 잡아먹히잖아요. 어떡하시겠습니까? 유일한 방법이 집어던지는 겁니다.

돌멩이를 집어서 맹수가 오기 전에 던지는 거죠. 인간의 가장 기본적인 지식과 생각과 모든 것은 집어던지는 겁니다. 아이들을 보세요. 아이들이 제일 먼저 하는 게 집어던지는 겁니다. 방송이 뭡니까? Broadcast. 넓게 던지는 겁니다. 놀랍지 않습니까? 내가 시간과 공간을 넘어서 내 생각, 내 마음을 넓게broad 던지는cast 겁니다. 내 뜻을, 내 마음을 전 세계에 던지는 겁니다. 시간과 공간을 초월하는 거죠. 이러한 방송, 인터넷, 언어들이, 결국 발 못 쓰는 원숭이가 손으로 돌을 들어 던졌던 방식과 생각들이 브로드캐스트가 되고 미디어가 되고 인터넷이 돼서 전 세계에 퍼진 것이죠. 그 안에 여러분이 있는 겁니다.

프로그램이라는 건 뭡니까? 먼저 쓴다는 겁니다. 방송 프로그램은 항상 앞의 것을 쓰는 것입니다. 내일 방영하기 위해서 오늘 만드는 것이죠. 그렇기 때문에 창조의 원동력이라는 것은 아까 얘기한 무인도에 갇힌 상태에서 마지막에는 활처럼 시간과 공간을 초월해서 날아가는 겁니다. 여러분이 외로운 세계를 간직하지 않고는 세계로 뻗어가는 활을 쏠 수 없는 것입니다. 더군다나 활이라는 것은 짐승을 잡을 수 있고 전쟁에서 남을 정복하는 것이지만, 화살이 없는 활을 당겨보세요. 소리가 납니다. 화살이 있을 때는 상대를 죽이는 활이지만 화살이 없는 활을 당겼을 때는 아름다운 음악이 됩니다.

여러분이 현악기라고 부르는 것은 전부 활에서 나온 것입니다. 그러니까 실용적으로 대상을 보면 활이지만, 아무 대상이 없이 활이 활 자체로 존재할 때는 평화로운 악기가 되는 것입니다. 바로 여러분은 활을 악기로 쓰는 사람들입니다. 상대를 죽이는 전쟁 무기를 여러분이 활 자체로 즐길 때에 현을 튕기면 아름다운 소리가 됩니다. 그것이 예술입니다. 아까 얘기했듯이 방송은 끝없이 번져나갑니다. 방송 자체의 콘텐츠는 늘 현악기처럼 혼자 소리를 냅니다.

온리원이 되는 법 – 관심, 관찰, 관계

시간이 많이 흘렀기 때문에 지금까지 얘기했던 것들을 정리해 보지요. 이 방송예술대학에서 하는 일이 뭡니까? 고속도로를 많이 깔아놨는데 그 위를 다니는 자동차, 즉 콘텐츠가 없으면 고속도로가 무슨 필요가 있고 그게 앞으로 무슨 소용이 있겠습니까? 지금까지 방송 혁명이라는 건 아날로그를 디지털로 만드는 것이었습니다. 지금 여러분이 쓰고 있는 컴퓨터가 전부 텔레비전 단말기가 되는 IP텔레비전, 홈뱅킹이 가능한 데이터 방송 같은 것들이 계속 나오고 있죠. 위성통신은 브로드밴드를 탄 광케이블을 타고 오는 것도 있고 하늘에서 오는 것도 있죠.

앞으로 디지털 세상이 오면 지금까지 봤던 방송의 개념이 완전히 바뀌는 것입니다. 일본은 2011년이면 아날로그 방송이 모두 끝납니다. 전파를 사용할 수 없고 아날로그 방송수신기는 다 없어집니다. 전부 디지털로 바뀌어요. 그럼 디지털 방송국을 만들기 위해서 투자를 하다보니 콘텐츠에 투자할 돈이 없어지는 것이죠. 그러니까 방송의 질, 방송의 공정성은 땅에 떨어집니다. 반사적으로 앞으로 방송을 이기는 자는 인프라를 깔고 인프라에 투자하는 사람이 아니라 그 인프라를 채워주는 콘텐츠를 개발하는 사람이 되는 겁니다. 그래서 앞으로는 상상도 못 하는 콘텐츠 만들기가 이뤄집니다.

바로 방송계, 통신계, 문화 예술의 콘텐츠, 세 가지가 합쳐진 대학, 그 세 가지를 한꺼번에 할 수 있는 대학은 한국은 물론이고 외국을 포함해서도 여러분의 동아방송예술대학밖에 없습니다. 여러분이 선택한 것입니다. 그렇기 때문에 10년, 20년 후에는 콘텐츠와 방송 인프라, 통신, 이 세 가지 것을 융합한 방송 통신 융합에 콘텐츠까지 들어가 있는 것이 세계를 지배합니다.

그것이 필록테테스의 활입니다. 그런데 그건 어디에서 나옵니까? 다른 사람들은 전부 다른 것을 하고 있지만 여러분은 남들이 볼 때 외로운 섬 같은 데에 갇혀서 지금 이것을 하고 있는 거죠. 나를 발견하고, 콘텐츠를 발견하고, 예술을 할 때에 10년, 20년 뒤에 웃는 자는 여러분입니다. 그러기 위해서 대학은 뭘 해야 하느냐? 결론은 관심, 관찰, 관계, 세 가지 관 자만 하면 됩니다. 학교도 학생도 이 세 가지만 철저히 하면 됩니다.

관심이라는 건 뭡니까? 관심이 없으면 보이지 않습니다. 여러분이 미팅에 나갔을 때 관심 있는 여학생은 관찰하게 되고, 자기하고 관계도 따져보고, 무슨 옷을 입었는지, 어디 사는지 알아보고 심지어는 스토킹해서 쫓아다니지만, 관심 없는 사람은 뭘 입었는지, 있는지 없는지도 모르는 거예요. 그래서 무관심보다 미움받는 게 낫다는 말이 있지요. 가끔 보면 싫어하던 사람이랑 결혼하는 사람도 많아요. 미움도 관심이고 사랑도 관심이기 때문에 모든 것이 관심에서 존재하는 거예요. 이것을 현상학에서는 지향성이라고 합니다.

여러분이 기차 타고 여행을 할 때 바퀴 소리가 나죠? 그런데 기차 안에서 도시락 먹을 때 바퀴 소리 들립니까? 안 들립니다. 관심이 밥에 쏠리면 바퀴 소리가 안 들리는 겁니다. 이것을 칵테일 효과라고 하는데 IT 계통에서 많이 쓰는 말입니다. 녹음기는 지향성이 없습니다. 모든 소리가 균질적으로 들어가죠. 그런데 사람의 귀는 녹음기가 아니죠. 칵테일파티 할 때 사람들이 와글 와글 애기하잖아요. 무슨 소리인지 잘 안 들리다가도 저쪽에 자기 남편이 다른 여자랑 애기하고 있으면 그게 들리는 거죠. 가는 귀 먹은 사람은 소리를 잘 못 듣지만 조그만 소리로 그 사람 욕해보세요. 금세 알아듣습니다. 이게 지향성입니다. 그러니까 여러분이 관심을 갖는 게 첫째입니다.

방송이나 예술이나 여기에 일차적으로 관심을 가져야 합니다. 그런데 이 관심은 서로 다 다릅니다. 어느 위대한 수학자가 바이올린 연주가를 보고 "저 사람 참 위대한 사람이다. 연주하는 것을 보니 3천 번을 움직이더라"라고 했답니다. 이 사람은 음악을 음악으로 듣는 게 아니라 몇 번의 노동인지 수학적으로 세고 있었던 겁니다. 수학자다운 관심이죠. 그러니까 여러분도 남들이 관심을 갖지 않는 대상이 뭐냐 하는 것을 만들어주라는 거죠.

여기 기숙사 있죠? 기숙사 생활 하는 것도 기숙사 문화를 만들어서 기숙사 자체를 재밌는 공간으로 만들면 창조적 공간이 되고, 재미없으면 다 뿔뿔이 흩어져서 개인으로 살기를 원하는 거죠. 그러니까 어떻게 기숙사를 창조적이고 재미있게 만드느냐, 필록테테스의 무인도를 만드느냐를 계속 생각하고 거기서 자기 발견을 하고 즐겁게 만들면, 그 관심의 차이에서 한 공간이 창조의 공간이 될 수도 있고 지겨운 지옥의 공간이 될 수도 있다는 겁니다.

그다음에 관찰입니다. 여러 번 제가 얘기하는 건데, 관심이 있으면 관찰이 시작되는 겁니다. 관심은 주관적인 거지만 관찰은 객관적인 거예요. 그래서 여러분이 관심만 많으면 감정만 넘쳐나서 안 됩니다. 객관적으로 관심 있는 것을 분석할 수 있는 떨어짐, 벗어남이 필요한 겁니다. 그런데 여러분은 관심이 없으면 보지도 않고 관찰하지도 않아요.

여러분 중에 로댕의 〈생각하는 사람〉 모르는 사람 있어요? 다 알죠? 그런데 진짜 알아요? 관찰해봤어요? 로댕이 어떻게 앉아 있는지 그대로 흉내 낼 수 있는 사람 손들어보세요. 거의 없어요. 보긴 봤는데 관심이 없고 관찰을 안 해서이죠. 그럼 로댕의 〈생각하는 사람〉을 모르는 겁니다. 로댕의 〈생각하는 사람〉은 오른손을 턱에 괴고 팔꿈치를 왼쪽 무릎에 놓고 있습니다. 오늘 처음 안 사람들이 대부분일 겁니다. 오른손, 왼손이 뭐가 그리 중요하냐고 하시겠지만 천만의 말씀입니다. 여러분은 로댕의 〈생각하는 사람〉을 모른다고 하면 화내시겠지만 제대로 아는 사람이 없다는 건 관심이 없다는 거죠. 여러분이 매사를 관찰하면, 3초만 투자하면 인생이 바뀝니다.

사실은 블링크 이론에서 글래드웰은 2초만 투자하면 인생이 바뀐다고 했습니다. 인간은 모든 지식을 2초 만에 알아내는 겁니다. 정말 좋아하는 여성은 1년, 2년 쫓아다니면서 아는 게 아닙니다. 2초에 결정되는 겁니다. 그 2초가 20년이 되는 거죠. 그 2초 때문에 사랑에 울고 웃는 겁니다. 딱 2초만 제대로 보면 왼손, 오른손을 누가 모릅니까? 거기서부터 문제가 시작되는 겁니다. 질문이 시작되고 관심이 시작되는 거죠.

왜 그렇게 불편한 자세로 만들었을까? 이렇게 뒤틀린 고통스러운 자세에서 행복한 생각을 하겠습니까? 왜 저런 자세로 앉아 있었겠습니까? 알고 보니 단테의 '지옥의 문'에 똑같은 조각이 있습니다. 생각하는 사람은 지옥을 생각하는 거죠. 모든 희망을 버리고 절망한 자만이 들어오는 지옥의 문을 물끄러미 쳐다보는 겁니다. 그러니까 왼손, 오른손이 문제가 아니라 뭘 생각하느냐가 중요한 겁니다. 행복한 희망을 생각하는 게 아니라 종교적인 원죄의 문제, 죽음의 문제, 인간들의 비참한 지옥의 세계를 들여다보고 있는 거예요. 그런데 여러분은 생각을 안 하고 봤죠. 〈생각하는 사람〉을 생각 안 하고 봤다 이거죠.

관찰이라는 건 관심에서 생기고, 관찰을 하게 되면 반드시 관계가 생기는 겁니다. 나와의 관계가 새롭게 맺어진다는 것이죠. 이 관계를 변화시키면 여러분은 오늘부터 창조자가 될 수 있어요. 예를 들면, 옛날 중국에 손이 트지 않는 약을 개발한 사람이 있었어요. 겨울에도 종이를 만드는 마을이었는데 손이 자꾸 트니까 겨울에는 작업하기가 힘들었어요. 그래서 특수한 약을 만들어서 손이 트지 않게 했습니다. 그러니까 그 마을만 겨울에도 생산성이 올라가는 겁니다.

그런데 지나가는 사람이 가만히 보니까 그것을 종이 작업하는 데만 바르는 것보다 관계를 바꿔서 다른 데다가 사용하면 엄청난 돈을 벌겠다 싶어 그것을 어마어마한 돈을 주고 삽니다. 어디다 썼겠어요? 전쟁할 때 손이 트면 전쟁이 안 되잖아요. 소위 말하는 전쟁 무기로 쓰느냐, 평화 무기로 쓰느냐. 관심의 대상에 의해서 똑같은 약을 노동의 생산수단으로 쓰느냐, 전쟁 무기로 쓰느냐에 따라 관계가 완전히 달라지는 거죠. 이런 게 전부 관계론에서 나오는 겁니다.

여러분은 이순신 장군을 아시죠? 이순신 장군은 위대하지만 지금까지 이순신 장군을 소재로 해서 성공한 공연이나 영화, 뮤지컬이 있습니까? 거의 전멸입니다. 왜 그렇겠습니까? 제가 어렸을 때 얘긴데, 제가 6학년 때 해방이 됐어요. 그때 선생님들이 지금까지는 일본이 우리 조국이라고 가르치다가 갑작스레 한국 얘기를 하려니까 제일 가르쳐주기 좋은 게 이순신 장군이잖아요. 그러니까 우리한테 이순신 장군의 거북선은 잠수함이라고 가르쳤어요. 물속에 들어가서 일본 배를 뒤집었다는 거예요.

중학교 들어갔더니 거북선은 잠수함이 아니고 새로 만든 배라고 합니다. 고등학교에서는 새로 만든 건 아니고 뚜껑만 새로 한 거라고 하고, 대학 갔더니 쇠못을 박은 건 분명한데 배가 쇠였는지는 모르겠다는 겁니다. 이순신 장군을 이렇게 가르쳤어요. 제가 궁금해서 "선생님, 이순신의 거북선이 훌륭한 건 알겠는데요. 그럼 일본 배는 어떻게 생겼어요?" 하고 물었습니다. 한국의 거북선만 이야기해서는 절대로 이순신 장군의 배가 위대하다고 말할 수 없어요. 일본 배가 더 하이테크면 지잖아요. 그런데 선생님이 "이상한 놈이다. 이순신 장군이 이겼으면 됐지" 하면서 때려요.

우리나라에 훌륭한 학교들이 많지만 거기서도 똑같이 이순신 장군의 거북선만 가르쳤지, 거북선과 싸운 일본 배가 아타케부네라는 것과 어떻게 생겼는지를 가르쳐주는 학교는 없다는 말입니다. 일본 배 배웠습니까? 이순신 장군의 거북선이 얼마나 훌륭한지 알려면 일본 배가 어떻게 생겼는지를 알아야 해요. 구키 요시타카가 타고 온 일본의 배가 어떻게 생겼는지를 알면 드라마를 기가 막히게 만들 수 있고 공연 예술을 기가 막히게 할 수 있습니다.

일본 배인 아타케부네는 아주 어마어마하게 큰 철선인데 쇠철판으로 배를 막아놨어요. 화살이든 총이든 다 막아요. 그런데 상대방 배에 가까이 가면 그 철판이 상대방 배로 떨어져서 사다리가 됩니다. 그러면 그걸 타고 상대방 배로 가서 칼로 치는 거죠.

그걸 놋두리 전법이라고 합니다. 구키 요시타카는 해적이었습니다. 해적들은 항상 상대방 배에 올라타서 강탈하지요. 절대 상대방 배에 불을 지르지 않습니다. 이순신 장군은 그 특징을 잘 알았던 겁니다. 그래서 뚜껑이 있는 배를 만든 것입니다.

뚜껑을 덮어놓았지만, 항상 상대방 배에 올라타는 전법으로 이긴 구키 요시타카는 거북선에 올라타라고 명령하고, 부하 군인들이 올라타려고 보니까 고슴도치처럼 생겨서 들어갈 데가 없는 겁니다. 우왕좌왕하는 사이에 거북선이 아타케부네를 들이받으니까 거북선의 가시 때문에 배에 구멍이 나고 가라앉기 시작하죠. 그래서 혼비백산해서 도망가면서 구키 요시타카가 천지신명한테 한 번만 살려달라고 빌었죠. 그런데 운이 좋게도 큰 조개가 그 구멍을 막아서 겨우 산 거예요. 그 집안은 지금도 조개를 안 먹어요.

이렇게 가르쳐줬다면 여러분이 공연 예술을 할 때 이런 이야기들이 얼마나 재밌겠어요. 이런 게 드라마잖아요. 이렇게 여러분이 관찰하고 관계를 알면 거북선 만드는 자체가 드라마인데, 이걸 알려주는 사람이 없다는 겁니다. 일본의 범선에 있는 천은 세 겹입니다. 그런데 한국의 화살은 세 겹 중에 두 겹까지밖에 뚫지를 못합니다. 그걸 알고 일본이 세 겹을 만든 거죠. 이렇게 과학적으로 합리성과 관계론으로 따져 들어가면 여러분이 공연 예술을 할 때 여러 가지 이야기를 만들 수 있죠.

그런데 이런 걸 단선도로 일본 배는 안 보고 거북선만 보니까 드라마가 생길 수가 없죠. 이렇게 이야기를 만들 수 있도록 관심, 관찰, 관계 이 세 가지를 여러분이 3년 동안 철저하게 배우면 여러분은 온리원이 됩니다.

지금 제가 이야기한 거북선 얘기는 처음 알았죠? 어느 책에도 안 나옵니다. 그런데 상대를 알아야 거북선이 왜 뚜껑이 달렸는지를 알 수 있어요. 아타케부네에 올라타는 장치가 있기 때문에 거북선은 상대적으로 못 올라가게 만들었다는 거죠. 이것이 관계론이고 모든 방송, 공연 예술은 이 관계의 갈등과 조화와 결합과 분리에서 생겨나는 것입니다. 관찰, 관심, 관계, 이 세 가지 '관'을 여러분이 앞으로 창조의 원동력으로 삼으면 한국인은 머리가 굉장히 좋기 때문에 여러분은 세계 최강의 콘텐츠를 만들 수 있습니다.

필록테테스의 활을 가진 자

흔히 한글의 우수성을 결합 문자에서 찾습니다만, 진짜 한글이 우수한 이유는 결합 문자여서가 아닙니다. 한글은 'ㄱ'하고 'ㅏ'하고 붙어서 '가'가 되고 'ㄴ'하고 'ㅏ'하고 붙어서 '나'가 되는 결합 문자죠. 한자도 마찬가지입니다. 사람인변에 두 이二 자가 붙으면 인仁이 되고 전부 결합하는 겁니다. 한글만 결합 문자가 아니에요. 한글이 세계 온리원의 글자라고 하는 이유는 따로 있습니다.

길바닥에 'ㅗ' 자가 떨어져 있어요. 그런데 이쪽에서 보면 'ㅜ'이고 다른 쪽에서 보면 'ㅏ'이고 'ㅓ'입니다. 그렇죠? 똑같은 문자를 동서남북으로 돌리면서 달라지죠. 영어에는 m자와 w자만 그렇죠. 그런데 우리나라는 글자가 다 그렇습니다. 특이한 글자입니다. 글자 자체에 의미가 있는 게 아니라 글자 모양의 방향에 따라 의미가 달라집니다. 이걸 모멘트moment라고 해요. 그래서 옛날 문교부에서는 '문' 자가 새겨진 배지를 달고 있었어요. 그런데 배지가 뒤집어지면 '곰' 자가 되는 겁니다. 이런 글자는 전 세계에 없어요. 글자 자체가 분절이 되지 않으니까 한글은 존재하지 않는다, 한글의 글자는 세상에 존재하지 않는다는 거죠. 놀랍지 않아요? 존재하지 않아요. 보는 방향에 따라서 인식이 달라지는 겁니다.

이렇게 알기 시작하면 여러분은 어느 대학에서도 못 배우는 새로운 오리지널 창작력을 배우게 된다는 것이죠. 여러분, 오늘 제 이야기를 다 잊어버려도 좋으니까 아까 얘기한 대로 "나는 지금 필록테테스의 활이 있다. 활은 예술이고 시이고 연극이고 음악이고, 이것은 사람의 가슴을 찌르는 하나의 화살인 것이다. 백발백중의 신궁인 것이다. 나는 그 재능과 잠재력을 가지고 있지만, 지금 대중으로부터 떨어져 나온 외로운 섬에 있는 것이다. 내 상처의 아픔을 보는 자도 아파하는 자도 나인 것이다" 하는 나의 무인도를 가지시기 바랍니다. 이게 창조를 만들어내는 원동력이 되는 것입니다.

무인도를 갖지 않는 사람은 정치인이 될 수 있고 과학자가 될 수 있고 기술자는 될 수 있지만 예술가는 못 됩니다. 마치 병든 조개에서 진주알이 나오는 것처럼 나 혼자의 무인도 공간을 갖지 못한 사람은, 내가 누구인지 쳐다보지 못한 사람은 예술가가 되지 못합니다. 그렇기 때문에 오늘 많이 외로워하는 사람, 많이 불행해하는 사람, 내가 뒤처졌다고 생각하는 사람, 남보다 뭔가 힘이 없다고 생각하는 사람, 그 사람들에게 창조의 원동력이 있는 것이죠. 역전극이 반드시 일어납니다. 그것은 여러분이 활을 가지고 있으며 잠재력을 가지고 있기 때문입니다.

어렸을 때 놀라운 풍경들을 보고 했던 그 많은 질문들, 그리고 최초로 발음했던 언어들. 그것이 여러분의 재산이고 그것을 키워주는 것이 방송예술대학이고, 그것은 그 흔한 거리에 있는 것이 아니라 가을에 단풍이 드는 이 작은 골짜기에서 태어날 가능성을 가장 많이 가지고 있는 것입니다. 그래서 내가 오늘 그 중인이 되고자 여기 왔고 아마도 10년 후, 20년 후 나는 이 지상에 존재하지 않을지 모르지만, 그때 여러분은 필록테테스처럼 마지막 영광의 승리를 가지는, 상처와 함께 당당하게 트로이전을 승리로 이끄는 그런 숨은 활의 재능들을 꽃 피우리라고 생각합니다. 그날을 기대하면서, 그것이 실현되리라 생각하면서 여기에서 오늘 이야기를 마칩니다. 감사합니다.

9

삶을 이끄는 컴퓨팅과 신체성의 법칙

— 2010 서울대학교 컴퓨터공학 특강

금융자본주의는 돈 넣고 돈 버는 것이고
산업자본주의는 기술 넣고 기술 버는 것이죠.

이제는 감동을 넣고 감동 상품을 만들어내는
생명 자본주의가 온다는 겁니다.

이 생명 자본주의는
선택이 아니라 필연적으로 오는 것입니다.

살아 있는 몸, 살아 있다는 기쁨

귀중한 자리에 발표를 맡게 된 것, 저 개인으로서도 무척 큰 광영으로 생각합니다. 저는 서울대학을 나왔지만 지금까지 공과대학이나 컴퓨터 전공을 하신 분들을 후배로 생각한 적이 없었거든요. 인문학을 한 사람도 자연과학을 한 사람도 같은 서울대학 지붕에서 공부했고 알게 모르게 같은 공기를 마셨기 때문에, 문학, 공학을 하면서도 서로 암묵의 교류를 하고 그 지적인, 감성적인 것들이 오늘의 여러분을 있게 한 것이라는 생각이 들어서 제가 컴퓨팅과 신체성 문제를 논하는 주제를 잘 선택했구나 하는 생각이 듭니다.

인문학, 특히 문학을 하는 사람으로 여러분에게 줄 수 있는 가장 귀한 메시지, 왜 우리는 아이폰을 못 만들었나. 그 가장 중요한 것이 인문학입니다. 인문학을 하라는 것이 아니고 신체를 가진 여러분이 서로 페이스 투 페이스 커뮤니케이션face-to-face communication을 하고, 여기에다가 제가 파워포인트를 쓰지 않고 육성으로, 살아 있는 몸으로 여러분을 대하는 것이 얼마나 여러분이 하시고자 하는 컴퓨터의 세계에서 귀중한 것인지, 그걸 잊고 있는 것인지에 대한 것들을 오늘 이 시간에 얘기하고자 하는 것입니다.

예를 들어, 동시대에 살아 있다는 기쁨. 저는 이상을 좋아하고 외국계에서는 보들레르나 랭보 같은 시인을 좋아했습니다만, 그가 만약에 서울 어느 곳에 있었다면, 보들레르가 술을 마시는 곳에서 함께 술을 마실 수 있었다면, 보들레르의 시를 읽고 감동하고 이상의 작품을 읽고 악 소리가 입에서 나오는 그런 순간에 그들이 실재해 내 옆에 있었다면, 그것은 전율적일 것입니다. 문자로, 관념으로 전달되지만 그가 내 앞에 있다는 게 얼마나 귀중합니까?

복잡한 얘기 같지만 흔히 기독교에서 얘기하는 신약, 구약의 차이가 뭡니까? 구약 전의 신은 몸을 가지고 있지 않았죠. 가끔 목소리로 나타나기도 하고 기적으로 나타나기도 하지만 기독교에서 구약, 신약으로 하나의 패러다임이 새롭게 바뀌는 이유는 신이 육체를 가진, 우리와 똑같은 몸을 가진 사람으로 태어났기 때문입니다. 몸을 가진 사람으로서 죽었다는 거죠. 그리고 만약에 부활했다면 우리의 몸이 달라지는 거고, 금세 사라지는 육체가 영원할 수 있다는 거죠. 황홀한 음악, 미술, 컴퓨터 모두 몸을 떠나서는 존재하지 않는다는 거, 몸이 떠나면 끝이라는 거죠.

그렇기 때문에 제가 늘 얘기하지만 사실 조금 이름이 나면요, 여러분도 앞으로 각오하셔야 하는 게, 조금 유명해지면 반드시 끌어내리는 힘이 있습니다. 그 결과 부력浮力하고 잡아당기는 힘이 비슷한 겁니다. 그래서 뜨긴 뜨는데 날지는 못하는 겁니다. 그래서 제가 서울대학 입학식 때 제 체험을 얘기한 겁니다. "떴다 떴다 비행기." 비행기가 뜨긴 떴는데 날지는 못하는 거예요. 그러니까 "날아라 날아라" 하지 않겠어요? 그 어린애가 무엇을 알아서 "떴다 떴다 비행기 날아라 날아라" 안타깝게 말하는 겁니다.

그것도 그냥 나는 게 아니라 "높이높이 날아라" 또 그냥 비행기가 아니라 "우리 비행기." 진짜 제가 늘 얘기하지만 "동해물과 백두산이"보다 "떴다 떴다 비행기"를 애국가로 부르겠다는 겁니다. 대한민국이 떴는데 날지를 못하는 겁니다. 유능한 사람이 있고 이 많은 석박사들, 지식인들이 있고 세계적인 기업이 나타났는데 왜 우리는 날지를 못합니까? 나는 건 방향이 있어야 해요. 뜬다는 건 떠돌아다니는 거니까 방향이 없어요. 아무리 유능하고 성능 좋은 배도 방향 없이 출항하게 되면 표류선이 되는 것입니다.

엔진이 아무리 비싸면 뭐합니까? 도대체 나는 어디를 향해서 가고 있고, 한국은 어딜 향해서 가고 있고, 컴퓨터계는 뭣 때문에 그 요란한 소프트웨어, 하드웨어를 발전시키고 있는가. 그 목적, 내가 하고자 하는 방향이 없으면 이건 나는 게 아니고 떠 있는 겁니다. 언제 어디로 가는지 모르는 겁니다. 내 의지와 관계없이 내 운명이 움직이고 있다. 그 기술이 인간과 관계없이 어딘가 표류하고 있다. 떠돌아다니는 큰 지레, 수레, 이런 것들이 바다에 떠 있다고 할 때 얼마나 놀랍고 무섭습니까? 지금 우리가 행복해도, 우리가 언제 그것과 부딪힐 줄 압니까? 그것이 예측 불허한 사회, 한 치도 앞을 볼 수 없는 타이타닉 같은 큰 배에 우리가 타고 있다고 느끼게 하는 겁니다.

그렇기 때문에 제가 오늘은 여러분에게 우리가 알고 있는 상식, 지식에 대해서는 얘기하지 않겠습니다. 우리에게 절실한 것, 내가 알고 있는 것, 분명한 것에 대해 나누면, 여러분은 머리가 좋고 상상력이 많으니까, 얼마든지 오늘 저의 짧은 한 시간 동안의 강연이 10년, 천년 남을 수 있을 겁니다.

객체와 주체에 따라 변화하는 패러다임

가령 하드웨어, 소프트웨어를 구분합니다. 이게 서구식 사고입니다. '웨어ware'라는 것 자체가 인간의 몸이 아닌 도구를 뜻하는 것입니다. 제가 제일 싫어하는 말이 라이브웨어liveware입니다. 웨어는 상품을 뜻할 때 미국 사람들이 쓰는 말입니다. 사람은 그럼 무슨 웨어냐? 살아 있다고 해서 '라이브웨어'라고 합니다. 쉘 법칙이라는 게 소프트웨어, 하드웨어, 인바이런먼트environment, 라이브웨어 1, 2, 이렇게 다섯 가지에 의해서 모든 게 검증이 된다는 것이죠. 하드웨어는 우리를 대상화한 것이고, 소프트웨어는 우리의 대상을 전부 객체화한 겁니다. 오늘날 사이언스라는 것이 전부 객체화한 것입니다. 내가 너를 대상화한다 이거죠.

인문학이라는 게 왜 성립이 안 되느냐 하면, 자연과학은 자연을 객체로 삼고 있는 거예요. 지배하거나 수정하거나 파괴하거나, 내가 객체와 다른 입장에 있기 때문에 객체의 모든 것을 바꿀 수 있습니다. 그러니까 자연과학은 내가 연구하는 대상이 분명히 나 아닌 다른 것이므로 연구가 됩니다. 관찰이 되고, 분석할 수 있고, 변형시킬 수가 있습니다. 그런데 인문학이라는 것은 인간을 대상으로 한 것이기 때문에 관찰자, 피관찰자가 모두 인간이라는 겁니다. 성립이 안 되는 이야기라는 것이죠. 관찰 대상뿐 아니라 관찰자도 사람이잖아요. 자연은 사람이 아니고요. 광석, 흙, 모든 자연은 인간 밖에서 자연을 보고 있는 거죠.

이것이 오늘날의 자연환경 파괴까지 옵니다만, 인문학이라는 게 어떻게 성립되느냐. 관찰자를 포함한 관찰 대상이니까 이건 끝없는 동의어 반복이 되는 것입니다. 그렇기 때문에 자연과학, 인문학은 접근 방법부터 다릅니다. 여러분이 이미 읽으셨을지 몰라도 지금 생물학 같은 것도 전혀 다르게 합니다. 내가 감자를 심는다. 내 입장에서는 분명히 내가 감자를 먹는다고 생각하고 심는 겁니다. 그런데 식물 쪽에서 나를 본다고 생각해보세요. 감자가 사람을 이용해서 유전자를 뿌리고 있는 거죠. 우리는 열심히 감자를 먹고 심는다고 생각하지만, 감자 쪽에서 보면 열심히 제 종족을 사람들을 이용해서 뿌리는 거죠. 사람들은 사람이 감자 맛을 개량했다고 생각하는데 감자가 협력해준 거죠. 결국 누가 누굴 이용하느냐 할 때에 감자 쪽에서 보면, 전부 인간을 이용한 것입니다.

지금 미국에는 수천만 마리의 개가 있습니다만, 여우는 멸종돼서 만 마리밖에 없습니다. 누가 종족 시험에서 이겼습니까? 개가 이긴 거예요. 우리가 생각하면 개는 인간의 노예가 됐는데 그게 무슨 소용이냐 하지만, 종족을 퍼뜨리는 데 노예가 어디 있고 선악이 어딨어요? 모든 생물의 마지막 귀결점은 자손 번식입니다. 왜인지 몰라도 그것 때문에 생물이 있고 지구가 있어요. 그런 점에서 본다면 개는 분명히 인간을 이용해서 공진해온 것이죠.

누가 누굴 지배한 것입니까? 이렇게 따지고 보면 객체냐 주체냐, 주객이 전도됐다고 하는데 주객이 어떻게 되느냐에 따라서 패러다임이 전부 바뀌어버리는 겁니다. 여러분의 컴퓨팅은 세계적인 패러다임을 만들어낼 수 있습니다. 그것을 집중적으로 오늘 말씀드리고자 하는 것입니다.

컴퓨팅과 신체성을 알면 세계를 정복한다

첫째로 여러분이 하드웨어 중심으로 발전해왔다고 하는데, 델 컴퓨터 같은 것에서 하드웨어는 마음대로 조립, 선택이 가능합니다. 그런데 소프트웨어는 거꾸로 이전부터 대부분이 윈도우 7과 같은 마이크로소프트의 것을 씁니다. 실질적으로 현재까지 마이크로소프트는 바꿀 수가 없어요. 호환성 때문에. 그런데 컴퓨터의 하드웨어는 얼마든지 바꿀 수 있어요. 하드웨어와 소프트웨어를 접근할 때도 그렇게 접근해보세요. 그렇게 접근을 하면, 아까 얘기한 대로 주객에서 하드웨어, 소프트웨어를 분리해서 생각하는 자체가 오늘날의 컴퓨팅에 큰 의미가 되고 있다는 거죠.

사용자라고 하는 것과 하드웨어를 움직이는 것 중에 소프트웨어는 어느 편이냐. 인간 편이냐, 하드웨어편이냐. 소프트웨어는 중립적인 것입니다. 인간도 아니고 하드웨어도 아닌 중립적인 것. 즉, 인터페이스라고 하는 것입니다. 그러니까 소프트웨어의 큰 의미는 인터페이스 개념으로 봐야 합니다. 가령 휴먼 인터페이스라고 해서 키보드가 있습니다. 제가 지금 그랬죠? 끝없이 컴퓨터가 발전해도 별 차이가 없는데, 소프트 쪽에서 차이가 난다. 마찬가지로 인터페이스 쪽에서 차이가 난다.

그럼 앞으로 여러분은 소프트웨어, 휴먼웨어 이 자체를 개량하지 않고는 컴퓨터 세계의 방향 설정을 못 합니다. 쉽게 얘기해서 컴퓨터의 인터페이스에서 지금 여러분이 쓰고 있는 키보드를 보십시오. 모든 것은 용량도 바뀌고 기가가 늘고 속도도 빨라지고 소프트도 발달하고, 하드의 모든 체계가 발달해서 모바일 컴퓨터며 별 게 다 나왔는데, 키보드라는 입력장치는 몇 세기 전 처음 타이프라이터가 나왔던 그것을 지금도 그대로 쓰고 있어요. 알다시피 기계식으로 된 타이프라이터는 치려면 나가서 쳤다가 들어와야 딴 게 나갑니다. 만약에 이게 들어오기 전에 나가면 얽힙니다. 그러니까 빨리 못 치도록 자판을 만든 겁니다.

그래서 제일 많이 쓰는 A자를 제일 쓰기 불편한 새끼손가락으로 쓰도록 해놨습니다. 인간의 몸 중에 가장 불편한 새끼손가락으로 가장 빈도수가 많은 A자를 때리는 것이 오늘의 현대인들이고 컴퓨터 전문가들이고 정책을 결정하는 분들이다 이겁니다. 인간의 몸을 얼마나 모르면, 그 불편한 것을 당연한 것으로 알았으면 자판 하나를 못 고치고, 그 어마어마한 많은 기술을 발전시키면서도 인간의 몸과 관계된 키보드 하나를 제대로 못 만드냐 이거예요. 그래서 내가 컴퓨팅과 신체성을 알면 세계를 정복한다는 겁니다.

사람들이 바보라 그랬겠습니까? 한국에 오면 똑같은 바보가 됩니다. 한국은 기계식으로 만들어지지도 않았는데 그저 관념이 사용자 중심으로 생각하지 않고 문자 중심으로 생각한 겁니다. 문자 중심으로 생각해서 쌍시옷을 제일 많이 쓰거든요. '왔었었다' 치려면 얼마나 힘들게 키보드를 두드립니까? 4천만 민족이 쌍시옷 공포증에 걸렸습니다.

여러분 아이팟에서 한번 찍어보세요. 아이팟은 정전기를 이용해서 누르는 거거든요. 살짝 건드려야 해요. 번번이 다른 게 나옵니다. 스티브 잡스 뭐 하는 사람입니까? 아무리 특수 탄소로 만들었다고 해도 언제나 불안한 겁니다. 한국 사람은 호리병에도 끈 끼우는 곳을 만들어서 허리에 차고 다녔는데 이건 끈 끼우는 데가 없어요. 인간의 몸이 뭔지 모르는 사람들이 이걸 만든 겁니다. 여러분, 노마크 찬스입니다. 제 자신이 디지로그를 이용해서 수십 가지를 만들어냈잖아요.

이 세상에 휴대전화를 가지고 동시통역하는 나라가 있습니까? 우리는 전화번호 하나만 누르면 지금 17개 국어가 다 나와요. 현장에서 전부 중계해줘요, 3천 명의 아날로그 리소스로. 그거를 자꾸 인지과학으로 해서 휴대폰에다가 번역 넣으려니까 되겠습니까? 멀쩡하게 살아 있는 사람이 3천 명이나 4천 명, 주야로 넣고 다니면 왜 안 걸려오느냐고 거꾸로 불평해요. 여러 사람 있는 데서 외국어 하면 인정해주잖아요. 남한테 잘 보이려고 하는 한국인의 허영심. 남이 나를 인지하길 바라는 그 마음을 이용한 것이죠. 절대로 나는 기계를 이용한 것이 아닙니다.

모든 사람은 안 된다고 했는데 3천 명이 지금 계속 있고, 베트남 사람들 싸워서 이혼하게 됐는데 말이 안 통하니까 의처증이 생긴 겁니다. 그래서 그 사람이 BBB Before Babel Brigade에 전화를 한 겁니다. 매일 밤 싸우고 이혼할 뻔했던 사람들이 BBB 통역 시스템 하나로 정다운 부부가 돼서 BBB 대회 할 때 저에게 "감사합니다. 부부의 생활을 구제하신 분입니다" 해요. 이런 게 기술이고 이런 것이 IT입니다.

IT라는 게 뭐예요? 내가 정보를 필요로 하지 않을 때 무슨 관계가 있어요? 그래서 저는 IT라는 말을 안 쓰고 RT, relation technology라고 합니다. IT는 수단이고 RT는 관계, 너와 나와의 관계, 인간과 자연, 인간과 인간, 인간과 기계, 모든 관계를 새롭게 연결해주는 기술. 그중에 하나가 인포메이션 테크놀로지다 이겁니다. 그게 컴퓨터와 휴대전화입니다. 목적은 관계로부터 생기는 겁니다. 말하고 싶다, 소통하고 싶다, 좋아지고 싶다. 컴퓨터에 왜 우리가 연연합니까? 소통하기 때문에 IT를 하는 것이지, 왜 우리가 IT를 중시하겠습니까?

컴퓨터와 탄도 계산기의 관계

자, 그럼 컴퓨터는 어떻게 해서 만들어졌느냐. 컴퓨터의 전신을 '투석기'라고 하면 여러분이 화낼지 몰라요. 관심, 관찰, 관계. 오늘 저는 이 세 가지 상관법에 의해서 컴퓨팅과 신체성을 얘기하는 겁니다. 관심이 있기 때문에 태어난 거죠. 그러면 인류가 제일 먼저 컴퓨터를 생각한, 컴퓨터의 원조가 뭐냐, 투석기입니다. 성벽을 부수려면 돌로 쳐야 하는데 명중이 잘 안 됩니다. 삼차방정식을 푼 이탈리아의 타르탈리아의 본업이 탄도 전문가입니다. 낙하 연구하는 사람입니다. 3~5도로 쏴야 명중률이 제일 높다는 것은 수학자들이 생각해낸 것입니다.

아르키메데스가 제2차 포에니 전쟁에서 대활약을 한 것은, 그는 수학자였기 때문입니다. 타르탈리아라는 사람도 결국은 탄도 전문가인데, 이 사람이 수학의 삼차방정식을 풀었습니다. 컴퓨터가 만들어내는 관심은 전쟁 때의 탄도 계산이었습니다. 2차대전 때 아프리카에서 독일군과 싸웠을 때 영미군이 가장 고통을 당한 것은 고사포의 명중률이었습니다. 성능 좋은 대포라 할지라도 명중률이 약할 때는 아무리 포탄을 쏴도 그 전쟁에서 지는 겁니다. 이 뼈저린 아픔을 안고 어떻게 하면 고사포의 명중률을 100퍼센트로 올리느냐. 다 상식적인 얘기입니다만, 이것을 우리가 다시 거꾸로 올라가야 신체성이 어떻게 아이폰까지 오느냐 하는 이야기를 할 수 있습니다. 결국은 장황하게 얘기합니다만, 그 점을 여러분이 마음속에 새겨야 합니다.

국방성에서 펜실베이니아대학에다가 "이것 좀 만들어다오" 한 겁니다. 인간의 계산으로 도저히 안 되는 것이 습도, 풍향, 지형. 그것은 도저히 인간의 계산 능력으로는 안 되겠다, 인간의 계산 능력이 아닌 특수계산기를 만들어야겠다. 즉, 탄도 계산에 필요한 특수한 계산기가 필요하다. 그게 그 유명한 에니악ENIAC 이죠. 필라델피아에서 만든 최초의 컴퓨터는 탄도 계산기로 만들어진 것입니다.

이야기가 딴 데로 샙니다만, 인간의 관심이 가장 컸던 것은 안보입니다. 그거 없으면 장사를 하나, 지식이 있으나 소용없습니다. 우리가 금년 한일강제합방 100년이 됩니다만, 그들이 대포를 쏠 때 우리는 화살로 쏘니 되겠습니까? 큰 배를 가져와서 전기기구로 움직일 때 노 젓는 배로 되겠습니까? 국방이라는 것은 인류의 가장 큰 관심이었기 때문에 여러분이 지금 쓰고 있는 모든 기술은 전쟁의 자식들이다 이겁니다. 통조림도 나폴레옹이 전쟁 중에 만들었잖아요. 그러니까 전쟁을 이기려는 관심에서, 사람을 죽이고 제패하는 전쟁 논리에서 기술이 발달하는 게 오늘날의 기술의 비극인 겁니다.

사랑하고 감동하는 기술이, 춤추고 노래하는 기술이 아닙니다. 생명 넘치는 애들이 기뻐서 노래하고 춤추는 그 기술은 유치원에서 문 닫는다 이겁니다. 초등학교만 가도 춤추는 아트, 생각하는 아트 다 없어지고, 크게 말하면 국가의 전쟁을 위해서. 경제 부흥도 부국강병 아닙니까? 그렇기 때문에 모든 교육 체제도 부국강병이라는 거예요. 교육헌장에 뭐라고 돼 있어요? 민족중흥을 위해서 우리는 태어난 사람들이다 이거예요.

생각하면 참 끔찍한 얘기예요. 우리가 전부 민족중흥을 위해서 이 세상에 태어난 거예요. 여러분은 딴짓하면 안 돼요. 그 이외의 것을 하기 위해서 태어난 것이 아닙니다. 개인의 행복, 삶의 떨림, 죽음 앞의 공포는 중요치 않아요. 민족중흥을 위해서 태어난 겁니다. 그런 교육 체제 속에서 기술인들 컴퓨터인들 개인의 행복과 어떤 관련을 맺고 엄청난 기술을 가져도 나와 무슨 관계냐, 살다 죽을 내 몸뚱어리하고 무슨 관계냐. 이 문제를 해결하지 않고 역사나 사회나 공허한 얘기가 되는 겁니다.

서울대가 왜 있습니까? 왜 대학에 갔어요? 우리가 너무 많은 거짓말을 하는데, 솔직해집시다. 컴퓨터 공학 하려고 그럽니까? 취직하려고 하죠. 오바마는 한국의 교육열이 대단하다고 했지만 취직률이 대단한 거죠. 좋은 대학 나와야, 잘 팔리는 대학 나와야 내 자식이 세끼 밥을 먹을 것 같다. 아이에게 삶의 기쁨을 주는 게 아니라 삶의 수단을 주자는 거죠. 아파트 열쇠를 주자는 거죠. 자동차 키를 주자는 거죠. 자동차 타고 어디를 가자는 게 아니라.

이런 상식적인 얘기를 내가 왜 하느냐면 컴퓨터의 탄생이 인류의 행복을 위해서 만들어진 것이 아니라 탄도 계산, 탄도로 계산해서 상대방을 포격하기 위함이라는 것입니다. 그것이 결국은 탄도 계산으로부터 나왔는데, 오늘날 컴퓨터는 전쟁이 아니라 사랑하는 사람에게 문자 보내고 이웃에게 문안 편지 보내고 하는 데 사용합니다. 오늘의 컴퓨터의 진화를 자꾸 하드웨어가 몇 기가 됐느냐고 묻는 게 아니라 그 컴퓨터가 우리에게 어떤 관계를 가져왔느냐로 묻는 겁니다. 전쟁 탄도 계산용으로 만들어진 것이 지금은 애인에게 문자를 보내는 것으로 바뀐 그 변화는 컴퓨터에 대한 관심, 관계. 마지막 그 관계에서 그 기술이 결정되는 겁니다.

수학적 관점과 인문학적 발상

투석기부터 이미 수학자가 관여한 것처럼 컴퓨터와 관련된 일을 한 사람은 전부 숫자를 다룬 사람들입니다. 알다시피 수학과 컴퓨터 학문의 철학을 따지자면, 수학이란 뭐냐. 이것이 컴퓨팅하는 사람들의 캐릭터까지 지배한다는 겁니다. 알다시피 숫자 0을 만든 것은 인도입니다. 그다음에는 이슬람권이 수학이 가장 발달했습니다. 알고리즘이라는 게 바그다드의 수학자 이름이죠. 우리는 공자 왈, 하듯이 알고리즘, 수학자 이름을 내걸고 "말씀하시기를" 그게 알고리즘입니다.

결과적으로 오늘날 쓰고 있는 수학 용어 알고리즘은 유럽에서 나온 것이 아니라 유럽 사람들이 라틴 말로 썼던 수학 교과서를 쓴, 지금의 바그다드에 살았던 수학자입니다. 인도하고 지금 이슬람 쪽에 가장 펀더멘탈리스트fundamentalist들이 많습니다. 수학하고 밀접한 관계가 있습니다. 수학이라는 것은 육체를 떠난 것입니다. 인간의 이성이나 컨셉츄얼conceptual한 것이 가장 발달한 것이 숫자죠. 그것하고 가장 대극점에 있는 것이 언어죠. 인문학은 언어, 자연과학은 숫자를 다루고 있는데 자연과학을 하는 사람일수록 육체성이 사라지기 시작합니다.

솔로몬을 한번 보세요. 원리주의자라고 하는 것이 왜 이슬람이나 인도에 저렇게 많은가. 원리주의자들이 많으면 몸에 대한 것이 없어지는 겁니다. 살아 있는 육체, 감각이 없어지는 겁니다. 이걸 저나 범죄 심리학에서는 아날로그 결핍증이라고 하는데, 컴퓨터나 알고리즘, 수학적 질서를 한참 하다보면 두뇌지는 발달하고 신체지는 발달하지 않아요. 모든 것이 수학적 법칙에 의해서 이루어지니까. 인간의 몸뚱이에 말 못 하는 농아들도 꼬집으면 아프다고 하는데, 알고리즘의 세계, 숫자의 세계에서는 꼬집어도 아야 소리가 안 납니다.

컴퓨터 하는 사람일수록 시인처럼, 아이스크림 장수처럼 내가 막 스크림scream 하는 겁니다. 비명 소리를 내지 못 하면 컴퓨터 하지 말고 벤처기업 하지 말아라. 시인의 마음을 갖지 않는 사람은 하지 마라. 시체다. 하지 마라. 스탠퍼드대학원의 두 학생들이 교수들의 하드웨어를 빌려다가 그야말로 새로운 알고리즘 만들어서 오늘날의 구글을 만들었잖아요. 그 사람들이 수학자의 마음으로 했겠습니까? 아닙니다. 페이지뷰, 랭크로 하는 그 발상

자체는 인문학적인 것입니다.

사람들이 어떤 것을 많이 보나, 그건 수학적 관점이 아니죠. 사람의 관심이 어디에 쏠려 있다. 남들이 만들어내는 검색엔진하고 전혀 다른 검색엔진을 만든 발상법은 수학적 발상법이 아니라 인간의 마음, "남들은 무얼 찾을까? 내가 찾으려고 하는 단어를 남들도 찾았을까? 그 내용도 나와 같은 걸 원했을까?" 매일매일 투표하는 거예요. 구글에서 검색하면 수백, 수천만 사람들이 투표하는 것이 되는 겁니다.

저는 거기다가 이어령 쳐봅니다. 그럼 몇 건이 나와요. 다른 사람 이름 쳐봅니다. 내 것보다 배는 나와요. '나는 관심에서 사라지는 거구나. 이효리가 나보다 나아. 배용준이 나보다 훨씬 낫구나.' 그 인터넷 속에서 내가 얼마나 작아지는지. 이런 게 지식인들의 관심거리인데 그걸 생각 안 하는 거예요. 소위 고립된 지식인들이 어떻게 지적 최전선에서 나오느냐. 이런 것들이 적어도 투석기에서 컴퓨터가 나왔고 그러한 컴퓨터를 다루는 사람은 수학자의 머리에서 나왔고, 노이만이 만든 컴퓨터가 소위 말하는 큰 컴퓨터, IBM에서 나온 큰 컴퓨터. 그걸 노이만이 만들었잖아요.

그게 컴퓨터냐? 그것은 관공청에서 쓰고 탄도 계산 하는 것이지만, 1만8천 개의 진공관으로 만들어진 에니악은 우리처럼 포켓 안에 들어갈 필요가 없었다 이겁니다. 전력도 무지 먹어요. 처음 실험했을 때 필라델피아의 가로등이 깜빡거릴 정도였습니다. 인간의 뇌는 20와트로 움직여요. 어떤 슈퍼컴퓨터보다도 인간의 머리는 아주 작은 전류로 흐르는 겁니다.

인간의 기술이 얼마나 형편없는가 하는 것은 자동차 보면 알아요. 60킬로그램도 안 되는 사람의 몸을 운반하려고 몇 톤짜리 쇳덩어리를 움직이고 있는 겁니다. 이런 바보들이 어딨어요? 제가 탁자 위에 있는 펜을 달라고 하는데 탁자째로 주는 겁니다. 지금 전기차 만든다는데, 전기차는 리튬전지 씁니다. 리튬은 레어 메탈과 마찬가지입니다. 지금이니까 괜찮지, 모든 사람이 전기차 사면 어디서 그 자원을 가져옵니까? 또 곳곳에 전류 공급해야 하는데, 그러다보면 전기는 어디서 나와요? 그러니까 인간이 참 똑똑한 것 같아도 세 살 어린아이의 마음으로 보면 패러다임이 바뀝니다.

컴퓨터를 어렵게 생각하지 말고, 노이만은 큰 컴퓨터 에니악을 만들었는데 이건 누가 낳느냐, 절대 노이만에게서 나온 게 아니다. 아들도 손자도 아니다. 족보가 다르다. 누구냐. 인간의 신체성을 생각한 사람이다. 노이만은 관념만 생각해서 수학적으로 논리적으로 만든 사람이지만 모바일 컴퓨터로 진화시킨 것은 노이만이 아니다. 그럼 누구냐?

알다시피 구텐베르크의 책은 엄청 컸어요. 그 당시에 필사본을 그대로 활자로 찍은 겁니다. 그런데 오늘날의 책을 만든 건 구텐베르크가 아닙니다. 마누티우스가 인간의 신체성을 생각한 것입니다. 이렇게 큰 것을 가지고 다니면서 읽겠느냐. 작게 만들어서 가방 안에 넣자. 오늘 사이즈의 혁명을 가져온 것은 바로 구텐베르크가 아니라 마노티우스라는 사람의 관심입니다. 활자와 인간의 몸을 관련시킨 사람, 그게 마누티우스입니다. 20년 사이에 120개가 넘는 희랍 라틴 고전을 만든 사람이에요. 이 사람이 책의 아버지예요. 구텐베르크가 아니에요.

구텐베르크는 우리나라와 관계가 없어요. 그 사람은 찍으면 그대로 교회로 가져갔다 이겁니다. 마찬가지로 퍼스널 컴퓨터를 만든 사람, 노트북, 모바일을 만든 최초의 사람은 따로 있지만, 오늘날로 진화시킨 것은 인간의 몸을 생각해서 작게 만든 사람들, 컴퓨터가 가지고 있는 환경을 신체에 맞춘 사람들, 그런 사람들이 결과적으로 우리들에게는 오늘날의 컴퓨터를 발전시킨 것입니다. 수학적인 두뇌에서 나온 것이 아니라 인간의 몸을 누구보다도 잘 알고 그것을 응용하는 사람들이 오늘날의 모바일 컴퓨터까지도 만드는 것이다. 즉, 인간의 신체에 맞도록.

인간의 신체를 생각하는 사람

그럼 여러분이 뭘 생각하셔야 합니까? 시계라는 것을 제일 먼저 만든 사람들은 시계의 숫자적인 것, 수학적 발상을 한 사람들이지만 그것을 발전시킨 사람은 수학자들이 아닙니다. 실제 유저들의 몸의 시계를 만드니까. 제일 먼저 동네에 크게 시계탑을 만들어놨는데 불편하니까 집에 가져가자 한 것이 괘종시계가 된 것이죠. 괘종시계를 응접실에 걸어놓고 보다보니까 불편하다, 내 방에다가 가져가자 해서 탁상시계를 만들고 탁상시계도 불편하다, 나 혼자 쓰는 게 없을까 해서 회중시계를 만드는 겁니다.

회중시계로 전쟁을 하다보니까 전쟁하다가 꺼내보면 총탄에 맞게 생겼으니까 손에다가 손목시계, 이게 1차 대전 때 만든 거거든요. 붕대로 해서 회중시계를 감았어요. 그것이 오늘날의 손목시계가 된 겁니다. 시계의 발전은 과학이 아니라 신체성을 안 사람들이 빅뱅처럼 어마어마하게 큰 시계를 여기까지 끌어온 거죠. 과학자들이 아니다. 인간의 신체를 생각하는 사람이다.

그러니까 아까 얘기했다시피 과학자들, 수학자의 머리에서는 절대로 쌍시옷 못 없애고 절대로 A를 새끼손가락으로 찍는 것 못 없앱니다. 만약에 이 신체성을 컴퓨터에 집어넣으면 어떻게 됩니까? 어금니로 씹는 디지털, 그걸 하는 사람이 이기는 겁니다. 소니의 그 유명한 플레이스테이션 3는 슈퍼컴퓨터거든요. 게임기가 아니에요. 그래서 지금 코콤 같은 데서 이상한 테러 국가에는 팔지 못합니다. 플레이스테이션 3에는 엄청난 기술을 들여서 그 셀이라는 것이 슈퍼컴퓨터의 움직일 수 있는 그런 용량을 가지고 있습니다.

블루레일이라는 것은 현재의 해상보다 몇십 배가 밝기 때문에 그것을 쓰면 정말 비행기가 날아가고 파도치는 것처럼 실감이 납니다. 플레이스테이션 3를 만들고 소니는 만세를 부른 거죠. 이제 블루 오션이다. 우리 기술 쫓아올 사람 없다. 나는 이겼다. 그런데 닌텐도가 예전에는 카드 만드는 회사였습니다. 이 작은 회사가 소니를 잡아먹은 겁니다.

보시고도 몰라요? 그게 '디지로그'입니다. 가만히 보니까 '얘들이 이게 몸 나간 놈들이네. 두뇌지는 엄청난데 인간의 몸이 뭔지 모르는 사람들이 소니 플레이스테이션 3를 만들었어. 몸이라는 게 뭐야? 골프도 치고 축구도 하고 다 몸으로 하는 게 스포츠인데 이건 머리만 쓰면서 손가락으로 하고 있지 않느냐.' 그게 닌텐도입니다. 셀도 못 만들고 블루레이도 못 만들었지만 그 사람들은 피가 흐르는 인간을 알았어요. 어떻게 하는 게 노는 것이고 어떻게 하는 게 즐거운 것이고 인간의 본능이 뭔지를 안 사람들입니다. 그래서 앞으로는 동양 사람들이 강하다 이겁니다. 왜?

제가 예를 들게요.

숫자적 머리와 수학적 사고

『성서』에 보면 제일 똑똑한 사람이 솔로몬입니다. 솔로몬의 재판이 제일 유명하죠. 두 어머니가 서로 어린아이가 내 아이라고 우기니까 현명한 솔로몬은 도끼로 반을 갈라서 나눠 가지라고 합니다. 그러니까 진짜 어머니는 안 됩니다, 가짜 어머니는 네 좋습니다, 하니까 솔로몬이 "네가 진짜 어머니구나" 하고 결론을 내리죠. 몇천 년 동안 수십 개국의 수천만 명이 이걸 현명하다고 생각한 겁니다. 그게 숫자 머리예요. 살아 있는 생명은 절대로 두 토막을 낼 수 없음에도 불구하고 마치 황금 덩어리를 가운데 자르듯이 소유권을 둘로 분할할 수 있다는 생각. 그러니까 도끼 가져와서 쪼개라 한 겁니다.

그때 신체지를 아는 사람들은 '쇼하고 있네' 했겠죠. '도끼로 사람을 어떻게 쪼개? 떠보려고 그러는구나' 하고 눈치챘겠죠. 위험한 재판을 한 거죠. 실제로 인간, 생명을 쪼개면 제로가 되는데 2분의 1이 된다는 조건이 마치 현실에 이뤄진다고 생각하는 사람이나 아무리 재판장에서 소유권을 주장했기로, 죽이면 애가 없어지는 건데 죽인 애를 데려간다고 반 쪼개라, 가져가라,

하는 그 말을 곧이 믿는 사람이 어딨어요. 이런 어리석은 재판, 어리석은 이야기를 의심도 안 하고 여기까지 믿은 게 오늘날의 문명이고 숫자적 머리에서 나온 겁니다. 뭐든지 2분의 1이 될 수 있다는 수학적 사고입니다.

동양에 똑같은 얘기가 있습니다. 『당음비사』라고 해서 당나라 때 만들어진 이야기인데 똑같은 얘기가 나와요. 아우는 어린아이를 낳고, 형은 못 낳으니까 상속권이 아우에게 가는 거예요. 그러니까 형수가 애를 훔쳐왔어요. 그러고 내가 낳았다고 거짓말하는 겁니다. 본 사람도 없고, 더군다나 여자가 낳은 순간에 가져왔기 때문에 증거가 없어요. 결국 소송이 걸려서 원님 앞에 나온 겁니다. 그때 수학적 머리는 도끼로 반 나눠라, 하지만 동양에서는 못 한다. 신체성은 발달했다. 역지사지로 생각하고 몸에 대한 것은 발달했다. 두뇌지는 발달하지 않았지만 신체지는 발달했다.

그러니까 원님이 "좋다. 끌어가서 자기로 끌어가면 네 것이다" 그러니까 두 어머니가 끌어당긴 겁니다. 가짜 어머니는 인정사정없이 끌어당기는데 진짜 어머니는 애가 아파하는 게 너무 안쓰러워서 힘을 못 주는 거예요. 그걸 보고 누가 어머니인지를 판가름한 겁니다. 도끼로 가운데를 쪼개는 것과 같습니까, 이게? 저는 절대로 아시아주의자거나 반서구자, 국수주의자가 아닙니다.

저는 프랑스의 시를 사랑하는 사람이고, 지적 국수주의자가 아닙니다. 내가 알고 있는 것은 신체지와 두뇌지가 다르다는 것입니다.

과학기술이 아닌 인문학적 인간에 관계된 행복

옛날 우리는 신체지와 두뇌지가 서로 교류가 됐었는데 시간이 흘러가면서 두뇌지만, 두뇌로 생각하는 지만 발달하고 신체지는 점점 퇴화됐습니다. 여기서 돌멩이가 날아오면 수학적으로 계산해서는 못 피합니다. 오면 직관적으로 피합니다. 그러니까 이것이 소뇌로 들어가서 전두엽으로 가서 계산하고 할 때는 아무리 뇌가 빨라도 안 되는 겁니다. 호랑이 만났을 때 머리 좋은 사람은 전두엽으로 보냅니다. 저기 나타난 게 뭐냐고 질문을 보내는 거죠. 호랑이입니다. 몸무게가 얼마냐? 내 무게는? 내가 치는 거하고 재가 물어뜯는 거하고 뭐가 빨라?

아무리 두뇌라도 머리로 생각하고 계산해서 공격하거나 전두엽이 하는 게 아니라 신경이 뇌로 가기 전에 반사적으로 도망가는 겁니다. 이것 때문에 38억 년의 기나긴 세월 속에 생명의 지혜가 축적된 거죠. 생명지, 신체지. 바퀴벌레도 가지고 있는 이 소중한 신체지를 우리는 컴퓨터나 과학이라는 이름 밑에 전두엽에만 의존해서 모든 것을 계산 가능하다고 생각한 것입니다. 오죽하면 아인슈타인은 "모든 것은 계산되어지는 것이 아니다" 하는 것을 연구실에 있었을 때 벽에 걸어 붙였습니다. 참으로 현명한 사람이죠.

아인슈타인보고 물었어요. "당신 같은 과학자는 인간의 죽음이 뭐라고 생각합니까?" 하니까 말하기를 "모차르트의 음악을 더 이상 못 듣는 것이다"라고 하는 겁니다. 우주를 손으로 더듬는 사람이라도 죽으면 모차르트의 아름다운 음악을 더 이상 못 듣는 겁니다. 이러한 신체지. 삶에 대한 의미가 없으면 컴퓨터는 발전되지 않습니다. 오늘 아이폰을 봤을 때 닌텐도의 위Wii가 어떻게 소니의 블루레이와 셀을 이겼느냐? 기술로 이긴 게 아니라 인간의 마음을 이긴 겁니다.

컴퓨터 앞에서 키보드만 치던 아이들이 모션 센서가 붙어 있는 것으로 골프를 똑같이 친다 이겁니다. 실제로 라켓을 친다 이겁니다. 지금 가끔 보면 젊은 부부들이 기분 나쁘면 붙자 해서 복싱하거든요. 그러니까 플레이되는 것과 플레이하는 사람 사이에 관계가 있다는 거죠. 베이징 올림픽에서 만들어진 모든 게임을 전부 방 안에서 아마추어들이 하며 실제로 뛰고 복싱하고 펜싱을 한다는 거죠. 이 하나의 발상으로 플레이스테이션 3를 압도했습니다. 벌써 위 파는 가게에서는 매진이 됩니다. 그러면 이것이 인터넷 옥션에 올라서 웃돈 보태서 사는 겁니다. 그런데 플레이스테이션 3는 재고가 많으니까 할인해서 판매하는 거죠. 이게 순전히 신체지와 두뇌지의 싸움에서 앞으로 발달할수록 신체지를 어떻게 집어넣느냐가 제가 얘기하는 디지로그입니다.

여러분 잘 알다시피 앞으로 종이 해상도와 같은 걸로 그냥 컴퓨터에서 보지, 책과 같은 것들이 계속 나오는 것은 신체성과 인간의 한계는 기계가 아니기 때문에 그 관계를 바꾸려는 것입니다. 즉, 관심을 갖고 관찰하고 마지막엔 관계다. 예를 들어서 겨울에 추운 데서 종이 만들려면 손이 전부 터요. 마을 전체가 종이를 만드는데 손이 자꾸 터지니까 어떤 사람이 손 안 터지는 약을 만들어낸 거죠. 이게 관심으로 기술이 나온 것이죠.

그런데 전쟁에 관심 있는 사람들이 군인에게 저걸 발라주면 겨울에도 싸울 수가 있겠구나. 손이 터진 사람들에게 발라주면 그까짓 종이 만드는 것이 아니라 제국을 만들 수 있겠구나. 전쟁 무기로 사용해서 손이 터지지 않는 약을 발라서 세계를 재패합니다. 이건 순전히 관계거든요. 컴퓨터 기술로 무얼 하느냐 하는 궁극적인 것은 과학기술이 아니라 인문학적 인간에 관계된 행복을 어떻게 관련시키느냐 하는 지극히 간단한 문제에서 오늘 아이폰 소동이 일어난 것입니다.

보십시오. 이게 결론인데, 예를 들면 이것을 켜가지고 압축한다, 이것을 줄인다 할 때 플러스나 마이너스를 누르는 것은 두뇌지가 하는 것입니다. 그런데 조금 더 발달하면, 거기에다가 돋보기를 만들어서 돋보기 아이콘을 누르면 커지고 작아집니다. 신체지에 가까워지는 거죠. 우리가 줄이려면 이렇게 줄이고 펴려면 이렇게 펴지 않냐. 가장 원시적인 방법을 가장 발달한 인터페이스를 사용해서 스마트폰 계열의 아이폰은 전부 이렇게 조절이 되는 겁니다. 사람들이 세로로 보고 싶으면 가로였던 게 세로가 되는 겁니다.

이런 모든 인터페이스가 아이콘화되고 인터페이스화되고 이런 기능이 있죠. 그런데 이건 서양 사람의 경우고 한국 사람은 또 다른 욕망이 있습니다. 그래서 일본에서는 처음에는 아이폰이 떴는데 지금은 인기가 떨어지고 있습니다. 우리나라는 어떻게 될지 모르지만 일본 사람들이 생각하는 문화, 미국 사람의 문화가 다릅니다. 그럼 우리는 왜 아이폰을 못 만들었느냐 하면, 일본 기술, 한국 기술은 대단히 자잘한 기술이에요. 작게 만드는 것은 잘하는데, 서양 사람들은 작은 걸 우리처럼 좋아하지 않아요.

그렇기 때문에 대개 거리에서 녹음기 큰 거 어깨에 메고 돌아다니는데, 그걸 동경이나 서울에서 본 적 있어요? 이렇게 무겁고 커요. 그러니까 우리가 지금 전 세계의 시장을 보고 애기할 때에 미국 신체성하고 한국 신체성하고 다른 신체성만 잘 읽을 수 있으면, 소프트웨어의 기본이 되는 신체성에 목표를 두면 여러 재미난 사실이 드러납니다. 그 나라의 문화를 아는 것은 그 나라의 신체성을 아는 것이죠. 관념은 똑같습니다.

숫자는 어느 나라든지 하나에 하나를 보태면 둘입니다. 그러나 언어는 다릅니다. 언어는 똑같은 말인데도 어디에서는 모욕감을 주고 어디에서는 기쁨을 줄 수 있습니다. 그러면 이 언어성이 바로 신체성과 밀접한 것이고 확실치 않지만 아날로그처럼 함수가 제로로 떨어지지 않는 것, 융통성이 있는 것, 뭔가가 에러가 나더라도 되는 것, 이런 것들이 앞으로 인터페이스를 만드는데 굉장히 중요합니다. 지금 구글에서 잘못 검색하면 "혹시 이것 찾으셨어요?" 하고 뜨지 않습니까? 스펠링 같은 거 틀리면 그런 글자 없다 나오거든요. 그런데 "혹시 이거 찾으셨어요?" 하고 나오는 거예요. 그 차이예요.

또, 아카데믹한 사람들이 요구하는 것하고 일반 사람이 요구하는 것은 똑같은 단어여도 달라요. function 하면은 수학에서는 함수지만 일반적으로는 기능인 겁니다. 이러한 사람들을 중심으로 해서 만들어지는 인터페이스 혁명이라는 것은 컴퓨팅에 있어서 결정적인 역할을 하는 겁니다. 그러니까 하드웨어, 소프트웨어, 인바이런먼트, 라이브웨어 1, 2, 이 다섯 개의 쉘이 공존했을 때 비로소 쉘이라고 하는, 인간이 가질 수 있는 온전한 환경을 만들어갈 수 있다. 이 환경을 읽는 것은 사회학, 문화인류학이고 라이브웨어를 읽는 것은 예술, 문학, 심리학 모든 면에서 이뤄진다. 그것을 하드웨어, 소프트웨어로 절대로 나눌 수 없습니다. 일체 되는 것이죠.

어금니로 씹는 디지털입니다, 특히 한국인에게 있어서. 한국 사람들은 컴퓨터를 셈틀로 하자고 했는데 컴퓨터와 셈틀은 다릅니다. 컴퓨터는 정확하게 0.1만 틀려도 안 되지만 한국말의 셈이라는 것은 엉망인 겁니다. 누가 돈을 잃었어요. 옆의 친구가 위로해줄 때 술 먹은 셈쳐. 셈은 절대로 셈칠 수 없는 게 셈인데, 우리 셈이라고 하는 것은 셈을 셈대로 가지 않는다. 결국은 융통성이 있는 숫자, 있어서는 안 되는 고무줄 숫자. 과학에서 질색하는 늘어나기도 하고 줄어들기도 하는 고무줄 숫자를 없애기 위해서 컴퓨터를 만들었는데, 이제는 우리가 없애려고 했던 노이즈를 어떻게 끌어들이느냐, 어떻게 부정확한 컴퓨터가 정확하게 인간의 마음을 읽을 수 있느냐.

살아 있는 컴퓨터, 생각하는 컴퓨터, 우리 신체성을 가진 컴퓨터를 저는 디지로그라고 해서, 알다시피 햅틱기술이라던가, 이런 모든 것이 어금니로 씹는 디지털을 해야 한다. 그것이 바로 위Wii가 하려고 했던 인터페이스 혁명이고 앞으로는 이런 혁명을 게임기뿐만 아니라 모든 벤처기업에서도, 소위 퍼지 컴퓨터라든가 바이오미미크리, 이와 같은 것으로 나가는 것이 컴퓨터와 신체성의 관계다, 라고 저는 정의를 내리는 것입니다.

생명 자본주의와 신체성

제가 늘 얘기하는 것이 앞으로는 생명 자본주의가 온다는 겁니다. 금융자본주의는 돈 넣고 돈 버는 것이고 산업자본주의는 기술 넣고 기술 버는 것이죠. 이제는 감동을 넣고 감동 상품을 만들어내는 생명 자본주의가 온다는 겁니다. 이 생명 자본주의는 선택이 아니라 필연적으로 오는 것입니다. 컴퓨팅이 바로 이 생명 자본주의에 이바지할 때에 컴퓨터와 인간은 행복해질 수 있다, 그게 신체성입니다.

바퀴벌레 보세요. 바퀴벌레는 절대로 배설물을 내보내지 않습니다. 미생물을 이용해 모든 것을 체내에서 리사이클해서 3억 년이나 살아온 바퀴벌레는 우리보다도 훨씬 선배입니다. 3억 년 동안 쌓아온 노하우로 절대 배설하지 않는데, 인간은 생산량보다도 배설량이 훨씬 많은 것이 그동안의 산업자본주의였습니다.

1리터의 주스를 만들기 위해서 1톤의 물과 폐기물을 버린다는 겁니다. 그러나 모든 짐승은 절대로 자원을 낭비하지 않습니다. 인간만이 버리는 것이 먹는 것보다 더 많습니다.

이런 지구에서 가장 어리석은 생물이 자연과 함께 지내려면 원폭이 떨어져도 살아남는, 공룡보다도 더 오래 산, 지구의 살아 있는 화석으로 불리는 바퀴벌레로부터 배워야 합니다. 우리 주변에는 우리가 배워야 할 많은 것들이 있습니다. 심지어 쥐도 잡을 생각만 하지 말고 미키 마우스로 만들면 돈이 된다는 것. 이런 것들이 바로 앞으로 산업이나 모든 것을 이끌어가는 하나의 중요한 데이터가 된다는 것이 컴퓨터와 신체성을 관심, 관계, 관찰의 마지막 항목으로 삼아달라는 이유입니다. 경청해주신 것 대단히 감사합니다.

10

닫고 열고
넘어서는
디지로그 세상

– 2009 차세대융합기술연구원 융합포럼

저보고 융합 과학의 아이콘을 하나 만들어달라면
지우개 달린 연필을 해주겠어요.

패러다임을 전환하기 위해서는 '소거 학습'이
가장 중요합니다. 교육에서 가장 중요한 것이
지금까지 해온 것을 지워버리는 겁니다.

지금까지 배우고 믿어온 것을 지우는 데에만 써도
여러분은 천재가 됩니다. 비워버리십시오.

융합 과학으로의 긴 여정

반갑습니다. 파워포인트로 강연하는 것이 관례지만, 오늘은 파워포인트를 사용하지 않겠습니다. 저는 사실 한국의 대학 강단에서 최초로 파워포인트를 썼고, 강의를 듣고 난 뒤에 학생들이 불만이 있으면 빨간 단추를 누르고, 감동했으면 파란 단추를 누르는 인터랙티브(쌍방향) 툴을 LG와 같이 개발한 적도 있습니다. 당시에는 그걸 쓰는 사람이 저 하나뿐이라 안 된다고 그랬었는데, 오늘도 그 툴을 썼으면 여러분이 제 얘기를 들으면서 '감동' '불만' '묵묵부답' 이런 식으로 평가를 해서, 전체 중의 얼마가 공감했는지, 몇 명이 적극적으로 참여했는지를 확인해볼 수 있었을 겁니다. 그렇게 하면 강단에 서는 교수도 매일매일 강연하면서 교수법을 개선할 수 있을 것입니다. 이것이 인터랙티브한 강의입니다.

지금과 같은 매스mass의 시대에는 일대일face-to-face로 커뮤니케이션하기란 도저히 불가능합니다. 그렇다고 불특정 다수를 상대로 일방적one-way인 방식을 써서도 안 되죠. 이처럼 새로운 기술이란, 지금까지의 패러다임으로는 양립이 불가능한 것(획일적인 강연과 일대일 강연)을 섞는 것입니다. 따라서 현재의 패러다임으로는 이것 아니면 저것밖에 선택할 수 없는 이자택일적인 것을 결합하거나 순환시킴으로써 흑백을 넘어서는 것, 비트윈 앤드 비욘드between and beyond, 즉 여러 가지 분야로 나뉘어져 있는 것의 중간으로 와서 그것을 뛰어넘는가, 그것이 말하자면 오늘날 융합 과학으로 오는 긴 여정이었다고 생각합니다.

그런데 왜 제가 파워포인트를 안 썼을까요. 파워포인트를 쓰면 메시지가 시각(청각도 거의 없습니다) 정보밖에는 전달되지 않는다는 한계가 있습니다. 지금까지의 정보는 시각 내지 청각 중심으로 전달되었습니다. 즉 신체성을 벗어나 시각과 청각으로만 정보를 전달하는 대표적인 수단이 파워포인트라는 것이죠. 그러니까 생생한 내 몸이 와서 얘기하는데(이중에는 처음 대면하는 사람들도 있는데), 여러분은 전부 이미지를 보게 됩니다. 안면이 여기 있는데 화면을 보고 있다는 것입니다. 여러분도 화면을 보고, 나도 화면을 보면 도대체 인간의 안면은 어딜 간 겁니까. 거짓말할 때는 말을 더듬거린다든지, 자신 없는 말을 하면 얼굴이 빨개진다든지 하는 것이 다 정보인데, 파워포인트로 만든 화면 위에는 필터링된, 균질적 정보밖에 안 간다는 것이죠.

서구의 세계관은 모든 것을 분자화, 양자화해왔습니다. 디지털 역시 양자화하는 것이 아닙니까? 셀 수 있는 것으로 환원한 것입니다. 그러나 세지 못하는 것이 얼마나 많습니까. 바로 이것이 문제가 됩니다. 소니의 바이오VAIO 마크를 보세요. 웨이브 진 V, A의 곡선은 아날로그입니다. 그리고 I, O는 1과 0, 즉 디지털입니다. 바이오 로고를 만든 사람에게는 벌써 디지로그의 개념이 있었던 것입니다. 디지털과 아날로그를 어떻게 결합할 것인가, 즉 셀 수 있는 것의 편리함과 셀 수 없는 것의 중요함을 어떻게 앞으로 우리의 기술로 융합해갈 것인가를 고민해야 합니다. 이런 것에서부터 융합 기술이 왜 나오게 되었으며 그것이 무엇인지, 인문학과 접속하려면 어떤 면에서 이루어지는지, 특히 물리학, 생물학, 화학, IT 기술, 디지털, 나노테크놀로지 등을 어떻게 융합해야 할지 이야기해보겠습니다.

날개 없는 닭

선마이크로시스템즈사의 공동 창립자 빌 조이Bill Joy는 융합을 아주 나쁜 것으로 보았습니다. 그는 앞으로 유전공학genome과 나노테크놀로지nanotechnology와 로봇공학robotics이 결합하면 틀림없이 2020년과 2050년 사이에 사람도 아니고 기계도 아닌 생명체가 나올 것이라 주장했습니다. 우리 뇌 속에 들어 있는 어마어마한 양의 정보를 반도체 안에 집어넣는 기술이 이루어지면 인간의 모든 기억을 디지털로 바꿀 수 있고, 또 나노테크놀로지를 이용해 거의 생체에 가까운 인공 피부를 만들 수도 있습니다. 그렇게 되면 죽기 싫은 사람은 두뇌를 생체 로봇에 다운로드받아 사람도 아니고 기계도 아닌 중간의 생명체로 영생을 누리게 될 것입니다. 아닌 말로 이 세 가지 과학GNR이 융합하면 복제인간 문제가 수면 위로 떠오르게 될 것입니다. 빌 조이는 이것을 인류의 절멸로 보았습니다. 그래서 그는 2000년 잡지 『와이어드Wired』에 기고한 글을 통해 오늘날 우리가 가지고 있는 정보 기술을 유전공학과 나노테크놀로지를 하는 사람들에게 제공하지 말자고 했습니다.

제가 이 문제를 가지고 한국 사람들의 반응이 궁금해 네이버에 질문을 올려봤습니다. 이런 기술이 가능해지면 두뇌를 다운

로드받아 영구히 살고 싶은지 말입니다. 우리 사회는 모럴이 강해서 그런지 절대 안 된다고들 했는데, 실제 그런 것이 있으면 다 다운받아서 백년 만년 살려고 할지 모릅니다. 흔히 융합 기술이라고 하면 그것이 무엇인지도 잘 알지 못한 채 장밋빛으로 그리게 마련인데, 융합 기술이 과연 매력이 있는 것인지, 빌 조이의 말처럼 잘못하면 큰일 나는 것인지를 의심해봐야 합니다. 우리에게는 앞으로 모든 기술을 평가하고 체크할 수 있는 메타테크놀로지가 필요합니다. 지금까지는 좋은 기술을 만들면 팔리고 돈 벌고, 모든 사람이 무릎을 꿇는 테크놀로지의 시대였지만, 이젠 아니다 이 말입니다.

잘 아시다시피 미국에서는 엄청난 양의 닭을 소비합니다. 그런데 서양에서는 닭의 날개를 잘 먹지 않는 탓에 날개를 제거하는 공정에 비용이 많이 들어간다고 합니다. 이것 때문에 공산품처럼 일관 작업이 안 되는 것입니다. 그렇다면 유전공학을 이용해서 아예 처음부터 날개 없는 닭을 만들면 되는 것 아니겠습니까. 날개 없는 닭을 만들면 사료가 덜 들고, 가공할 필요 없이 그대로 생산 라인에 올려놓으면 되므로 매출이 신장될 것입니다. 그럼에도 불구하고 날개 없는 닭은 여지없이 실패합니다. 기술의 실패가 아니라 메타테크놀로지 면에서 안 되는 얘기죠. 날개 없는 닭은 식품 산업의 획기적인 발명품일 수는 있지만, 그걸 먹는 소비자의 마음은 닭의 변형된, 흉측한 이미지를 받아들이지 못할 겁니다. 덴마크에서는 오히려 넓은 뜰에다가 풀어놓고 키운 야생에 가까운 닭을 몇 배나 높은 값에 팝니다. 새로운 기술을 개발하는 데 있어서 이것이 마케팅이 되는지, 인간에게 이로운지, 또는 다른 기술에 어떤 영향을 미치는지, 전체 관계망을 결정짓는 것은 생물학도, 물리학도, 과학도, 인문학도 아닌 피가 철철 흐르는, 소비하는 인간의 총체적 상상력과 총체적 삶입니다.

호문쿨루스와 프랑켄슈타인

오늘날 융합 기술이라는 말이 쓰이기 시작한 것은 지금까지의 과학이 분리 과학을 해왔다는 점을 시사합니다. 근대 산업사회는 모든 감각 정보를 분리해왔습니다. 따라서 융합 기술은 근대 산업사회의 분리dissociate된 정보를 결합associate하여 총체적인 실체로 접근하려는 시도라고 할 수 있습니다. 과학이라는 말을 처음으로 인정하고 쓴 사람은 괴테입니다. 그가 바이마르 공국의 재상으로 재임하던 시기에 최초의 화학 교수가 나왔습니다. 괴테는 무기물을 합성하는 화학을 적극적으로 지지했지만, 유기물(생명)을 합성하는 것에 대해서는 맹렬하게 반대했습니다. 괴테는 『파우스트』 2편에서 플라스크 안에서 창조된 호문쿨루스(중세

연금술에 의해 인공적으로 만들어진 인간)를 통해 인공 생명을 만드는 기술을 비판합니다. 파우스트는 "생명은 아주 느리게 진화하는 것이다. 그러니 너도 인간이 그랬던 것처럼 수십억 년을 견디면서 인간이 되거라" 하고 호문쿨루스의 시험관을 바다에 던집니다. 유리그릇에서만 살던 호문쿨루스는 그렇게 생명의 바다에 던져짐으로써 해방됩니다.

지금 인간들이 시도하려는 과학은 기술이 부족해서가 아니라 그 기술을 에워싸고 있는 윤리적 반응 때문에 불가능한 것들이 많습니다. 융합 기술을 하기 위해서는 메타테크놀로지의 검열을 받아야 합니다. 여러분이 하려고 하는 기술이 법률적, 윤리적, 환경적으로, 또는 인간의 이익 면에서, 모든 것이 괜찮은가 하는 문제를 고민하지 않고 분할된 작은 분야에서부터 연구를 해나가면, 결국에는 엄청난 시행착오에 빠지고 인간을 불행에 몰아넣게 될 것입니다. 테크놀로지를 검증하는 테크놀로지, 이것이 반드시 있어야 한다는 것이죠. 무엇이든 자유롭게 해도 좋지만 그것들이 공통적으로 가지고 있는 일종의 보편성, 상식에서 출발해야지, 그렇지 않으면 급조된 생명인 호문쿨루스가 나오고 프랑켄슈타인이 나온다는 것입니다.

아인슈타인도 말했듯이 우리에게 가장 무서운 것은 모르는데 안다고 생각하는 것입니다. 모럴, 또는 인간들이 가지고 있는 의식, 이런 것들을 알지 못하고 기술에 접근한다면 그것은 큰 오해입니다. 문명비평론, 소설, 이런 것들을 읽어야 합니다. 적어도 저보고 추천하라면 『프랑켄슈타인』(1818)부터 읽으라고 권하겠습니다. 『프랑켄슈타인』 이야기를 하면 무슨 만화에서나 나오는 얘기를 하고 있느냐 할 것입니다. 그러나 여기서 『프랑켄슈타인』을 누가 썼는지, 어떤 내용인지 아는 사람이 있습니까? 또 많은 사람들이 프랑켄슈타인이 괴물의 이름인 줄 압니다만, 프랑켄슈타인은 그것을 만든 사람의 이름입니다.

『프랑켄슈타인』은 메리 셸리라는 여성이 쓴 소설입니다. 왜 과학자도 아닌 여자가 그것을 썼겠습니까. 남자들은 여자에 대해서 콤플렉스가 하나 있었어요. 여자는 생명을 낳는다는 것이죠. 생체를 창조하잖아요. 과학적으로 보면 남성과 여성이 함께 아이를 갖는 것이지만 구체적으로 아이는 여자 몸에서 나오지 남자는 아무것도 한 게 없습니다. 말하고, 오줌 싸고, 노래 부르는 기계를 어떻게 만듭니까? 그러니 남자들에게 어떤 마음이 들었을까요. "여자여, 너희들이 생명을 만들긴 만드는데, 슬프게도 그게 죽어. 나는 죽지 않는, 너희들보다 위대한 창조물을 만들 거야." 그렇게 해서 남자들이 신전을 짓고, 기껏해야 백 년도 못 사는 사람이 천년만년 가는 석조 건물을 짓고, 죽은 자의 무덤에 어마어마한 묘를 짓고, 정치를 만들고 법을 만든 것입니다. 이것이 전부 다 여자들에 대한 콤플렉스에서 나온 것입니다.

요컨대 여자는 생명을 만드는데 남자들은 큰소리만 치고 창조하는 것이 없습니다. 그래서 생명 대신 만든 것이 법이고, 학교고, 제도입니다. 그런데 그것이 생명만 해요? 메리 셸리가 『프랑켄슈타인』을 왜 썼을까요? "남자들이여, 오만하지 마라. 너희들이 생명을 만들어? 너희들의 지식, 지혜로 만든다고? 그래, 만들어봐. 아무리 기를 쓰고 만들어도 너희들은 불완전한 생명밖에 못 만들어." 그래서 메리 셸리는 프랑켄슈타인이라는 한 물리학자가 인조인간을 만든 이야기를 쓴 겁니다.

과학을 맹신하는 사람이 인간의 지혜로 생명체를 만들 수 있다고 믿습니다. 그래서 만들고 나서 보니 그 결과는 괴물입니다. 얼마나 기가 막힙니까. 자연이 만든 생명체는 아름다움과 조화가 있는데 인간이 만든 생명체는 괴물에 불과했던 것이죠. 1백 년, 2백 년밖에 안 되는 인간의 과학기술로 만든 생명이 신이 만든, 적어도 38억 년 동안의 긴 세월을 통해 만들어진 생명과 비교가 됩니까.

슬픈 얘기입니다. 처음에는 남자 하나만 만들었는데, 이 괴물이 생명체니까 사랑을 하고 싶다는 겁니다. 모든 생명체는 외로운 존재들인데 짝짓기를 통해서 생명체를 만들어가는 것이죠. 그래서 과학자가 여자를 만들어주겠다고 약속했습니다. 그런데 만들려다 보니까 괴물들이 번식하면 인간 세상이 위협받게 된다는 사실을 깨닫고 도망치게 됩니다. 그러자 이 괴물이 과학자를 죽이려고 지구 끝까지 쫓아가지 않습니까.

여러분께서 지금 융합 과학을 한다고 하시는데, 짧은 시간이지만 여러분이 인간이 창조한다는 기본적인 기술에 대해 묻고, 왜 지금 바이오미미크리인가, 왜 지금 디지로그인가에 대해 듣고 "아 그거야!" 하고 생각한다면 세계 최강의 융합 과학이 한국에서 태어날 것입니다. 바이오미미크리 방향으로 가지 않고, 디지로그 방향으로 가지 않는 융합은 엄청난 재앙을 가지고 옵니다. 프랑켄슈타인을 만드는 것이나 다름없습니다.

차이와 분할이 우리를 살린다

저는 디지털과 아날로그의 개념을 말할 때 도마뱀과 뱀의 비유를 듭니다. 도마뱀은 몸통하고 꼬리를 구분할 수 있습니다. 이것이 디지털입니다. 분절이 안 된 아날로그는 구렁이 담 넘어가듯이 어디서부터가 머리이고 어디서부터가 꼬리인지 모릅니다. 구렁이 담 넘어가듯 이어지는 것이 아날로그인 겁니다.

학문을 의미하는 모든 용어에는 끝에 '로지-logy'가 붙습니다. 로직logic이라는 것이죠. 로직에는 분할한다는 의미가 있습니다.

흑과 백을 나누고 하늘과 땅을 분할합니다. 그러니까 여태까지 여러분이 배우신 것은 분류학입니다. 제가 지금 여러분과 대화가 가능한 것은, 인간의 성대로 소리를 쪼개서 많은 정보를 그 분할에다 집어넣을 수 있기 때문입니다. 짐승들은 소리의 분절이 안 돼서 기껏해야 네 개의 분절음밖에 낼 수 없습니다. 자연이 아날로그적 상태의 연속체라면 인간이 만든 문화는 전부 분할입니다. 분할은 표지, 차별화, 차이성을 만들어냅니다. 신분 확인이 가능한 것은 생긴 모습이 다 다르기 때문입니다. 차이와 분할이 우리를 살리는 겁니다. 그런데 분리로 나온 과학 정신이 아날로그의 중요성을 다 죽여놨습니다. 분절되지 않는 것은 말하지 않습니다.

통합적 상상력에서 시와 예술이 나오고 끝없이 분할하는 데서 과학이나 논리가 생겨납니다. 동양은 통합적으로 사고하고 서양은 분할적으로 사고합니다. 그래서 동양에서는 원을 많이 씁니다. 동양의 국기는 동그랗습니다. 한국의 태극기, 일본의 일장기, 전부 동그랗습니다. 서양은 직선으로 나뉘어져 있습니다. 노란색, 빨간색은 평행선을 긋지 절대로 합쳐지지 않습니다. 오늘날의 서양은 동양 사람처럼 두루뭉술하게 생각하지 않고 모든 것을 정확하게 양자화한 결과입니다. 서양 학문에서 세미올로지(semiology, 기호학), 피지올로지physiology처럼 로지가 붙는 말은 전부 분할한다는 의미입니다.

그렇다면 서양이라고 해서 다 분할하는가. '포에지(poesy: 시, 운문)'는 통합하는 것입니다. 그러니까 지금 융합 과학 하겠다는 사람은 로지를 붙이면 안 됩니다. '피지올로지' 하지 말고 '피지오포에지physiopoesy'라고 해보십시오. 물리시학, 화학시학, 이런 것이 통합이죠. 여러분이 이름도 한번 지어보세요. '포에지'가 붙으면 통합되는 거고 '로지'가 붙으면 분할되는 것입니다. 그러니까 언어의 어원을 알면, 문학을 알면, 무언지 모르는 새로운 것이 네이밍에서부터 달라질 것입니다. 시적 상상력이라는 것은 언어에서부터 나오는 것입니다. 워드 파워가 뭔지를 알아야 하는 것입니다.

그런데 서양 과학은 소설과 시를 통해 통합을 시도해왔거든요. 예를 들어 물리학에서 쓰이는 '쿼크'라는 말은 제임스 조이스의 『피네간의 경야』라는 소설에서 나온 말입니다. 『피네간의 경야』는 밑도 끝도 없이 어렵습니다. 끝이 시작이고 시작이 끝인 소설입니다. 소설가도 읽기 어려운 이 소설을 물리학자가 읽고 그것에 쿼크라는 이름을 지은 것입니다. 브라질에 있는 나비의 날갯짓이 미국 텍사스에 토네이도를 일으킨다고 하는 카오스 이론도 이런 융합에서 나왔습니다. 바로 그러한 것이 지금 융합 과학, 뉴사이언스에서 거론되고 있습니다만, 원래 정통 과학자들의 입장에서는 인정하지 않았던 것들입니다.

사실 융합하고 통합한다는 사람들치고 말이죠. 끝까지 얘기 해보면 곤란한 사람 많습니다. 앨런 소칼이라는 뉴욕대학교의 물리학자가 1996년 인문학 학술지 『소셜 텍스트Social Text』에 과학 용어를 잔뜩 써서 인문학과 과학을 섞은 가짜 논문(「경계를 넘어서: 양자 중력의 변형적 해석학을 위하여Transgressing the Boundaries: Toward a Transformative Hermeneutics of Quantum Gravity」)을 하나 투고했습니다. 그랬더니 이 학술지에서 그 논문을 출판하고, 금세기 최고의 논문이라고 치켜세웠습니다. 소칼은 논문이 발표되자마자 그것이 엉터리 논문이라는 사실을 폭로했습니다. 일부러 엉터리 논문을 제출했는데, 소위 최첨단을 간다는 포스트모더니즘 학술지에서 그 진위를 하나도 알아보는 사람이 없었다는 것입니다.

사실 데리다, 푸코 이런 사람들의 이론은 어려워서 읽어내지 못하거든요. 안다면 거짓말입니다. 라캉이 그랬잖아요. "내 이론을 알아듣는 사람은 하나도 없다"라고. 그런데 우리나라에 라캉 인용 안 하는 사람이 없고 데리다 인용 안 하는 사람이 없습니다. 이 사람들의 이론에는 생물학도 나오고, 이상한 것들이 많이 나옵니다. 접경, 씨뿌리기, 파종 같은 개념을 쓰면서 말입니다. 한 학문도 하기 어려운데 이렇게 다른 학문하고 결합하거나 응용한다는 것은 정말 어려운 일입니다. 그런데도 왜 지금 융합이

화두에 떠오르고, 그것을 왜 하겠다는 겁니까. 지금부터 제가 융합에 성공한 예를 몇 가지 들면, '아, 그것 같으면 논문도 쓸 수 있고, 앞으로 이건 한국이 할 수 있겠구나' 하실 겁니다. 이런 것들이 아까 얘기한 바이오미미크리나 디지로그 부분에서 가능합니다. 이 두 분야에서 융합 기술은 어느 의미에서는 인류가 살 수 있는 마지막 화두라고 해도 과언이 아닙니다.

융합 과학의 핵심, 지우개 달린 연필

저는 이것을 방충망의 원리라고 합니다. 대개 필요는 발명의 어머니라고 하지만, 발명은 필요가 아닌 모순과 궁지에서 비롯됩니다. 모순이나 갈등, 위급한 상황에서 인간의 머리가 열리면서 하나의 발견이 나옵니다. 더운 여름날, 한 아이가 공부에 열중하느라 문이 꽉 닫혀 있는 줄도 모르고 방 안에 앉아 땀을 흘리고 있습니다. 그러자 아버지가 들어와 이렇게 말합니다. "얘, 더운데 왜 문을 꽉 닫고 있냐. 문 열어라." "아이쿠, 내 정신 좀 봐." 그러면서 아이는 문을 열어요. 그랬더니 어머니가 들어와 하는 말, "얘, 모기 들어온다. 문 닫아라." 그럼 이 아이는 아버지 말을 들어야 합니까, 어머니 말을 들어야 합니까?

문을 닫을 수도, 열 수도 없는 궁지에 몰렸을 때 새로운 발견이 나옵니다. 똑똑한 아이 같으면 우선 이렇게 얘기할 겁니다. "아버지, 어머니. 문을 닫고 열어드리면 되잖아요. 바람 들어오고 모기 안 들어오면 되는 거 아니에요?" 하지만 닫기와 열기를 동시에 하기란 불가능한 일입니다. 그래서 아이는 방충망을 고안합니다. 바람은 들어오고 모기는 못 들어오는 방충망을 만들어 달면, 이것이 바로 열고 닫은 셈이 아닙니까. 열고 닫는 문의 개념을 소거하고, 거기에 새로운 제3의 비욘드, 즉 닫고 열고 넘어서는 과정에서 방충망이 생긴 것이죠.

인간의 어떤 과학이든, 어떤 정신적인 활동이든 전부가 이 모순에서 나옵니다. 시에 있어서의 메타포도 그렇습니다. 즐겁고 기쁠 때 시인은 메타포를 씁니다. 인간이 하는 일은 모순이기에 모순어법으로 표현할 수밖에 없는 것입니다. 시네스테시아 synesthesia, 공미라고도 하고 공감각이라고도 합니다. '공생'하듯이 감각이 서로 얽혀 있다, 이것이 벌써 융합이죠. "분수처럼 흩어지는 푸른 종소리." 분수처럼 흩어지는 푸른 종소리라고 합니다. 분수라고 하는 것은 물입니다. 종소리는 청각인데 색채를 집어넣어 푸른 종소리라고 표현한 겁니다. 일상적 경험에서 대립되거나 모순되는 것을 합치는 것, 하나의 감각을 다른 감각으로 전이하는 것을 메타포라고 합니다.

그러니까 이런 방충망의 원리는, '닫다'라는 말과 '열다'라고 하는 절대적으로 불가능한 두 개의 운동을 합친 것입니다. "입지도 말고 벗지도 말라. 타지도 말고 걷지도 말라"라고 할 때 셰익스피어(중학교 2학년 국어 교과서에 실린 『현명한 아내 만카』라는 체코슬로바키아 소설에서 나오는 이야기라고도 합니다)는 어떻게 했습니까. 절체절명 속에서 그물로 자기 몸을 싸서 말에 끌려오는 것입니다. 이런 모순들이 창조의 모티베이션이 되는 것입니다.

기술도 그렇습니다. 이질적인 것을 결합시키거나 대립적인 것을 결합하려는 긴장이 융합을 낳는 것입니다. 자, 보십시오. 명언들은 전부 모순어법으로 되어 있습니다. 케네디는 "위기는 기회다"라는 말을 했습니다. 위기crisis는 네거티브한 것인데 기회opportunity는 포지티브한 거예요. "영어의 '위기'라는 단어를 한자로 쓰면 위危는 크라이시스고 기機는 오퍼튜니티다. 그러니 이것이야말로 전화위복의 기회다. 이 기회에 우리의 불안 요소를 쳐버리자"라고 말입니다. 이 말 한마디가 미사일 싣고 오는 소련과의 냉전에서 3차 대전을 피하는 황금의 언어가 됩니다. 사실 한자의 기機에는 기회라는 뜻이 없습니다. 여기서의 기는 부정적인 의미로 쓰인 것입니다. 이렇게 한자를 모르는 사람이 한자를 틀려가면서까지 레토릭rhetoric을 만들어 미국 국민들을 들뜨게 했다 이겁니다.

방충망의 원리를 다른 말로 하면 지우개 달린 연필을 생각해볼 수 있습니다. 이 지우개 달린 연필은 하이먼 리프먼이라는 사람이 처음 발명했습니다. 이 사람의 형이 화가였는데, 그림을 그리다가 지우려고 보면 지우개가 항상 없었다고 합니다. 하루 이틀도 아니고 매번 지우개를 찾고 있으니, 동생이 보다가 지우개를 연필에다가 끈으로 매서 쓰라고 제안합니다. 처음에 지우개를 끈으로 매니 달랑거리는 겁니다. 그래서 연필을 파고 그 안에 지우개를 끼웠습니다. 그리고 그것을 연필처럼 깎았어요. 그랬더니 아주 작은 것도 지울 수 있었습니다. 이것이 리프먼이 만든 세계 최초의 지우개 달린 연필이었습니다.

그 뒤에 조지프 레첸도르퍼라는 사람이 이것을 더 정교하게 만들어 특허를 신청했습니다. 그랬더니 소위 말하는 신규성, 즉 새로운 기능이 나와야 하는데 이것은 따로따로 되어 있는 것을 결합한 것뿐이라며 특허를 내주지 않았습니다. 그 후에 이 문제를 가지고 사람들이 많은 논쟁을 했습니다. 가장 대표적인 주장이, 기능이 달라졌다는 의견이었습니다. 이것은 가늘게 깎았기 때문에 보통 지우개하고는 달라서, 아주 세세한 것도 지울 수 있다고 말입니다. 그래서 이것은 오심이라고 얘기하는데, 전부 헛짚은 겁니다.

이것은 보통 특허의 특허입니다. 쓴다는 기능하고 지운다는 기능은 정반대인데, 이 정반대의 것을 한 몸으로 갖다가 붙인 것은 놀라운 발상입니다. 끝없이 쓰고, 끝없이 지우고, 지우기 위해서 쓰고, 쓰기 위해서 지우는 이 놀라운 논리의 함정질, 이것이 융합 과학의 핵심입니다. 여러분이 이것을 아시면 앞으로 어떤 것을 융합하든 아이덴티티가 생겨납니다.

저보고 융합 과학의 아이콘을 하나 만들어달라면 지우개 달린 연필을 해주겠어요. 록 음악으로도 만들 수 있어요. "이 세상은 많아. 전부 연필이야. 쓰는 것밖에 없어. 부러져도 깎아서 쓰면 돼. 이 세상은 전부 지우개뿐이야. 남이 써놓은 것을 밤낮 지워, 지워, 지워. 그런데 쓰고 지우는 것, 그것은 우리밖에 없네. 쓰는 기능과 지우는 기능이 이렇게 다른데 그게 내 한 몸속에 있네. 나는 쓰기 위해서 지우고 지우기 위해서 쓰는 거야." 이것이 새로운 기술을 낳고 패러다임 전환을 가능케 합니다. 패러다임을 전환하기 위해서는 '소거 학습'이 가장 중요합니다. 교육에서 가장 중요한 것이 지금까지 해온 것을 지워버리는 겁니다. 지금까지 배우고 믿어온 것을 지우는 데에만 써도 여러분은 천재가 됩니다.

비워버리십시오. 소거의 논리가 얼마나 중요합니까. 엄청난 상상력과 과학기술을 가진 엘리트들이 모이는 곳이 나사나 소련의 우주국입니다. 우주과학이라는 새로운 기술을 다루기 때문입니다. 그런데 이 두 팀들이 아주 유명한 바보짓들을 합니다.

그게 지우지 못해서 그런 겁니다. 예를 들면 이런 것입니다. 우주선에서 메모를 하려면 볼펜이 필요한데, 우주에 나가면 압력 때문에 볼펜의 잉크가 샙니다. 그래서 나사에서 압력에 견디는 볼펜을 만들라는 지령이 떨어집니다. 하지만 별의별 실험을 다 해봐도 우주선에서 쓸 수 있는 볼펜을 만드는 데는 실패합니다. 다른 어마어마한 것은 다 해봤는데 그까짓 볼펜 하나를 못 만든 겁니다.

할 수 없이 먼저 우주선을 쏘아 올린 소련에 가서 그 기술을 훔쳐오기로 합니다. 그래서 가져온 것을 보니, 소련에서는 연필을 썼더라는 겁니다. 엄청난 예산과 시간을 들여 이런 바보짓을 한 겁니다. 현대의 가장 위대한 발견이고 창조인 과학에 딱 하나의 결함이 있다면 그것은 융통성의 부족입니다. "우주선에서 쓰는 볼펜을 만들라"는 이 대전제에 얽매여서 어떤 천재들도 연필을 떠올리지 못했던 겁니다. 과학에서는 한 치의 오차도 허용하지 않습니다. 아인슈타인은 합리주의에, 숫자에 빠지지 않기 위해서 자신의 연구소에 이런 말을 써놓았습니다. "숫자로 계산할 수 있는 것이 다 좋은 것은 아니다." 전부 수식으로 정리된다고 해서 해결되는 것이 아닙니다.

네거티브를 포지티브로

융합 과학이라는 것은 결국 안 되는 것을 되게끔 만드는 것입니다. 실제로 인간들이 살아가는 것은 네거티브를 포지티브로 옮기는 일입니다. 유토피아는 희랍어로 아무 데도 없다는 뜻입니다. 이상향은 아무 데도 없다. 즉 '노웨어NOWHERE'다. 그러나 시인들은 이것을 간단히 해결합니다. W 자를 NO 자에다가 붙이면 완전히 다른 뜻이 됩니다. '노웨어NOWHERE'를 '나우 히어(NOW HERE, 지금 여기)'로 읽는 정신. 이 말장난, 융통성이야말로 지우개 역할을 해주는 겁니다.

네거티브를 포지티브로 만드는 것은 무수하게 존재합니다. 예를 들어봅시다. 많은 사람들이 바이러스를 무조건 나쁘게만 봅니다. 그렇지만 바이러스가 나쁜 게 아니에요. 바이러스는 인간하고 정답게 잘 살아왔습니다. 들여다보면 모양도 참 예쁩니다. 바이러스는 다른 생물에 붙어서 증식하는 슬픈 미생물인데, 이 미생물은 지금까지 인간에게 많은 좋은 일을 해왔습니다. 인간의 몸은 무수한 미생물로 이루어져 있습니다. 어떠한 생물도 단독 생명체는 없어요. 우리가 제거하려고 하는 노이즈, 바이러스, 많은 기생충들이 인간에게 얼마나 필요하고 유익한 존재인지를 알아야 융합 과학의 패러다임이 시작됩니다.

옛날 회충이 많았을 때는 아토피가 없었습니다. 아토피라는 것이 최근에 새로 생긴 거지 옛날에는 없었습니다. 그래서 일본의 유명한 학자가 이것이 문명병이라는 사실에 주목하고 조사를 해보니까, 놀랍게도 아토피가 일본에서 삼나무 알레르기로 제일 먼저 나왔다는 사실을 발견했습니다. 그것이 1940 몇 년인가 그렇답니다. 일본은 위생이 국력이라고 기생충을 전부 구제해버렸는데, 60~70퍼센트에 달하던 회충 환자들이 제로로 떨어진 그다음 해에 지금까지 없었던 아토피가 생기기 시작한 것입니다. 이 학자는 아토피가 면역 체계에서 나오는 알레르기니까 회충이 없어진 그다음 해에 아토피가 생겼다면 어떤 관계가 있을 거라고 추측하고 전 세계의 사례를 연구했습니다. 그런데 (아직은 논의 중이지만) 놀랍게도, 회충이 배설하는 이물질에 면역반응을 했을 때 우리 몸에 생기는 면역체가 아토피를 방지해주는 역할을 한다는 것입니다. 회충이 많은 태국이나 인도네시아에 가보면 아토피가 없다는 사실을 그 증거로 들 수 있습니다.

우리는 미생물과 삽니다. 피부 속에 사는 미생물들이 나쁜 바이러스를 막아주고, 소화기관, 대장 속에 있는 그 많은 바이러스와 박테리아들이 인간들을 이롭게 하지 않습니까. 그런데 인간들은 이것 아니면 저것 식으로 철저하게 바이러스를 죽이려 합니다. 원래 미토콘드리아라고 하는 것도 외부에서 들어온 것입니다. 우리 몸의 DNA는 두 개입니다. 외부에서 들어온 미토콘드리아 DNA와 원래 가지고 있던 DNA. 남성이 가진 미토콘드리아는 결합되는 순간 파괴되고 여자의 미토콘드리아만 남아요. 그래서 모계 미토콘드리아는 몇 세대가 지나도 그대로 유지되는 거예요. 그래서 우리의 모계 조상은 저 이브까지 거슬러 올라가 추적할 수 있습니다. 가장 믿을 만한 가설에 의하면 20만 년 전, 아프리카 대륙의 우주와 같은 그 자궁 속에서 우리가 태어났습니다. 미토콘드리아로 추적해보면 다 나온다 이겁니다.

인간은 이런 미생물과 공생해왔습니다. 그런데 인간만 그런 것이 아닙니다. 바퀴벌레도 그렇습니다. 바퀴벌레는 3억 년을 견디며 살아왔습니다. 여러분은 바퀴벌레만 보면 그냥 슬리퍼로 쳐서 죽여버리지만 사실은 우리보다 훨씬 선배입니다. 환경을 살아오는 데 이렇게 슬기롭게 살아온 것이 없습니다. 구두는 하루라도 안 닦으면 금방 더러워지는데, 바퀴벌레는 까맣게 윤이 좔좔 흐릅니다. 어째서 더러워지지 않을까요. 그런데 바퀴벌레가 더 놀라운 것은, 몸 안에서 미생물과 공생하고 있다는 점입니다. 바퀴벌레 똥을 본 적이 있습니까? 바퀴벌레는 배설 안 해요. 내부에 사는 미생물이 바퀴벌레의 배설물을 완전히 먹어 치웁니다. 바퀴벌레는 어떻게 만들었는지 미생물을 이용해서 먹은 것을 하나도 쏟아내지 않고 완전 녹여버리는 거예요. 오늘날의 이런 공해는 인간이 배출한 폐기물 때문에 생겼는데, 자연은 폐기물을 내보내지 않습니다. 이게 바이오미미크리입니다.

모든 짐승의 폐기물은 다른 생물들이 먹어 없앱니다. 토끼는 배설을 두 번 합니다. 한 번은 묽은 것을 싸서 다시 먹고, 까맣고 동글동글한 변을 다시 배출합니다. 그걸 또 새들이 와서 찍어 먹어요. 자연의 시스템은, 폐기물은 하나도 안 내놓고 깨끗하게 리사이클을 시키는데, 문명의 모든 기술은 폐기물을 전제로 만들어졌습니다. 1퍼센트의 가공품을 만들기 위해서 99퍼센트의 폐기물을 내보내는 셈입니다.

여기까지만 말씀드려도 여러분은 친환경이나 대체에너지 개발이라고 하는 것이 얼마나 허황된 구호인지 알 것입니다. 전기자동차를 만들려면 리튬이 필요한데 이 리튬을 어디서 구합니까. 리튬은 희귀합니다. 아마 리튬을 에워싼 자원 쟁탈전이 벌어질 겁니다. 요즘 대두되고 있는 바이오 에너지를 만드는 것은 전부 식물들인데, 이 식물들을 길러내자면 엄청난 물이 필요합니다. 이런 엉터리를 가지고 차세대 과학이니 그린이니, 삼척동자가 다섯 번만 물어봐도 거짓말이라는 걸 하고 있는 겁니다. 세계의 내로라하는 시스템, 과학자들이 이렇게 하고 있는 겁니다.

또 요즘 신종플루 탓에 타미플루의 수요가 엄청나게 뛰었습니다. 너도나도 찾는 이 타미플루라고 하는 것도 중국 남쪽과 인도

네시아밖에 안 나오는 식물에서 추출한 것입니다. 이런 것을 종합적으로 생각해보면 식물 다양성 문제가 뭔지, 우리가 식물 자원을 어떻게 이용해야 하는지를 알 수 있을 겁니다. 이렇게 실용과학, 기초과학 철학이 우리의 눈앞에 모여 있습니다. 그런데 이것과 저것을 섞어서 새로운 기술을 만들고 시장을 구하겠다는 저차원적인 생각에서 융합 기술이 나오고 이런 엄청난 건물이 세워진다면 이건 위험한 것입니다. 미생물은 치명적인 것이면서 또한 창조적인 파트너다, 이것이 바로 쓰기와 지우기가 함께 있는 사고방식입니다. 지금부터라도 미생물은 우리에게 유익한 것이라고 우리 아이들에게 가르쳐야죠.

디지털과 아날로그의 결합

엔지니어들이 개발한 기술과 문학자들의 상상력, 이 두 가지가 융합을 이루는 접점을 발견했을 때 엄청난 힘이 나옵니다. 핵의 분열에서도 힘이 나오지만 핵융합에서는 더 큰 폭발력이 나옵니다. 여러분은 지금까지 과학기술이 추구해온 분열의 패러다임을 융합의 패러다임으로 바꾸려고 이 자리에 온 것입니다. 과학은 끊임없이 분열하고, 분절화하고, 양자화하면서 오늘날 모든 것을 0, 1로 환원하는 디지털 문화까지 왔습니다. 그러나 그러다보니 아날로그를 다 버렸습니다. 신체성을 다 버린 것입니다. 게임을 할 때는 머리하고 시각하고 청각만 필요합니다. 예전 아이들은 밖에서 뛰어놀았지만 지금은 방 안에 들어앉아 몇 시간씩 게임만 합니다. 게임을 하느라 살이 찌고 눈이 퀭한 아이들을 IT가 만들었다는 것이죠. 여기에 육체성을 준 것이 무엇입니까. 바로 닌텐도의 위Wii였습니다.

흔히 게임 업계는 가장 강한 회사 두 개만 살아남는다고들 합니다. 얼마 전까지만 해도 마이크로소프트의 엑스박스Xbox와 소니의 플레이스테이션을 제외하고는 다 사양길을 걷는다고 내다보았습니다. 닌텐도도 곧 망할 거라고 예상했습니다. 그런데 소니의 플레이스테이션 3을 자세히 보면 이것은 게임이 아닙니다. IBM, 도시바 이런 회사들과 힘을 합쳐서 셀이라고 하는 엄청난 구동력을 가진 새로운 슈퍼컴퓨터를 만든 것이죠. 엄밀히 말하면 이것은 플레이스테이션이 아니라 워크스테이션입니다. 최고의 기술력으로 이루어낸 기술의 승리였습니다. 소니는 블루레이라고 하는 해상도가 굉장히 높은 차세대 모니터도 개발했습니다. 영국 BBC에서 만든 블루레이용 다큐멘터리 〈살아 있는 지구〉를 보면 해상도가 워낙 뛰어나다보니 바다에 떠 있는 갈매기들이 입체로 보일 정도입니다.

소니에서는 새로운 기술을 실용화하기 전에 시장이 넓은 게임으로 만들어 투자금을 회수합니다. 게임에서 이익을 낸 다음, 이 기술을 다른 분야에 원양하려고 했던 것입니다. 소니는 집집마다 보급된 플레이스테이션을 이용해서 홈뱅킹 같은 금융회사를 만들려고 했습니다. 그러다 이것이 실패한 것이지만, 이 사람들은 게임과 금융을 융합하려고 했습니다. 그것이 전부 융합입니다.

앞에서 미국의 나사가 그런 엉뚱한 실수를 했다고 말씀드렸습니다. 소련은 그럼 어떤 일을 했을까요. 소련 우주국에서는 무인 우주선을 쏘아 올려 달나라에 가서 중계를 하려고 했습니다. 중계를 하자면 라이트가 필요하니 전구가 있어야죠. 그러나 발사 시의 충격 때문에 전구의 유리가 다 깨져버립니다. 그래서 어떤 충격에도 견디는 유리를 만들라는 지령이 떨어졌습니다. 그러나 아무리 실험을 해봐도 유리를 대체할 소재를 찾는 데는 실패합니다. 하지만 달은 진공상태인데 공기가 어디 있겠습니까. 유리를 씌울 필요도 없었던 것입니다. 그래서 결국에는 필라멘트만 있는 전구를 보냈다고 합니다.

이런 모든 것이 지금까지 당연시되고 우리가 믿었던 것을 뒤집는 데서 시작됩니다. IT와 다른 것을 융합했을 때 무엇이 나오는지를 보십시오. 디지털과 디지털을 결합하는 것이 아니라 디지털과 아날로그를 결합한 것이 바로 닌텐도의 위였습니다. 지우개 달린 연필을 만들자는 것입니다.

저는 이것을 동방의 원리라고 얘기합니다. 예수님이 태어날 때 동방박사가 왔습니다. 동방을 연 사람들입니다. 이처럼 빛과 지식은 동방에서 옵니다. 분석하고 분리하는 과학은 서양에서 발전했지만, 종합하고 생물에서 지혜를 배우는 것은 동양에서 오는 것입니다. 서양 과학기술은 부분 부분을 연구하는 것이지만, 동양에서는 전체를 유기적인 것으로 보았습니다. 그래서 21세기의 과학은 동양의 지혜가 주류를 이루게 될 거라고 말합니다. 동방에서 온 지혜의 가장 대표적인 것이 디지털과 아날로그적인 것을 결합하는 것인데, 닌텐도의 위 역시 마찬가지입니다. 위는 플레이스테이션이나 블루레이처럼 기가 막힌 과학기술을 개발한 소니를 제쳤습니다. 왜일까요?

닌텐도任天堂는 맡길 임 자, 하늘 천 자, 집 당 자를 씁니다. 하늘에 맡기고 장사를 하는 아주 후진 회사입니다. 그 대신 닌텐도는 인간을 알았습니다. 승부를 거는 것, 인간이 무엇을 할 때 재미있어 하는지를 알았습니다. 소니는 과학기술을 알았지만 인간을 알지는 못했습니다. 닌텐도는 해상도도 떨어지고, 용량도 적고, 값도 싼 게임기를 만들었는데, 딱 하나 앞선 것이 있다면 아날로그와 디지털을 섞었다는 점이었습니다. 그래서 컨트롤 바(모션 센서)를 움직이면 카메라가 사람의 움직임을 관찰하고 플레이어가 디지털 화면 속에서 인간의 동작을 그대로 재연합니다.

지금까지의 인터페이스는 인간이 디지털에 맞췄지만, 닌텐도는 역으로 디지털이 인간에게 맞춘 것입니다. 이제까지는 골프 게임을 할 때 마우스로 클릭을 하거나, 조이스틱으로 상하좌우를 움직이는 것이 고작이었지만, 닌텐도에서는 쥐고 있는 센서가 실제의 골프채와 같은 역할을 합니다. 화면을 향해서 센서를 움직이면 아바타가 인간의 동작을 똑같이 재현합니다. 완전한 골프 스윙을 아날로그상에서 육체로 똑같이 할 수 있습니다. 아날로그의 스포츠와 디지털의 스포츠가 똑같이 움직입니다. 신체에 맞게 움직이는 인터페이스를 만듦으로써 디지털과 아날로그를 결합한 것입니다.

그렇지만 이 사람들에게는 디지로그의 개념이 없었습니다. 디자인이 좋았다는 둥, 가격이 쌌다는 둥 엉뚱한 데에서 성공 요인을 찾았습니다. 그러니까 3, 4년 연장 연승을 하던 닌텐도는 금년에 폐색이 짙습니다. 이들에게 디지로그의 개념이 있었다면, 즉 자신들이 인터페이스 면에서 성공했다는 것을 알았다면, 그 인터페이스를 이용하여 세컨드 라이프second life에도 들어갈 수 있고, 수술 시뮬레이션도 만들 수 있고, 그 외의 여러 가지 것들을 시도할 수 있었을 텐데, 다음에 만든 것은 겨우 위 핏Wii Fit이라고 하는 건강관리 게임이었던 것입니다. 게임이 건강 기구로 만들어지니까 소비자들이 급속도로 흥미를 상실하게 됩니다.

자연의 형태를 본떠라

인간들의 기술은 디지털로 되어 있지만, 자연이라는 것은 인간의 논리로 보면 도저히 이해되지 않는 모순들로 이루어져 있습니다. 이렇게 인간의 디지털 기술과 아날로그적인 자연을 융합하는 것이 바로 바이오미미크리입니다. 바이오미미크리를 처음으로 제안한 사람이 재닌 베니어스Janine Benyus입니다. 재닌 베니어스가 2006년에 주창한 바이오미미크리 개념은 현재도 많은 논의가 되고 있습니다. 바이오미미크리는 자연에서 기술혁신의 아이디어를 얻는 것입니다. 즉 자연 생태에서 기술을 배우자는 바이오미미크리는 초논리적이고 아날로그적인 것이며, 이것이 바로 무한한 가능성을 가진 그린 그로스나 그린 테크놀로지라고 할 수 있습니다.

생물을 의미하는 바이오bio와 모방을 의미하는 미미크리mimicry의 합성어인 바이오미미크리는 자연을 배우고 자연에서 본받자는 것입니다. 베니어스 여사는 바이오미미크리 기술의 세 가지 전제를 제시했습니다. 첫째, 자연을 모델로 한다. 즉 디자인이나 프로세스를 본받자는 것입니다. 둘째, 자연을 평가 기준으로 한다. 38억 년의 생물 진화 기간 동안 무엇이 가장 잘 되어왔는지, 어떻게 하는 것이 가장 적절한 것인지를 배우자는 것입니다. 논리에서 배우자는 것이 아닙니다. 셋째, 자연을 좋은 멘토로, 좋은 스승으로 섬긴다. 자연을 존중하고 배워야 합니다. 바이오미미크리는 '생물 모방'이라고 번역하지만, 우리말로 '생물 본받기'라고 하면 더 정확할 것입니다. 이렇게 바이오미미크리의 세 가지 전제를 얘기하였습니다.

바이오미미크리는 패턴으로서의 자연의 형태를 본뜹니다. 벤츠-크라이슬러가 자동차를 거북복 모양으로 만들어 50퍼센트에 가까운 효율을 올렸습니다. 단순한 유선형이 아닌 동물의 형태를 본떠서 인간의 논리로는 생각할 수 없는 것을 만든 것입니다. 또 바이오미미크리는 프로세스로서의 자연의 움직임을 본뜹니다. 동물의 액션을 응용하면 많은 아이디어를 얻을 수 있습니다. 또 에코 시스템으로서의 자연 생태계를 모방합니다. 에코 시스템을 연구하면 인간의 조직이라든지 여러 가지 것들에 대해서 영감을 얻을 수 있습니다.

줄리안 빈센트라고 하는 학자가 인간의 특허 기술과 자연의 기술이 오버랩되는 정도를 조사해봤더니, 약 10퍼센트가 오버랩되었다고 합니다. 인간이 인위적으로 만든 기술과 자연이 스스로 자신을 지키고 증식하기 위해서 만든 기술에는 상동성이 있습니다. 그만큼 인간의 기술과 자연의 바이오 기술은 밀접한 호환성이 있다는 것입니다. 그래서 바이오미미크리의 여덟 가지 원리를 만들었습니다.

첫째, 자연은 일광을 연료로 합니다. 인간은 땅속에서 캐낸 화석연료를 자원으로 삼지만, 자연은 모든 자원을 하늘에서 가져옵니다. 이것이 인간의 테크놀로지와 바이오테크놀로지의 가장 큰 차이점입니다. 인간의 기술은 하나님이 감춰둔 것을 캐내어 연료로 삼지만, 자연은 태양으로부터 모든 연료를 가져옵니다.

둘째, 자연은 여분의 에너지를 사용하지 않습니다. 자연은 절대로 불필요한 에너지를 쓰지 않습니다. 만약 급랭식으로 엔진을 식히지 않는다면, 시속 100마일로 달리는 자동차는 금세 불덩이가 될 겁니다. 그만큼 인간의 기계 기술은 여분의 에너지를 소모하고 있다는 것입니다. 그런데 똑같이 시속 100마일을 달리는 타조는 통닭이 안 되는 이유가 뭐냐 이겁니다. 단백질을 태워서 쓰는 엔진과 화석연료를 태우는 엔진은 비교가 안 됩니다. 이렇게 좋은 자연의 기술을 두고 엉뚱한 다른 기계 기술을 왜 사용하는 것입니까?

셋째, 자연은 모든 것을 리사이클합니다. 생물체가 배설물을 내보내면 다른 생물이 그것을 먹고 깨끗이 순환시킵니다. 넷째, 자연은 자기에게 협력하는 것에 그만큼 돌려줍니다. 악어와 악

어새처럼 말입니다. 다섯째, 자연은 다양성에 투자합니다. 심지어 식성도 다양해서, 북해의 연어가 강을 거슬러 올라와 알을 낳은 뒤에 죽으면 모든 짐승이 와 연어의 시체를 먹는데, 먹는 부위가 저마다 다 다릅니다. 만약에 식성이 똑같았다면 어떻게 되었겠습니까. 식성이 다 다르기 때문에 깨끗하게 청소하는 것입니다. 놀라운 생체 시스템을 어떻게 이용할 수 있을까요. 여섯째, 자연은 지역의 예지를 사용합니다. 지역마다의 특성을 잘 사용합니다. 일곱째, 자연은 외부로부터의 과잉을 막습니다. 여덟째, 자연은 한계에서 힘을 냅니다. 자연은 한계에 이르면 거기에서 새로운 것을 만들어냅니다.

바이오미미크리는 네 가지 단계, 깊이 생각하고, 귀를 기울이고, 전하고, 양육해야 합니다. 지구상의 모든 동식물이 자라는 소리에 귀를 기울이고, 엔지니어와 협력하여 많은 사람들에게 자연을 모델로 한 수단을 전파하고, 생물의 다양성과 천성을 보호하고 양육해야 합니다.

바이오미미크리가 얼마나 놀라운 기술인지 몇 가지 사례를 들겠습니다. 연잎은 비가 내려도 젖지 않고, 빗방울이 따르르 굴러 떨어집니다. 아주 미세한 요철이 장력을 만들어서 빗방울이 침투하지 못하게 하기 때문입니다. 스스로 정화하는 것입니다. 이것을 연잎 효과라고 하는데, 이 원리를 이용해서 자정 능력을 가진 벽돌을 만들 수 있습니다. 그래서 똑같은 분자구조를 가진 건물 외벽을 만들어보니까 물방울이 전부 침투되더라는 겁니다. 조사를 해보았더니, 연잎은 가벼운 미풍이 있어야 자정 능력이 생기더랍니다. 그래서 아주 가벼운 진동을 줘서 스스로 청소가 되는 건물 외벽을 만드는 데 성공했습니다. 이렇게 해서 자연과 친화되지 않는 빌딩을 마치 자연의 숲처럼 만들 수 있습니다. 숨 쉬고, 깨끗이 씻어주고, 리사이클되는 그런 집들이 만들어집니다. 두바이에 있는 80층짜리 빌딩은 각 층마다 다르게 생겼고, 가운데가 길로 되어 있습니다. 자동차들이 건물 안으로 들어와 각 층에 가서 댈 수 있습니다. 빌딩이 건물의 개념이 아니라 길의 개념으로 지어졌기 때문입니다.

물총새는 물속으로 뛰어들어도 소음이나 잔물결을 일으키지 않습니다. 일본의 신칸센은 터널을 드나들 때마다 생기는 소음을 줄이기 위해서 열차의 앞모양을 물총새의 부리 모양으로 만들어서 에너지 손실을 최소화했다고 합니다. 이것이 바이오미미크리입니다. 이것뿐만이 아닙니다. 모기들이 혈관을 찌르는 방법을 이용해서 아프지 않은 주삿바늘을 만듭니다. 또, 지하 주차장에 수없이 드나드는 차를 이용해서 발전을 합니다. 차가 지나갈 때마다 발전을 시켜서, 슈퍼마켓이나 큰 쇼핑몰에 전기를 대고 있습니다. 역에 켜는 가로등을 전부 사람들이 걸어가는 에너지를 축적해서 쓸 수도 있습니다. 이런 것들이 전부 융합 기술입니다. 연료는 화석에서만 오는 것이 아닙니다. 내 몸의 움직임, 걷는 발걸음 하나도 연료로 삼는 아날로그적 생체 자원과 물질의 자원을 섞어 쓰는 것이 바이오미미크리입니다.

두 세계 파장의 행복한 만남

오늘 바이오미미크리와 디지로그 이야기를 한 것만으로도 여러분은 아마도 융합 기술의 힌트를 얻으셨을 겁니다. 가령 이 휴대전화도 생체하고 연결하여 신체의 일부처럼 사용할 수 있습니다. 당뇨병 환자가 쓰는 휴대전화는 혈당량을 체크할 수 있게 만들고, 근시인 사람의 휴대전화에는 돋보기를 달아주면 됩니다. 얼마든지 만들 수 있습니다. 혈압이 높은 사람들, 당뇨병이 있는 사람들이 쓰러졌을 때 이 휴대전화를 꽉 누르기만 해도 그대로 119에 구조 요청이 되도록 만들면 어떨까요. 가장 근거리에 있는 119에 호출하면, 그쪽에서 다시 전화를 걸어보고 받지 않으면 바로 출동하는 것이죠. 밤거리를 다니다 깡패를 만날 때도 꽉 누르면 됩니다.

내비게이션에도 다양한 지역 정보를 담을 수 있습니다. 그런데 한국 내비게이션에는 그런 것이 전혀 없고 순전히 정감적인 것을 만들었는데, 충청도에 가면 "충청도유, 쫌만 더 가슈. 아, 유턴하시라니까" 하고 지역 사투리로 길을 안내합니다. 어떤 것은 또 어린아이 목소리를 냅니다. 속도를 위반하면 "팔십! 팔십!" 하고 소리를 지릅니다. 이것은 정감적인 거지만, 지나가다가 내비게이션을 눌러보면 그 지역의 역사도 설명해주고, 식당 안내도 해주는 내비게이션도 얼마든지 만들 수 있지 않겠습니까. 지금과 같은 GPS가 있고 위치 정보를 정확하게 아는 세상에, 우리는 마인드 마크가 없어서 방황하지 랜드 마크가 없어서 방황하는 것이 아니라는 말입니다.

인문학, 예술, 자연과학, 생물학, 이런 모든 것을 탈구축하는 것은 인간의 입장에서 이루어져야 합니다. 피가 철철 흐르는, 그러나 겨우 살아봐야 백 년밖에 못 사는 불쌍한 모털mortal, 태어나면서부터 사형선고를 받았던 인간들이 서로 의지하면서 그 짧은 세상을 그래도 괜찮게 살 수 있기 위해서 과학은 필요합니다. 특히, 생명을 다루는 생물학은 디지털과 아날로그를 결합한 융합을 지향하게 될 것입니다. 이렇게 해서 모든 감각이 하나로 통합된 시대가 오면, 하나의 아름다움과 착함과 진실함이 따로따로 떨어지는 것이 아니라 인간의 호흡처럼 인체 내에서, 그 가치에 의해서 살아가는 새로운 시대가 온다는 것입니다. 학교도 달라지고 정치도 달라지고 우리들이 살고 있는 가족 자체가 달라지는 것입니다.

그러한 시대를 위해서 지금까지 흩어져 있던 자원, 모순 속에서 분열되어 있던 갈등의 구조들을 통합의 양상으로 바꾸고, 38억 년 동안 진화해온 자연의 슬기를 배워야 합니다. 결국 융합 기술은 바이오미미크리를 향하게 될 것이며, 바이오미미크리를 하는 나라가 녹색 성장이라든지 새로운 교육, 산업, 문화 모든 면에서 승리자가 될 것입니다. 이것을 그린 테크놀로지, 바이오미미크리, 바이오미메틱스, 바이오미메시스 등 여러 가지 말로 부르지만 결국에는 딱 하나입니다. 분절되고 논리적으로 나누어지는 디지털과 끝없이 합쳐지고 연속되는 아날로그. 이 두 세계의 파장이 행복한 만남을 함으로써 생명은 이 긴장 속에서 조화를 이루고 발전해나갈 것이라는 점입니다.

여러분이 지금까지 인내심 있게 들어주신 것은 다 융합을 하신 덕택이라고 생각합니다. 한쪽 세계만 듣는 분들께는 지루했겠지만 양쪽 세계를 동시에 들으려고 하시는 분들께는 작은 선물이 되었다고 생각하면서 오늘 제 이야기를 끝맺겠습니다.

이어령의 강의

초판 1쇄 인쇄 2024년 2월 15일
초판 1쇄 발행 2024년 2월 26일

지은이 이어령
펴낸이 정중모
펴낸곳 도서출판 열림원

출판등록 1980년 5월 19일 제406-2000-000204호
주소 경기도 파주시 회동길 152
전화 031-955-0700
팩스 031-955-0661
홈페이지 www.yolimwon.com
이메일 editor@yolimwon.com
페이스북 /yolimwon
트위터 @yolimwon
인스타그램 @yolimwon

주간 김현정 책임편집 황우정
편집 박지혜 김민지
디자인 강희철
마케팅 홍보 김선규 최은서 고다희
온라인사업 서명희
제작 관리 윤준수 고은정 구지영 홍수진

ISBN 979-11-7040-254-1 03100